U0856707

聊城大学学术著作出版资助
国家社会科学基金项目（项目编号：13BJY076）的阶段性成果
山东省社科规划研究项目和山东省委党校创新工程项目（项目编号：18CDCJ26）的阶段性成果
聊城大学博士科研基金启动项目（项目编号：321051707）的阶段性成果
聊城大学“区域产业质量升级协同创新中心”学科平台成果

我国新能源产业发展政策研究

张宪昌 著

Research on the Industrial Development Policy of New Energy in China

中国财经出版传媒集团
经济科学出版社
Economic Science Press

图书在版编目（CIP）数据

我国新能源产业发展政策研究/张宪昌著. —北京：经济科学出版社，2018.12

ISBN 978-7-5218-0042-5

Ⅰ.①我… Ⅱ.①张… Ⅲ.①新能源-产业政策-研究-中国 Ⅳ.①F426.2

中国版本图书馆 CIP 数据核字（2018）第 283149 号

责任编辑：申先菊 王新宇
责任校对：蒋子明
版式设计：齐 杰
责任印制：王世伟

我国新能源产业发展政策研究
张宪昌 著
经济科学出版社出版、发行 新华书店经销
社址：北京市海淀区阜成路甲 28 号 邮编：100142
总编部电话：010-88191217 发行部电话：010-88191522
网址：www.esp.com.cn
电子邮件：esp@esp.com.cn
天猫网店：经济科学出版社旗舰店
网址：http://jjkxcbs.tmall.com
北京季蜂印刷有限公司印装
710×1000 16 开 16.5 印张 310000 字
2018 年 12 月第 1 版 2018 年 12 月第 1 次印刷
ISBN 978-7-5218-0042-5 定价：68.00 元
（图书出现印装问题，本社负责调换。电话：010-88191510）

序言

PREFACE

能源是人类文明赖以存在的基础和保障，能源革命是人类文明不断发展的主要驱动力。习近平总书记高瞻远瞩，对能源发展和能源革命非常重视。在2014年6月中央财经领导小组第六次会议上，习近平总书记提出了关于推动能源消费革命、能源供给革命、能源技术革命、能源体制革命的重要论述。2015年10月中共十八届五中全会通过的《中共中央关于制定国民经济和社会发展第十三个五年规划的建议》进一步明确，要“提高非化石能源比重，推动煤炭等化石能源清洁高效利用”。2017年10月，在党的十九大报告中习近平总书记再次强调，要“推进能源生产和消费革命，构建清洁低碳、安全高效的能源体系”。习近平总书记关于能源问题的重要论述，为我国能源发展与能源体制改革以及能源政策制定指明了方向。

回顾历史，每一次产业革命都与能源革命息息相关。第一次产业革命发端于英国，蒸汽机的发明与改良具有划时代意义，而其率先进行的“煤炭能源革命”，使英国成为现代意义上的第一个能源国家，世界进入机器大工业时代。第二次产业革命开启了“电气时代”，石油和电力在工业领域逐步取代蒸汽成为主导能源，重化工业日益繁荣。在20世纪上半叶，美国率先完成了主导能源从煤炭向石油的转型，建立起强大的石油工业以及赖其支撑的汽车、化工、钢铁、电力等工业，成为建立在石油为核心能源基础之上的经济、科技和军事强国。第二次世界大战后，特别是三次中东石油危机之后，以原子能、可再生能源为代表的新能源兴起，成为新一轮能源革命的风向标，也是第三次产业革命的重要标志和重要内容。要在第三次产业革命中获得先机，抢占制高点，必须实施有效的新能源产业发展政策，推动新一轮能源革命。

美国、欧盟、日本等主要发达国家和地区率先调整能源政策，大力实施能源多元化供应战略，积极鼓励开发新的能源形式，以降低对传统化石燃料的依赖，开启了新一轮能源革命的先河。美国确立了“能源独立”的方针政策，在全世界范围内最早提出了“强制性市场份额”政策①，支持核能、水电、氢能、生物质能等新能源的发展。1978年以来，美国相继颁布了《国家能源法》《能源安全法》《可再生能源法》《美国合成燃料公司法》《生物能源和酒精燃料法》《太阳能和能源节约法》《地热能法》《能源政策法》《2005年美国能源政策法案》《美国复苏与再投资法案》，等等，推动了可再生能源在美国的发展。值得注意的是，2017年特朗普就任美国总统后，取消了对新能源的研发资助预算，单方面退出了《巴黎协定》，但可再生能源在美国并没有停止发展。2017年，美国可再生能源在一次能源消费的比重达到11.0%。

欧盟在应对全球气候变化和能源可持续发展领域发挥模范带头作用。欧盟率先提出了3个20%的发展目标，即到2020年温室气体排放比1990年减少20%，能源效率提高20%，可再生能源占全部能源消费的20%。2011年以来，先后发布了《欧盟2050低碳经济路线图》《2050年欧盟能源、交通及温室气体排放趋势》《2030年气候与能源政策框架》等重大政策文件，并不断提高到2030年可再生能源发展目标，在应对气候变化和可再生能源技术发展方面积累了大量经验。

日本是世界上最注重节能的国家，在发展新能源方面更是不遗余力。早在1974年日本就制订并实施了利用和发展太阳能的“阳光计划”，后来又实施了“月光计划”“地球环境技术开发计划”“新阳光计划”，大力发展核电。2011年福岛核事故的发生，一方面，使日本核电陷入困境；另一方面，加速了国内新能源产业发展和应用。2018年日本政府发布了第五期《能源基本规划》，提出2030年能源自给率在2016年8%的基础上提高到24%的新目标，要求零排放电力占比为44%，其中可再生能源在发电结构中的比例要提升至22%~24%。

改革开放40年，我国经济发展进入了新时代，我国经济由高速增长阶段转向高质量发展阶段。我国经济在总量上取得巨大成就的同时，也存在发展的不平衡、不协调和不可持续问题，资源和能源“瓶颈”压力不断增大。“富煤、缺油、少气”的资源特点，决定了我国传统能源消费以煤炭为主，能源结构比较脆弱，缺乏弹性。一方面，随着工业化、信息化、城镇化和农业现代化进程加快，国内传统能源供给缺口不断加大，不得不从国外净进口能源。据中国石油集团经济技术研究院统计，2017年我国石油对外依存度达到67.4%，同比提高了3个百分点。另一方面，以煤炭为主的传统能源在开采和使用过程中会给自然生态带来不同程度的破坏，是诱发大范围雾霾的主要颗粒来源。基于供给侧和消费侧双重考量，传统能源正面临着安全危机。

---

① 中国能源中长期发展战略研究项目组．中国能源中长期（2030、2050）发展战略研究：可再生能源卷［M］．北京：科学出版社，2011.

我国已成为世界上水电、风电、太阳能发电、在建核电装机第一大国。2017年非化石能源在一次能源消费中的比重已经超过13.5%，清洁能源在一次能源消费中的比重已经超过20%，在能源结构战略调整中越来越发挥重要的角色。我国实施的新能源产业政策在新能源产业发展的过程中发挥了不可或缺的重要作用。在中华民族伟大复兴的时代背景下，顺应能源革命潮流，积极实施、调整和优化新能源产业发展政策已成为能源学界关注的重要问题。张宪昌博士《我国新能源产业发展政策研究》的出版，正是对我国新能源产业发展政策研究的一次有意义的难能可贵的尝试与探索。

本书是作者在博士论文的基础上进一步修改完成的，也是我主持的能源问题国家哲学社会科学基金项目的阶段性研究成果。作者基于产业发展理论和资源配置理论，建构了产业发展政策和新能源产业发展政策体系框架。其中产业发展理论中的产业生命周期理论、幼稚产业保护理论、主导产业理论、经济增长的要素与结构理论和可持续发展理论，构成了我国新能源产业发展的理论基础。我国新能源产业发展理论政策框架主要包括产业发展战略规划、政策选择工具和政策效果评估。新能源产业发展政策工具应包括财税政策、融资政策、技术政策、人才政策、环保政策、国际竞合策略和配套措施等。

本书在探讨世界主要新能源产业发展状况及历程的基础上，通过比较研究美国、欧盟和日本新能源产业发展政策的演变过程，力图探求新能源产业发展政策演变的共性和一般规律。研究表明，选择、制定一套有效、可持续的政策体系对于新能源产业发展至关重要。能源发展应确立新能源产业发展的战略地位，保持政策运行的稳定性、持续性和连贯性，注重政策整体调控、市场微观配置和社会机制作用的全面发挥，并予以有效政策评估和动态调整。

在探讨我国新能源产业发展的基础上，对部分新能源消费与我国经济增长的关系进行了VAR模型分析，论证了新能源产业已经成为我国经济新的增长点之一。我国新能源产业发展战略方向定位为，满足能源供应和使用双重安全需要，提高能源效率，推动科学发展，实现能源革命。我国新能源产业发展战略目标层次为，到2050年左右，新能源将成为能源供应体系中的主导能源。

本书研究了财税政策对新能源产业发展的扶持机理，详细探讨并总结了我国新能源产业财税政策的演变历程。在未来政策选择上，提出应实施稳健的新能源财税政策，确保政策的持续性、稳定性和连贯性；遵循产业发展规律和政策机制运行规律，适时调整财税政策工具，如征收环境税、实行消费者补贴等。

本书研究了融资政策对新能源产业发展的推动机理，详细探讨并总结了我国新能源产业融资政策的演变历程和现实困境。在未来政策选择上，提出应降低银行业进入“门槛”，建立同业间的充分竞争机制；组建新型政策性金融组织；建立完善的多元、多层次资本市场体系等。

本书研究了产业技术政策对新能源产业发展的引领作用，详细探讨并总结了我国新能源产业技术政策的演变历程和现实困境。在未来政策选择上，提出坚持正确的技术发展导向，培养和提高原始自主创新能力；打造创新动力的价值取向；持续加大研发投入力度；加速推动技术产业化进程等。

本书研究了新能源产业发展中环境污染产生的原因，详细探讨并总结了我国新能源产业环保政策的演变历程和现实困境。在未来政策选择上，提出制定完善新能源建设、生产和废弃物回收环境标准，积极开展环境污染责任保险、鼓励支持新能源再循环技术研发、积极推进环境污染第三方治理、做好新能源环保宣传等思路和措施。

本书还分析了政府在新能源产业国际竞合中扮演的角色与作用，提出因时、因地、因物制宜，调整新能源产业国际合作策略；有效运用国际法则，积极应对新能源产业贸易摩擦。总结了新能源立法情况，提出要加强立法保障、市场规范和社会支持等。

本书较为全面完整地研究了在新一轮能源革命下我国新能源产业发展的政策框架和内容体系，深入地剖析了产业财税政策、融资政策、技术政策、环保政策、贸易政策、法律政策等促进新能源产业发展的运行机制和内在规律，论证了新能源发展对经济增长的积极作用，肯定了新能源发展政策对新能源发展的激励作用。

本书的出版有助于科学认识在新一轮能源革命下新能源产业发展政策制定的必要性、运行的稳定性、存在的连贯性和实施的有效性，进而明晰厘清发展战略、发展规划、政策工具等产业政策在经济发展的积极作用；有助于学术界和政府决策研究与认识新能源产业财税政策、融资政策、技术政策、环保政策、贸易政策、法律政策的运行机制，为制定和完善我国新能源产业发展政策提供一定的智力支持和决策参考。

中国新能源产业发展，关系能源革命大局，关乎国家发展命脉。作为本书作者的导师，希望作者今后能够站在国家兴旺和民族复兴的高度，继续对相关领域和课题进行深入研究。年轻一代任重道远，希望作者在学术研究的道路上，越走越宽，越走越专，行稳致远，取得丰硕成果。

曹 新

2018 年 10 月 8 日，北京颐和园北　大有庄 100 号院

目录
CONTENTS

第一章

导 论

20 世纪 70 年代以来爆发的三次中东石油危机，沉重打击了那些依赖进口石油作为主要能源动力的发达经济体。现实的教训迫使这些国家转变能源战略，积极开发新式能源。如果说这一时期的新能源利用还是仅仅作为缓解能源需求缺口的权宜之计，那么进入 21 世纪，特别是 2008 年美国金融危机爆发之后，新能源发展已成为不可阻挡的时代潮流，新一轮的能源革命正铺天盖地袭来。

第一节 选题的背景和意义

一、选题背景

（一）历史上的能源革命

能源是所有人类文明赖以建立的基础①，并推动着人类文明的繁荣与发展。历史上人类文明的每一次飞跃，都伴随着传统旧能源的枯竭和新能源的兴起，正是能源革命的发生推动了人类文明的向前发展。近代工业文明发轫于英国，究其缘由，不仅在于蒸汽机的发明与改良具有划时代意义，还在于英国国内得天独厚的煤炭资源以及率先进行的“能源革命”，用煤炭替代木材成为当时的主导能源，从而英国建立了全世界第一个现代意义上的能源国。

据史料记载，1712 年英国煤炭的年产量约为 300 万吨，1750 年几乎翻了一

① ［美］杰瑞米·里夫金．氢经济［M］．龚莺，译．海口：海南出版社，2003.

番，到18世纪末，达到了1000万吨，[①] 英国成为了名副其实的煤炭王国。以作为新式能源的煤炭替代传统能源的木材为主导的第一次能源革命，极大地推动了早期资本主义生产力的提高。正如马克思和恩格斯在《共产党宣言》中指出，"资产阶级在它的不到一百年的阶级统治中所创造的生产力，比过去一切世代创造的全部生产力还要多，还要大。"[②]

以煤炭为主导的能源时代也没有持续太长时间。19世纪，天然气在美国被用作燃料广泛使用，石油工业开始崛起。[③] 20世纪初，石油开始大规模开采，全世界对石油的需求剧增，石油在能源结构中的地位逐步上升，成为主导燃料。按每日需求量计算，1900年仅为50万桶，[④]1965年增长至3068.6万桶，2000年达到7680.1万桶，2017年高达9818.6万桶[⑤]。

根据英国BP公司发布的《2018世界能源统计评估》（*Statistical Review of World Energy* 2018）估算，石油在2017年全球一次能源消费结构中，仍然高居榜首，约占全球一次能源消费的34.21%。其次，是煤炭（27.62%）和天然气（23.36%），三者合计约占全球一次能源消费份额的85.19%，而非化石能源尚不到15%。传统化石燃料仍然是支撑现代工商文明的主导能源。

（二）传统能源的安全危机

自石油、煤炭和天然气成为主导能源以来，便不可避免地面临双重安全危机。一是能源供应安全危机。一方面，能源供应越来越难以满足世界市场的需要。从能源供给来看，传统能源是不可再生的，其储量是固定有限的；从能源需求来看，世界经济和人口在飞跃式增长。1973—2017年世界经济翻了两番还多，世界人口翻了接近一番，2011年达到70亿人，2017年超过75亿人，未来还在不断增长。巨大的能源需求，刺激了传统能源的开采，加速了化石资源的枯竭。根据储采比指标计算，2017年全球石油仅可以开采50.2年，天然气为52.6年，煤炭为134年。[⑥] 另一方面，从能源价格来看，充满了不确定性和不可知性。以最为典型的石油为例，受地缘政治、市场垄断与投机影响，价格波动极为剧烈。1973年即期Dubai原油现货均价为2.83美元/桶，一年后升至10.41美元/桶，

---

①④ ［美］保罗·罗伯茨．石油的终结［M］．吴文忠，译．北京：中信出版社，2005.

② 中共中央马克思恩格斯列宁斯大林著作编译局．马克思恩格斯选集（第一卷）［M］．北京：人民出版社，1995.

③ ［英］戴维·G. 维克托，埃米·M. 贾菲，马克·H. 海斯．天然气地缘政治——从1970到2040［M］．王震，王鸿雁，等，译．北京：石油工业出版社，2010.

⑤ 资料来源：BP. *BP Statistical Review of World Energy——all data*，1965－2017.

⑥ 资料来源：BP. *BP Statistical Review of World Energy June* 2018.

1980 年达到 35.69 美元/桶的新高，2008 年跃至 94.34 美元/桶，2009 年同比价格下降了 1/3，2012 年则创下了 109.18 美元/桶的历史纪录。2012 年 Brent 这一价格为 111.67 美元/桶，Nigerian Forcados 为 114.21 美元/桶，均为历史高位。2014 年受乌克兰危机影响，各地即期原油现货价格均出现了大跌。其中 Dubai 和 Brent 价格自 2011 年以来首次降至 100 美元以下。2016 年各地即期原油现货价格跌至 2006 年以来历史低位，Dubai 为 41.19 美元/桶，Nigerian Forcados 为 44.54 美元/桶，Brent 为 43.73 美元/桶。2017 年各地即期原油现货价格又出现不同程度的回落。能源价格非周期性波动对能源供求产生难以预期的影响，会引发单方面或者双方面的危机。

二是能源使用安全危机。能源开采和使用对人类自身的生存和发展环境构成了威胁。一方面，由于开采技术和管理不当，造成矿难事故频繁发生，直接威胁到矿工的生命健康。以美国为例，在工业化初中期的 1900—1945 年，由于煤矿事故，年均遇难人数在 1000 人以上，最高年份超过 3000 人；在工业化后期，尽管这一数据总体上呈现下降的趋势，1983 年下降至 100 人以下，2012 年减少为 20 人，2014 年仍然有 16 名煤矿工人死亡。[①] 资源的肆意开采，对地下水、地表生态环境造成了难以恢复甚至毁灭性的破坏。另一方面，传统燃料的消耗产生了大量的废气、废水和废渣，造成空气、水和土壤污染，如酸雨的形成、英国历史上“雾都劫难”的发生，使人类生存环境急剧恶化。更为重要的是，据不完全证实，碳排放被认定为是造成全球气候变化的罪魁祸首。作为应对，1992 年全球 150 多个国家签署了《联合国气候变化框架公约》，开启了人类共同为减少碳排放、减少气候变化做出的种种努力。从实施效果来看，包括后来 1997 年《京都议定书》的签订、2007 年“巴厘路线图”的确立、2012 年多哈气候大会和 2014 年利马气候大会的召开，并没有彻底解决气候变化和能源安全问题。

（三）新一轮能源革命的兴起

为应对传统能源安全危机，特别是传统能源价格的高涨，美国、欧盟和日本等主要发达国家和地区率先调整能源政策，实施能源多元化供应战略，积极鼓励开发新的能源形式，以降低对传统化石燃料的依赖，开启了新一轮能源革命的先河。

---

① *Coal Fatalities for* 1900 *Through* 2014 [EB/OL]. [2015 - 8 - 9]. http://www.msha.gov/stats/centurystats/coalstats.asp.

美国在全世界范围内最早提出了“强制性市场份额”政策①，并注重通过多次立法，支持核能、水电、氢能、生物质能等新能源的发展。1978 年，美国颁布了《国家节能政策法》，目的是通过提高能效、促进节能和发展可再生能源来降低美国对石油进口的依赖程度。1980—2005 年，美国相继推出《能源安全法》《可再生能源法》《美国合成燃料公司法》《生物能源和酒精燃料法》《太阳能和能源节约法》《地热能法》《能源政策法》《2005 年美国能源政策法案》等，覆盖了太阳能利用、水电、地热、生物燃料等可再生领域的各个方面。2009 年 2 月，奥巴马签署了《美国复苏与再投资法案》，要求未来 10 年内，美国政府在可再生、可替代能源方面的投入将达到 1500 亿美元；同年 6 月，众议院通过了《美国清洁能源与安全法案》（又称气候变化法案），首次提出了国家减排目标，在 2005 年基础上，2020 年、2030 年和 2050 年分别削减 20%、42% 和 83%；并要求到 2020 年各州可再生能源必须满足 15% 以上的电力供应。2014 年 11 月，美国在《中美气候变化联合声明》中明确提出，美国计划于 2025 年实现在 2005 年基础上减排 26% ~28% 的全经济范围减排目标，并将努力减排 28%。2017 年尽管特朗普政府基于“美国优先”的原则单方面退出了《巴黎协定》，但可再生能源并没有停止发展，可再生能源在一次能源消费的比重达到 11.0%。

欧盟意在应对全球气候变化和能源可持续发展领域发挥模范带头作用。欧盟率先提出了 3 个 20% 的发展目标，即到 2020 年温室气体排放比 1990 年减少 20%，能源效率提高 20%，可再生能源占全部能源消费的 20%。在 2008 年 1 月关于促进可再生能源利用的指令中，还捆绑规定了到 2020 年可再生能源主要是生物燃料至少占到各成员国运输部门能源消费 10% 的强制性目标。2011 年 1—3 月，欧盟委员会相继发布《面向 2020 年——新能源计划》《2010—2020 欧盟交通政策白皮书》《欧盟 2050 低碳经济路线图》，进一步提高了减排目标，即在 1990 年的基础上，到 2020 年实现 CO_2 减排 25%、2030 年减排 40%、2040 年减排 60%，2050 年实现温室气体减排 80% ~90%。2014 年 1 月，欧盟委员会先后发布了《2050 年欧盟能源、交通及温室气体排放趋势》和《2030 年气候与能源政策框架》，明确规定 2030 年前可再生能源在欧盟能源结构中提高到 27% 以上。2018 年 6 月，欧盟委员会、欧洲议会、欧盟理事会签署协议，将这一可再生能源消费目标提高到 32% 以上。

日本是世界上最注重节能的国家，在发展新能源方面更是不遗余力。早在 1974 年日本就制订并实施了利用和发展太阳能的“阳光计划”，1978 年推出了节

① 中国能源中长期发展战略研究项目组. 中国能源中长期（2030、2050）发展战略研究：可再生能源卷［M］. 北京：科学出版社，2011.

能的“月光计划”，1989 年实施了“地球环境技术开发计划”，1993 年又将上述三项计划有机地融为一体，推出“能源与环境领域综合技术开发计划”，又称“新阳光计划”。2011 年福岛核事故的发生，一方面，使日本核电陷入困境，给日本温室气体减排带来压力，使日本一度退出《京都议定书》第二承诺期；另一方面，加速了国内新能源产业发展和应用。2014 年 4 月，日本制订了新的《能源基本规划》，大力推进节能技术、可再生能源发展，提高火电能效。2015 年 7 月，日本经济产业省提出调整核电计划，在 2030 年将核电在电力供应总量中的比例调整到 20% ~22%。同月，日本在《日本的承诺（草案）》中，提出日本 2030 年温室气体排放比 2013 年削减 26% 的新目标①。2018 年日本政府发布了第五期《能源基本规划》，提出 2030 年能源自给率在 2016 年 8% 的基础上提高到 24% 的新目标，要求零排放电力占比为44%，其中可再生能源在发电结构中的比例要提升至 22% ~24%。

在世界范围内，澳大利亚于 2001 年 4 月最早出台了《强制性可再生能源目标》，旨在到 2010 年可再生能源电力达到 9. 5TWh，2009 年 8 月重新修订了目标，确定到 2020 年可再生能源电力占电力总供应的 20%。依据 2012 年 7 月澳大利亚议会通过的《洁净能源金融公司条例草案》（*Clean Energy Finance Corporation Bill* 2012），成立了洁净能源金融公司，计划在 2013—2017 年每年拨款 20 亿澳元用于投资可再生能源技术。尽管 2015 年降低了 2020 年可再生能源发电绝对数目标，这一未来数值仍然高达 33TWh。2017 年 10 月，澳大利亚特恩布尔政府发布了国家电力市场发展计划《国家能源保障》，设定了到 2030 年排放量在 2005 年水平上减少 26% ~28% 的目标，旨在为国民提供更清洁、更便宜和更可靠的电力。

在世界各国新能源政策激励扶植下，新能源产业有了较快发展。2017 年世界核电、风电、太阳能和其他非水电可再生能源（主要是地热和生物质能发电等）消费量分别达到 2635. 6TWh、1122. 7TWh、442. 6TWh 和 586. 2TWh，分别是 1990 年的 1. 32 倍、309. 07 倍、1139. 82 倍和 5. 03 倍。② 相比较而言，1990 年世界核电、地热和生物质能发电已经有了良好的发展基础，而风电、太阳能发电尚处于起步阶段。经过 20 多年的发展，尽管风电、太阳能发电消费量在新能源发电中的份额较小，但从 2005 年以来，太阳能发电、风电分别以年均 50%、20% 以上的高速度实现了跳跃式增长（如图 1 -1 所示）。

---

① 尽管这一目标远远低于美国、欧盟、中国等主要经济体的水平，但对于日本历史上的“倒退”来说，仍然是一次进步。

② 根据 *BP Statistical Review of World Energy——all data*（1965—2017）相关数据计算，其中核电为生产量。

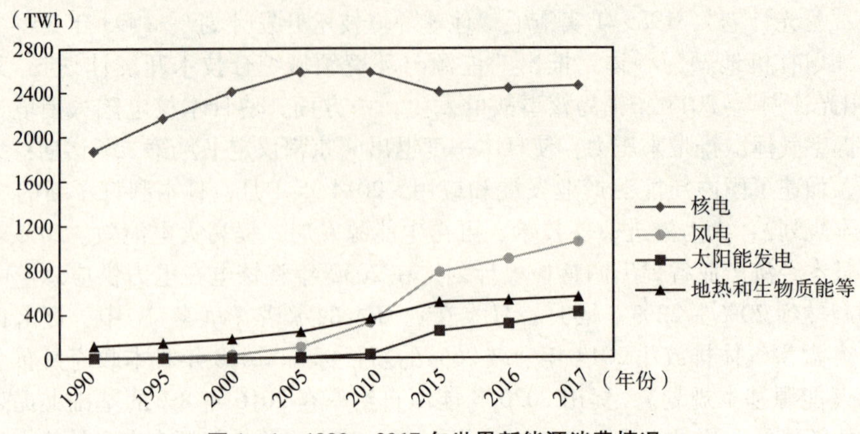

图 1-1 1990—2017 年世界新能源消费情况

资料来源：*BP Statistical Review of World Energy——all data*，1965—2017.

我国是世界上最早利用水能、生物质能的国家之一，但对新能源技术的变革和规模化应用也是最近几十年的事情。随着我国工业化、城镇化进程的显著加快，催生了对能源的巨大需求。我国分别在 1993 年、2009 年相继成为石油、煤炭净进口国，而越来越恶化的生态环境，意味着我国和世界其他国家一样面临着传统能源安全的威胁。面对来自发达国家新能源产业的竞争优势，我国加大了对新能源的扶持力度，尤其在风电和太阳能发展上，我国充分发挥后发优势，成为新能源产业发展的佼佼者。

2007—2017 年我国太阳能电池产量连续 11 年产量位居世界第一，风电装机总量自 2010 年跃居世界第一位，并网风电装机总量于 2012 年 6 月达到 5258 万 kW，超过美国跃居世界第一。我国核电发展较为平稳，在建规模世界第一，在 2011 年日本福岛核事故发生后，更加强调安全高效发展。尽管我国建立起产业竞争的数量优势（主要是产量和价格优势），但新能源发展最为关键的核心技术与前沿技术并没有完全掌握，市场标准体系尚不健全，由此决定了我国在世界新能源发展中还未成为真正意义的领跑者。从总体上可以判断，我国新能源发展已经进入规模化和标准化的兴起阶段。

新能源产业发展政策能够在财税、融资、技术、环保、国际竞争合作、立法等诸方面培育、扶植、规范新能源产业发展，能够克服单纯依靠市场无法自觉生产的困境。随着新能源产业的壮大以及竞争力的变化，世界各国相继调整了发展政策，以促进本国产业发展利益最大化，如 2010—2017 年美国相继对我国新能源产业展开“301”调查、对风电和光伏产业的“双反”调查，2012 年德国、西班牙相继对太阳能、风电一些项目取消补贴，等等。如何应对国际上的种种政策变局和国际市场上的风云变化，以确保我国新能源产业持续快速健康发展？又该如何基于产业发展的规律，对新能源产业发展政策做出内生性调整？这是当前我国新能源产业发展遇到的新难题，也是摆在决策者和学者面前必须予以思考和研究的新课题。因此，对我国新能源产业发展政策进行一次较为系统、深入的研究显得尤为紧迫而重要。

二、选题意义

（一）理论意义

解决这些问题，从表面上看，涉及政策的制定、修订、实施、反馈与效果评估；从深层次看，必须探究新能源产业发展的基本规律，探讨产业发展政策目标与工具的运行机理，并根据实践的发展予以动态性的调整。同时，明确政府调控和市场配置资源的边界，建立政府政策的退出机制，做到“补位”而不“越位”。作为新兴市场经济体，围绕制约我国新能源产业发展的技术与制度“瓶颈”，还必须在开放的世界经济多极化格局中，展开国际合作，比较和借鉴发达国家的成熟经验和做法，为己所用。

另外，从国内新能源产业发展速度超乎人们预期的已有事实来看，新能源产业发展政策制定所依赖的理论认识尚没有体现出对新能源产业发展规律有了实质性和充分性的把握，从而在一定程度上表现了政策制定的滞后性。因此，本书拟从产业发展理论的视角，主要探讨新能源产业发展的财税政策、融资政策、技术政策、环保政策和国际竞合策略，力图对新能源产业发展规律、政府政策目标和工具运行机理以及其动态演变作一个尝试性的探索和积极性的发掘，希冀能够在一定意义上拓展和丰富现代市场经济理论的应用框架和研究内容，从而被赋予较高的理论价值和具备一定的理论贡献。

（二）现实意义

2010 年 9 月，在国务院常务会议通过的《国务院关于加快培育和发展战略性新兴产业的决定》中，新能源被选择列为战略性新兴产业发展的七大重点方向之一。2012 年 7 月，在国务院发布的《“十二五”国家战略性新兴产业发展规划》中，进一步明确了“十二五”时期新能源产业发展的重点领域，即核电技术产业、风能产业、太阳能产业和生物质能产业。2014 年 6 月，习近平总书记在中央财经领导小组第六次会议上的讲话中强调，要推动能源消费革命、能源供给革命、能源技术革命、能源体制革命，全方位加强国际合作。在推动能源供给革命方面着重指出，“立足国内多元供应保安全，大力推进煤炭清洁高效利用，着力发展非煤能源，形成煤、油、气、核、新能源、可再生能源多轮驱动的能源供应体系，同步加强能源输配网络和储备设施建设。”① 2017年10月，习近平总书记在党的十九大报告中进一步强调，“推进能源生产和消费革命，构建清洁低碳、安全高效的能源体系”②。

未来10年是我国新能源产业发展的关键时期，也是我国抢占世界新能源技术前沿制高点的战略机遇期。以重大技术突破为标志，提升重点装备制造能力，将会显著增强我国新能源企业的市场竞争力，加速我国新能源规模化、产业化和标准化发展，从而有助于确立在世界新能源发展中的新地位，最终改变我国新能源产业发展“大而不强”的整体局面。

要想达到这一目的，必须充分重视产业发展政策体系的作用。总体来看，产业发展政策能够引导、促进新能源产业发展。具体来看，产业发展政策体系中的财税政策能够扶持新能源产业发展，融资政策能够推动新能源产业发展，技术政策能够引领新能源产业发展，环保政策能够规范新能源产业发展，国际竞争合作能够推进新能源产业发展。所有这些内容，将在本书中得到阐释和说明。不仅如此，更为重要的是，本书对国内外新能源产业发展政策演变做了比较，对政策调控经济运行的机理做了探讨，并针对我国新能源产业发展现状和遇到的问题，积极提出较为科学合理的政策建议，在一定程度上可以为我国新能源产业发展决策者提供直接或间接的智力支持和技术服务，从而为推动我国新能源产业持续健康发展作出积极的贡献。

第二节　基本概念界定

新能源主要是相对于传统常规能源来说的，一些非常规的化石能源也是新能源的组成部分。由于技术进步，今日的新能源有可能成为未来的常规能源。

一、新能源的概念、特点和形式

（一）新能源的概念

新能源和可再生能源作为专业化名词，是在1978年12月20日联合国第33

① 习近平．习近平谈治国理政［M］．北京：外文出版社，2014.

② 习近平．决胜全面建成小康社会　夺取新时代中国特色社会主义伟大胜利［N］．人民日报，2017－10－28.

届大会第148号决议中提出的，专门用来概括常规能源以外的所有能源。常规能源又称传统能源，是指在现阶段已经大规模生产和广泛使用的能源，主要包括煤炭、石油、天然气和部分生物质能（如薪柴秸秆）等。新能源和可再生能源的这一定义还比较模糊，容易引发争议，需要加以明确，比如用作燃料的薪柴属于常规能源，从其可再生性上，又属于可再生能源。

根据第148号决议，1981年8月10—21日联合国在肯尼亚首都内罗毕召开了世界新能源及可再生能源会议。在会议上，正式界定了新能源和可再生能源的基本含义，即以新技术和新材料为基础，使传统的可再生能源得到现代化的开发利用，用取之不尽、用之不竭的可再生能源来不断取代资源有限、对环境有污染的传统化石能源。这一定义强调新技术的使用和新能源的清洁环保。

据此，联合国开发计划署（The United Nations Development Programme，UNDP）把新能源分为三大类：①大中型水电；②新可再生能源，包括小水电（Small-hydro）、太阳能（Solar）、风能（Wind）、现代生物质能（Modern Biomass）、地热能（Geothermal）、海洋能（Ocean）（潮汐能）；③传统生物质能（Traditional Biomass）①。

以上定义和分类，均没有包括核能。根据1985年经国务院批准成立的全国科学技术名词审定委员会审定公布的名词，新能源（New Energy Resources）是指在新技术基础上，系统地开发利用的可再生能源，如核能、太阳能、风能、生物质能、地热能、海洋能、氢能等。而可再生能源在电力学科中（英文等价术语为 Renewable Energy Resources），被定义为具有自我恢复原有特性，并可持续利用的一次能源，包括太阳能、水能、生物质能、氢能、风能、波浪能以及海洋表面与深层之间的热循环等；地热能也可算作可再生能源。由此可见，新能源和可再生能源在国内属于不同的概念。

2012年，国务院以国发〔2012〕28号印发的《“十二五”国家战略性新兴产业发展规划》明确了“十二五”时期新能源利用的内容，包括核能、风能、太阳能光伏和热利用、页岩气、生物质发电、地热和地温能、沼气、生物质气化、生物燃料和海洋能等。

本书认为，新能源是指以新技术为基础，尚未大规模利用、正在积极研究开发的能源，既包括非化石不可再生能源核能和非常规化石能源如页岩气、天然气水合物（又称可燃冰）等，又包含除了水能之外的太阳能、风能、生物质能、地

---

① 中央党校课题组：曹新，等．中国新能源发展战略问题研究［J］．经济研究参考，2011（52）：2.

热能、地温能、海洋能、氢能等可再生能源（如图 1－2 所示）。

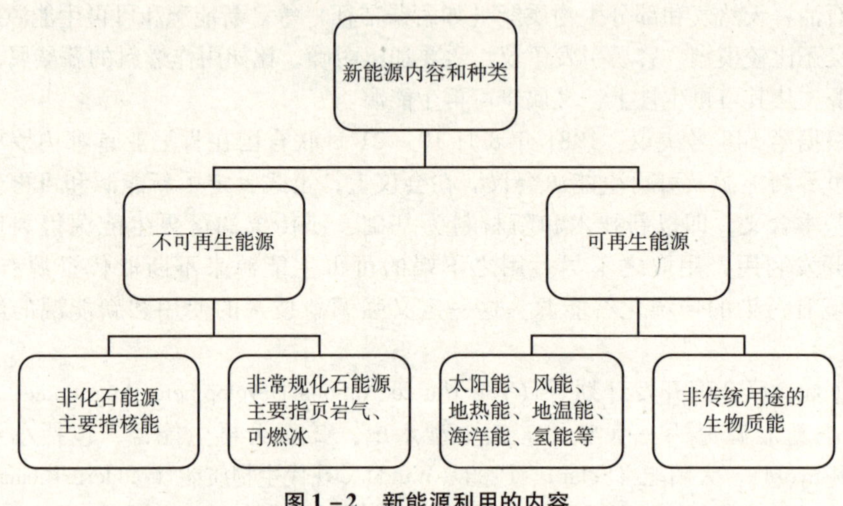

图 1－2　新能源利用的内容

（二） 新能源的特点

相对于常规能源，新能源具有以下优点：①清洁环保，使用中较少或几乎没有损害生态环境的污染物排放；②除核能和非常规化石能源之外，其他能源均可以再生，并且储量丰富，分布广泛，可供人类永续利用；③应用灵活，因地制宜，既可以大规模集中式开发，又可以小规模分散式利用。

新能源的不足之处在于：①太阳能、风能以及海洋能等可再生能源具有间歇性和随机性，对技术含量的要求比较高，开发利用成本较大；②安全标准较高，如核能（包括核裂变、核聚变）的使用，若工艺设计、操作管理不当，容易造成灾难性事故，社会负面影响较大。

新能源与常规能源的概念是相对而言的，现在的常规能源在过去也曾是新能源，今天的新能源随着技术进步在未来必将成为常规能源。

（三） 新能源的形式

新能源的各种形式都是直接或者间接地来自太阳或地球内部深处产生的热能，其主要功能是用来产热发电或者制作燃料。

1. 核能

核能又称原子能，是指原子核里核子（中子或质子）重新分配和组合时释放的能量。核能分为两类：一是核裂变能；二是核聚变能。目前，核能发电主要是指利用核反应堆中核燃料裂变释放出的热能进行发电。核燃料主要有铀、钚、钍、氘、氚和锂等。据计算，1 千克铀－235 裂变释放的能量大致相当于 2400 吨标准煤燃烧释放的能量。核能被认为是一种安全、清洁、经济、可靠的能源。

2. 太阳能

太阳能一般是指太阳光的辐射能量，源自太阳内部氢原子连续不断发生核聚变反应从而释放出的巨大能量。太阳光每秒钟辐射到地球大气层的能量仅为其总辐射能量的 22 亿分之一，但已高达 173000 太瓦，相当于 500 万吨标准煤的能量。太阳能利用主要有光热利用、太阳能发电和光化学转换三种形式。太阳能的优点在于利用普遍、清洁、能量巨大、持久；缺点在于分布分散、能量不稳定、转换效率低和成本高。

3. 风能

风能是太阳能的一种转化形式，是地球表面大量空气流动产生的动能。据估算，到达地球的太阳能中大约 2% 转化为风能。风能利用主要有风能动力和风力发电两种形式，其中又以风力发电为主。风电优点在于清洁、节能、环保；不足之处在于其不稳定性、转换效率低和受地理位置限制。

4. 生物质能

生物质能是指由生命物质代谢和排泄出的有机物质所蕴含的能量。它主要包括森林能源、农作物秸秆、禽畜粪便和生活垃圾等。主要用于直接燃烧、生物质气化、液体生物燃料、沼气、生物制氢、生物质发电等。生物质能是人类利用最早、最多、最直接的能源，仅次于煤炭、石油和天然气，但作为能源的利用量还不到总量的 1%。生物质能的优点在于低污染、分布广泛、总量丰富；缺点在于资源分散、收集成本较高。

5. 海洋能

海洋能是一种蕴藏在海洋中的可再生能源，包括潮汐能、波浪引起的机械能和热能。其中，潮汐能是由太阳、月球对地球的引力以及地球的自转导致海水潮涨潮落形成的水的势能。通常潮头落差大于 3 米的潮汐就具有产能利用价值。潮汐能主要用于发电。

6. 氢能

氢能是通过氢气和氧气发生化学反应产生的能量，属于二次能源。氢是宇宙中分布最广泛的物质，可以由水制取，而地球上海水面积占地球表面的 71%。主要用途是作为燃料和发电。每 1 千克液氢的发热量相当于汽油发热量的 3 倍，燃烧时只生成水，是优质、干净的燃料。

7. 地热能

地热能是地球内部蕴藏的能量，源自地球内部的熔融岩浆和放射性物质的衰变，以热力形式存在，是引致火山爆发及地震的能量。相对于太阳能和风能的不稳定性，地热能是较为可靠的可再生能源，可以作为煤炭、天然气、石油和核能的最佳替代能源。主要用于发电供暖、种植养殖、温泉疗养等。

8. 地温能

地温能是通过地温源热泵从地下水或土壤中提取和利用的热能。存在于地表以下 200 米内的岩土体和地下水中，温度一般低于 25℃。主要用于地温空调、地温种植和地温养殖等。

9. 页岩气

页岩气是指赋存于富有机质泥页岩及其夹层中，以吸附或游离态为主要存在方式的非常规天然气。取得工业开发成功的页岩气仅为北美洲（以美国为主）。我国页岩气利用尚处于勘探和开发阶段。2012 年 11 月，财政部、国家能源局在下发的财建〔2012〕847 号《关于出台页岩气开发利用补贴政策的通知》中，提出中央财政对页岩气开采企业给予补贴，2012—2015 年的补贴标准为 0.4 元/m^3，补贴标准将根据页岩气产业发展情况予以调整。

10. 可燃冰

可燃冰学名即天然气水合物，是指分布于深海沉积物中，由天然气与水在高压低温条件下形成的类冰状的结晶物质。据保守估算，世界上可燃冰所含的有机碳的总资源量，相当于全球已知煤、石油和天然气总量的两倍。可燃冰的主要成分是甲烷，燃烧后几乎没有污染，是一种绿色的新型能源。目前尚未进行商业开发。

以上 10 种能源是 21 世纪新能源利用和发展的主要形式。本书在研究相关产业和发展政策时，难以一一兼顾，主要选择国内已经商业化运作的核能、风能、太阳能和生物质能为研究对象，对其他新能源也有部分涉及。

二、新能源产业的概念

新能源产业主要源于新能源的发现和应用，形成的相关企业或科研单位的研发、勘探、开采、制造、推广应用及其相关生产、经营服务活动的集合，是将太阳能、风能、生物质能等非传统能源产业化的一种高新技术产业。我国“十二五”时期，新能源产业重点发展新一代核能、太阳能热利用和光伏光热发电、风电技术装备、智能电网、生物质能。“十三五”时期，新能源依然是战略性产业发展的重点方向和领域之一。

积极发展新能源产业，有利于逐步调整能源结构，保障能源供给，实现能源革命安全，为经济发展提供源源不断的电力保障；有利于带动投资，改善电力基础设施建设，培育新生的经济增长点；有利于推动电力设备制造技术进步，促进新材料研发，提升自主创新能力，是“中国制造 2025”计划技术路线的重要组成部分；有利于转变过去依赖传统资源、能源的经济发展方式，形成新的低投入、低消耗、高产出和高效益的生态经济高效发展方式。

第三节 研究方法和内容框架

一、研究方法

本书在方法论上坚持以唯物辩证法为指导，主张用联系的、运动的、发展的、全面的立场、观点和方法思考探索研究问题。对于产业发展政策的制定与调整，必须遵循产业内部自身的发展规律，同时借鉴已有的经验和做法，做到因地制宜、因时制宜。在具体研究方法上，主要表现为以下几点。

1. 实证分析与规范分析相结合的方法

本书普遍采用实证分析方法。在理论研究和经验研究的基础上，力图总结归纳出新能源产业发展政策演变的一般规律，并用以指导我国新能源产业发展的各项政策的制定与调整。同时，对具体政策的标准选择体现了规范分析的研究方法。

2. 定性分析与定量分析相结合的方法

本书对部分新能源消费与经济增长的关系，通过建构冲击变量，运用 VAR 模型揭示了二者之间的相关关系和因果关系。对世界以及我国新能源产业发展的相关数据处理进行了定量分析研究。定量分析是必须的，但也离不开作为前提的定性分析。本书对新能源的界定、对产业发展政策的具体选择则是运用定性分析。

3. 动态分析与比较分析相结合的方法

本书更多运用了动态分析方法。通过考察不同国家新能源产业发展政策的历史演变，揭示其新能源发展的终极战略以及具体政策的制定依据，从而探讨其自身发展变化的规律。比较分析贯穿于本书的始末，无论是第一章导论中研究的背景、第二章的国内外文献综述，还是以后多章对国外政策的归纳、总结与借鉴，以及对我国自身特点的考量，均体现了“比较出真知，比较见优劣”这一科学分析方法。

二、主要内容

本书主要从产业发展理论的视角，探讨了世界主要国家新能源产业发展战略与具体政策的做法，并结合我国新能源产业发展的实际情况，对我国新能源产业发展政策体系做深入研究，并提出了相应的对策与建议。

本书共分 11 章。前三章为学理性研究，第四章偏重于在实证分析中提炼出一般抽象，第五～第十章为实证性分析，第十一章为结论和展望。

第一章为导论。论述本书选题的背景意义，阐释基本概念、研究方法、研究内容与写作框架，并对本书的拟创新点和研究不足进行说明。

第二章为国内外文献综述。

第三章为产业发展政策的理论依据与体系建构。基于产业发展理论（包括生命周期理论、幼稚产业保护理论、主导产业理论、经济增长的要素与结构理论和可持续发展理论）和资源配置理论（市场失灵理论与政府失灵理论），建构了产业发展政策和新能源产业发展政策体系框架。从理论建构的横向内容来看，我国新能源产业发展政策应包括产业发展战略规划、目标和具体政策实施工具。从产业发展的要素依赖以及环境来看，新能源产业发展具体工具应包括财税政策、融资政策、技术政策、人才政策、环保政策、国际竞合策略和配套措施等。这是本书的理论创新之一。

第四章为世界主要新能源产业发展和发达国家政策演变与借鉴。在探讨世界主要新能源产业发展状况及历程的基础上，比较研究美欧日新能源产业发展政策的演变过程，力图探求新能源产业发展政策演变的共性和一般规律。研究表明，选择、制定一套有效、可持续的政策体系至关重要。应确立新能源产业发展的战略地位，保持政策运行的稳定性、持续性和连贯性，注重政策整体调控、市场微观配置和社会机制作用的全面发挥，并予以有效政策评估和动态调整。

第五章为我国新能源产业发展与战略目标选择。在探讨我国新能源产业发展的基础上，对部分新能源消费与我国经济增长的关系进行了 VAR 模型分析，论证了新能源产业已经成为我国经济新的增长点之一。其战略方向定位为，满足能源供应和使用双重安全需要，提高能源效率，推动科学发展。目标层次为，到 2050 年左右，使之成为能源供应体系中的主导能源之一。

第六章为我国新能源产业发展的财税政策。分析了财税政策的一般规定，专门研究了财税政策对新能源产业发展的扶持机理，详细探讨并总结了我国新能源产业财税政策的演变历程。在未来政策选择上，提出应实施稳健的新能源财税政策；适时调整具体的财税政策工具，使之符合新能源产业发展的生命周期和技术发展阶段；注重通过引导、发挥市场机制配置资源的决定性作用而发挥作用，如实施投资主体多元化策略、征收环境税、实行消费者补贴等。

第七章为我国新能源产业发展的融资政策。分析了融资政策的一般规定，专门研究了融资政策对新能源产业发展的扶持机理，详细探讨并总结了我国新能源产业融资政策的演变历程和现实困境。在未来政策选择上，提出应降低银行业进入“门槛”，建立同业间的充分竞争机制；组建新能源新型政策性金融组织；建立完善的多元、多层次资本市场体系等。

第八章为我国新能源产业发展的技术政策。分析了产业技术政策的一般规定，专门研究了产业技术政策对新能源产业发展的引领作用。详细探讨并总结了我国新能源产业技术政策的演变历程和现实困境。在未来政策选择上，提出新能源产业应坚持正确的技术发展导向，培养和提高原始自主创新能力；打造创新动力的价值取向；持续加大研发投入力度；加速推动技术产业化进程等。

第九章为我国新能源产业发展的环保政策。分析了新能源产业链条中的环境污染问题，专门研究了造成新能源环境污染的主要原因。详细探讨并总结了我国新能源产业环保政策的演变历程。在未来政策选择上，提出要出台风电、光伏发电环保政策，进一步完善核电环保政策。

第十章为我国新能源产业发展的其他政策。分析了政府在新能源产业国际竞合中扮演的角色与作用，提出因时因地因物制宜，调整新能源产业国际合作策略；有效运用国际法则，积极应对新能源产业贸易摩擦。总结了新能源立法情况，提出要加强立法保障、市场规范和社会支持。

第十一章为研究结论和扩展。对本书整个研究做出概括性的总结和扩展。

三、写作框架

在写作框架上，本书遵循的路线如图 1 - 3 所示。

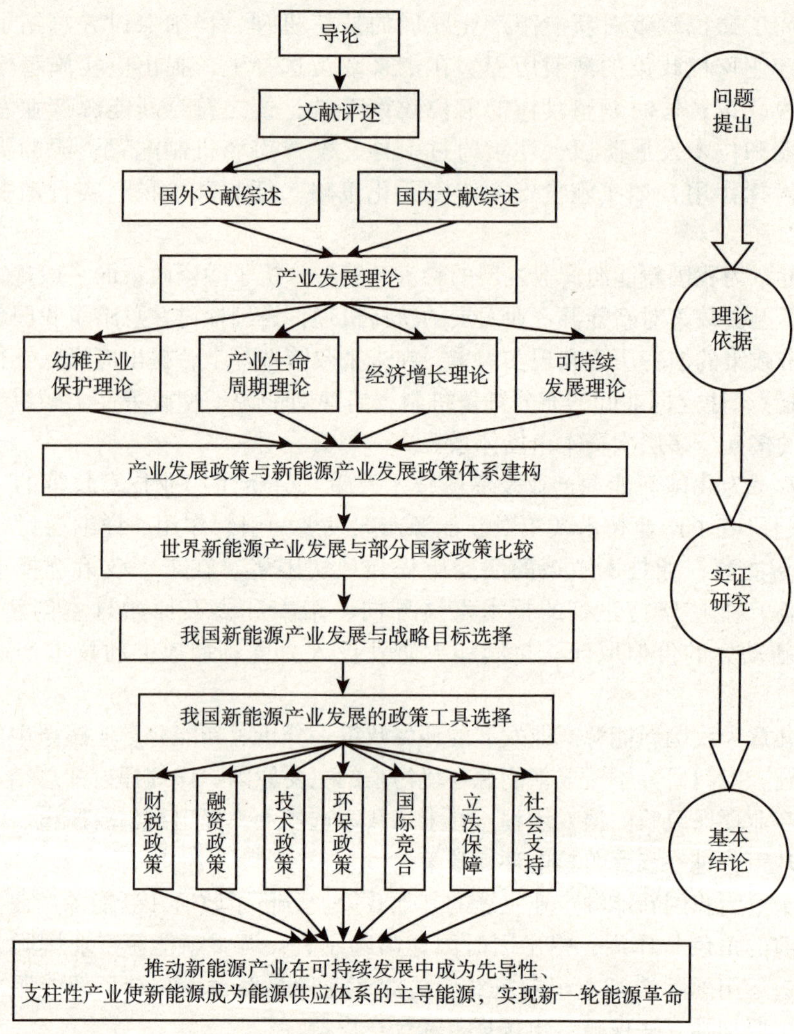

图 1－3　本书写作路线

第四节　主要创新和不足之处

一、主要创新之点

当前学术界已有的理论框架和文献成果为本书的研究提供了积极的分析思

路，具有重要的参考价值。同时，现有的理论在研究的密度、深度和广度上还存在研究和创新的空间。本书主要的创新之点有以下三个方面。

第一，从理论建构的横向内容来看，我国新能源产业发展政策应包括产业发展战略规划、目标和具体政策实施工具。从产业发展的要素依赖以及环境来看，新能源产业发展具体工具应包括财税政策、融资政策、技术政策、价格政策、人才政策、环保政策、国际竞合策略和配套措施等。

第二，从实践演变的经验启示来看，世界新能源产业发展与主要发达国家新能源产业发展政策的演变历程表明，一国新能源产业的发展离不开政府政策的有力支持，选择、制定一套有效、可持续的政策体系至关重要。应确立新能源产业发展的战略地位，保持政策运行的稳定性、持续性和连贯性，注重政策整体调控、市场微观配置和社会机制作用的全面发挥，并予以有效政策评估和动态调整。

第三，部分新能源消费与我国经济增长关系的向量自回归模型（Vector Auto Regression，VAR）模型解释表明，新能源消费已经对我国经济增长产生积极影响，新能源产业发展已经成为我国新的经济增长点之一。但新能源消费在拉动我国经济增长的贡献份额中还比较小，需要进一步扶持新能源产业发展，这一扶持应是长期的，直至新能源消费在拉动经济增长中的作用超过了传统能源的贡献份额。

二、研究不足之处

（1）本书研究的新能源产业发展政策体系，主要建构在产业发展理论之上，实际上主要研究的是横向的产业发展政策框架，在纵向的政策决策、制定、实施、评估、反馈等流程，本书未做深入研究，抑或研究较少，这是本书的不足之一。从严格意义来讲，除此之外，新能源产业政策体系还应包括产业组织政策、产业结构政策、空间优化政策等①。

（2）在建立模型分析时，相关数据应该囊括所有的新能源产业。但是，由于实际数据获取的困难，只能选择现有公开发布的部分数据，从而在数据处理上带来不可避免的偏差。因此，随着新能源产业的发展壮大，建立完整系统的数据分析非常必要，相关的研究会更有说服力。

（3）在国内新能源具体政策工具演变上，本书仅仅在一定范围内探讨了新能

① 张宪昌．新能源产业政策体系研究——以山东省为例［J］．攀登，2015（3）：108－113.

源发展的价格政策，提出了人才政策，并没有独立一章进行专门的分析，这是本书研究的一个缺憾。在对某一个政策工具的研究上，由于资料搜集上的不足，仅仅选择了几个主要的方面。例如，在财税政策上，主要研究了增值税、所得税、消费税、财政补贴和定价，而对出口退税涉及较少。

第二章

国内外文献综述

第一节　国外文献综述

一、关于强调政策作用的主要文献

日本是最早提出产业政策概念的国家。小宫隆太郎、奥野正宽等（1984）在其编著的《日本的产业政策》中强调政府干预的重要性，提议将新能源发展作为重点发展对象，政府应该出台相应财政政策给予扶持。① Menanteau Philippe、Finon Dominique 等（2003）认为，无论选择可再生能源配额制（RPS），还是固定上网电价制（FIT），政府当局都在刺激可再生能源技术进步和加速技术学习过程方面扮演了非常明确的角色。②

Dirk Assmann、Ulrich Laumanns 和 Dieter Uh（2006）在其编著的《可再生能源：一个全球技术、政策和市场的评论》（*Renewable Energy*：*A Global Review of Technologies*，*Policies and Markets*）中较为详细介绍了可再生能源的事例、潜力和交通运输用途，探讨了技术进步和扩散的政策工具、市场规制、正在消除的补贴、国际制度安排以及金融动员和清洁发展机制，介绍了发展中国家可再生能源在实现千年发展目标中的角色和传统生物能源政策，对可再生能源发展的研发、

① ［日］小宫隆太郎，奥野正宽，铃村兴太郎．日本的产业政策［M］．黄晓勇，等，译．北京：国际文化出版公司，1988.

② Menanteau P.，Finon D.，Lamy M. L. *Prices Versus Quantities*：*Choosing Policies for Promoting the Development of Renewable Energy*［J］. *Energy Policy*，2003，31（8）：799－812.

信息、关注、教育和培训进行了启发式的阐释。[①] Howarth Nicholas（2012）基于演化经济学的视角，通过来自亚洲的个案研究，论证了单一的价格机制难以足够的支持新能源技术走向市场，从而批驳了某些学者过度关注碳定价对市场主导的低碳技术革新发挥作用的观点。[②]

Wüstenhagen R. 和 Bilharz M.（2006）回顾了德国 1973—2003 年可再生能源发展情况，强调了20 年来在电力供应法（StrEG）和后来的可再生能源法（EEG）指导之下的持续性政策对可再生能源电力生产的重要驱动作用，使德国在完成欧盟可再生能源目标方面比其他国家处于更加有利的位置。[③] Lipp Judith（2007）认为，基于固定电价制和配额制的实践，丹麦、德国和英国是当之无愧的领袖国家，并提出政策设计和承诺是成功的主要因素。[④] Hvelplund F.（2011）考察了 1976—2010 年丹麦的可再生能源政策，认为可再生能源和节能系统已经实现了从丹麦能源供应的次要选择到主要技术的转向，而化石燃料正逐渐变为辅助性的选择。[⑤] Scarlat N. 和 Dallemand J. F. 等（2015）概述了欧盟可再生能源政策框架，强调了政策、规划和目标的重要性。[⑥]

Solangi K. H. 和 Islam M. R. 等（2011）评述了美国、加拿大、德国、西班牙、法国、中国、巴基斯坦、澳大利亚和马来西亚的太阳能政策，认为固定上网电价机制（FIT）、可再生能源配额制度（RPS）和激励（Incentives）是世界上很多国家采用的最受益的政策。[⑦] Carley Sanya（2011）主要探讨了美国电力部门主张投资多样化、分散化和去碳化的政策工具，具体分析了可再生数量标准、净计量和互联规则、税收鼓励、公共福利基金和能效标准，认为在美国能源政策革新时代，政策工具使用会更广泛。[⑧]

---

① Dirk Assmann，Ulrich laumanns and Dieter Uh. *Renewable Energy：A Global Review of Technologies，Policies and Markets* [M]. Routledge，2006.

② Howarth N.. *Clean Energy Technology and the Role of Non－Carbon Price－Based Policy：An Evolutionary Economics Perspective* [J]. *European Planning Studies*，2012，20（5）：871－891.

③ Wüstenhagen R.，Bilharz M.. *Green Energy Market Development in Germany：Effective Public Policy and Emerging Customer Demand* [J]. *Energy Policy*，2006，34（13）：1681－1696.

④ Lipp J. *Lessons for effective renewable electricity policy from Denmark，Germany and the United Kingdom* [J]. *Energy policy*，2007，35（11）：5481－5495.

⑤ Hvelplund F.. *Innovative Democracy and Renewable Energy Strategies：a Full－Scale Experiment in Denmark* 1976－2010 [M]. //Energy，Policy，and the Environment. Springer New York，2011：89－113.

⑥ Scarlat N.，Dallemand J. F.，Monforti－Ferrario F.，et al. *Renewable Energy Policy Framework and Bioenergy Contribution in the European Union－An Overview From National Renewable Energy Action Plans and Progress Reports* [J]. *Renewable and Sustainable Energy Reviews*，2015，51：969－985.

⑦ Solangi K. H.，Islam M. R.，Saidur R.，et al. *A Review on Global Solar Energy Policy* [J]. *Renewable and Sustainable Energy Reviews*，2011，15（4）：2149－2163.

⑧ Carley S.. *The Era of State Energy Policy Innovation：A Review of Policy instruments* [J]. *Review of Policy Research*，2011，28（3）：265－294.

也有一些学者强调政府政策的实施要通过市场机制来实现。Morthorst P. E.（2000）认为，电力工业自由化和努力减少温室气体排放是欧洲能源政策的两大主要趋向，而后者需要可再生能源技术提供贡献；为了增强可再生能源竞争力，必须建立对可再生技术进行额外支付的模式，而这一模式是建立在独立绿色证书市场发展的基础之上，同时这一市场的建立也有利于减少丹麦政府对可再生技术的沉重补贴负担。[①] Morthorst P. E.（2001）还对排污权交易市场与绿色证书市场的相互作用进行了研究。[②] Mitchell Catherine 和 Connor Peter（2004）评价了英国1990—2003 年的可再生能源政策，认为非化石燃料义务（NFFO）和可再生义务的实施是一次进步，但不是决定性的，针对英国政府 2003 年早些时候提出到2050 年减少 60% 的碳减排目标，提出应该吸取过去政策的教训。[③]

Cherni Judith A. 和 Kentish Joanna（2007）考察了我国可再生能源政策和《2005 可再生能源促进法》的潜在效力，高度评价了我国电力市场改革对电力供应以及对可再生能源发展的作用，并分析了制约我国可再生能源发展的障碍。[④] Peidong Zhang 和 Yanli Yang 等（2009）认为，政府支持是可再生能源发展的关键和初始动力，并对我国的法律法规、经济激励、技术研发和政策模式进行了回顾和评述，针对其不足，提出加强政策配套等建议。[⑤] Jinjin Chen（2011）认为，我国中央政府制定的差别电价政策在执行中遇到了以下困难：当前中央和地方政府能源管理机构的关系使地方政府难以完成自身职责、财政改革对地方财政负担加重所带来的中央与地方关系变化、地方追求 GDP 增长的动力不是来自中央政府而是地方间竞争以及获得地方的支持。[⑥] Lo，Kevin（2014）从电力、工业、交通、建筑和地方政府等方面对中国可再生能源和能源效率政策进行了评论，指出其局限和改善空间，并提出了五项建议。[⑦]

---

① Morthorst P. E.. *The Development of a Green Certificate Market* [J]. *Energy Policy*, 2000, 28 (15): 1085 - 1094.

② Morthorst P. E.. *Interactions of a Tradable Green Certificate Market with a Tradable Permits Market* [J]. *Energy Policy*, 2001, 29 (5): 345 - 353.

③ Mitchell C., Connor P.. *Renewable Energy Policy in the UK* 1990 - 2003 [J]. *Energy Policy*, 2004, 32 (17): 1935 - 1947.

④ Cherni J. A., Kentish J.. *Renewable Energy Policy and Electricity Market Reforms in China* [J]. *Energy Policy*, 2007, 35 (7): 3616 - 3629.

⑤ Peidong Z., Yanli Y., Yonghong Z., et al. *Opportunities and Challenges for Renewable Energy Policy in China* [J]. *Renewable and Sustainable Energy Reviews*, 2009, 13 (2): 439 - 449.

⑥ Chen J.. *China's Experiment on the Differential Electricity Pricing Policy and the Struggle for Energy Conservation* [J]. *Energy Policy*, 2011, 39 (9): 5076 - 5085.

⑦ Lo K.. *A Critical Review of China's Rapidly Developing Renewable Energy and Energy Efficiency Policies* [J]. *Renewable and Sustainable Energy Reviews*, 2014 (29): 508 - 516.

二、关于政策选择评价的主要文献

出于对自由主义的信仰和市场经济理论的支配，国外学者对政策研究的焦点聚集在政策设计、选择和评价比较上，并存在一定的争议。Gullberg A. T. 和 Bang G.（2015）认为，欧洲存在绿色证书和固定上网电价两种支持可再生能源发展的方案。① Menanteau Philippe 和 Finon Dominique 等（2003）认为，当绿色证券市场由理论变为实践以及在考虑了市场结构和市场绩效的影响下，固定电价制优于配额制。② del Río González P.（2008）肯定了上网电价政策对西班牙可再生能源发电（RES－E）特别是风电的积极作用，概述了西班牙最近 10 年 RES－E 进展情况，分析了三种固定电价上网政策的区别与改进。③

Reiche Danyel 和 Bechberger Mischa（2004）发表了不同的观点，认为可再生能源的成功依赖于欧盟成员国各自不同的框架条件和不同的政策工具，因此没有先天优越的政策工具。④ Komor Paul 和 Bazilian Morgan（2005）认为，过去可再生能源政策在建构上是模糊的，甚至是混乱的，难以进行有效评估，提出了可再生能源政策的框架，即目标、计划和技术，并对其概念和作用做了说明。⑤ Jacobsson Staffan 和 Bergek Anna 等（2009）对当时欧盟委员会关于绿色证书市场（TGC）泛欧盟化的提议进行了质疑，认为这不是欧洲的前途。⑥ Gerlagh Reyer 和 van der Zwaan Bob（2006）比较了削减碳排放的五大主要政策工具：碳税、化石燃料税、可再生能源补贴、能源生产碳强度配额和可再生能源配额，认为涉及利用碳税支持可再生能源发展的配额制度是解决全球气候变化问题的最经济合算的办法。⑦

---

① Gullberg A. T.，Bang G.. *Look to Sweden：the Making of a New Renewable Energy Support Scheme in Norway* [J]. *Scandinavian Political Studies*，2015，38（1）：95－114.

② Menanteau P.，Finon D.，Lamy M. L.. *Prices Versus Quantities：Choosing Policies for Promoting the Development of Renewable Energy* [J]. *Energy Policy*，2003，31（8）：799－812.

③ del Río González P.. *Ten Years of Renewable Electricity Policies in Spain：An Analysis of Successive Feed-in Tariff Reforms* [J]. *Energy Policy*，2008，36（8）：2917－2929.

④ Reiche D.，Bechberger M.. *Policy Differences in the Promotion of Renewable Energies in the EU Member States* [J]. *Energy Policy*，2004，32（7）：843－849.

⑤ Komor P.，Bazilian M.. *Renewable Energy Policy Goals，Programs，and Technologies* [J]. *Energy Policy*，2005，33（14）：1873－1881.

⑥ Jacobsson S.，Bergek A.，Finon D.，et al. *EU Renewable Energy Support Policy：Faith or Facts?* [J]. *Energy Policy*，2009，37（6）：2143－2146.

⑦ Gerlagh R.，Van der Zwaan B.. *Options and Instruments for a Deep Cut in CO_2 Emissions：Carbon Dioxide Capture or Renewables，Taxes or Subsidies?* [J]. *Energy Journal*，2006，27（3）：25－48.

一些学者对 RPS 的不足做了补充。Schelly C.（2014）指出，美国 1/2 以上的州实施 RPS，FIT 在 RPS 可能存在意想不到的负面后果时，可以提供额外的积极效果。① Delmas Magali A. 和 Montes - Sancho Maria J.（2011）认为，过去的 10 年美国许多州强化了可再生能源政策的制定与实施，并执行了可再生能源配额制度（RPS）和消费者自由选择权利制度（MGPO）；经过评估政策有效性发现，RPS 会对投资产生消极影响，但私人投资比公共投资对 RPS 命令反应更为积极，相比较而言，MGPO 对可再生能源装机容量发挥着重要的作用。② Levin Todd、Thomas Valerie M. 和 Lee Audrey J.（2011）以电价低、生物质能是主要可再生能源的乔治亚州为例，考察了可再生能源电力标准和碳税的影响，发现 $ 50/t CO_2 的碳税不能显著地增加可再生能源生产，可再生能源电力证书会把可再生能源投资转移到其他州，在州内生产可再生能源电力供应会提高 1% 的发电成本。③

Peng Suna 和 Pu-yan Nie（2015）比较了固定上网电价机制（FIT）和可再生能源配额制度（RPS）的优劣，认为 FIT 在增加可再生能源数量和刺激技术研发效率方面优于 RPS，而可再生能源配额制度在减少碳排放和提高消费者剩余效率方面优于 FIT。④ 选择什么样的政策，取决于一国的国情和发展目标。Anadón Laura Díaz（2012）分析了美国、英国和中国在能源革新方面的刺激性制度，突出了国家目标与环境的差异对政策的影响，识别了自治、商业参与、制度集中程度的不同，指出政府支持能源研究、设计与开发（RD&D）不同路径可能存在一定的差距。⑤ Migendt M.（2017）基于 OECD 国家的样本调查，发现政策选择取决于具体的市场条件和不同的技术成熟度：为改善机构投资条件，针对不成熟的技术，需要经济和财政激励，比如实施 FIT；针对成熟的技术，主要采用市场工具，如温室气体排放交易系统；另外，以法规、标准（RPS）和长期战略规划等监管措施为补充可以进一步强化可再生能源的投资环境。⑥

一些学者对新能源研发、融资进行了研究。Nemet Gregory F. 和 Kammen

① Schelly C.. *Implementing Renewable Energy Portfolio Standards: The Good, the Bad, and the Ugly in a Two State Comparison* [J]. *Energy Policy*, 2014, 67: 543 -551.

② Delmas M. A., Montes - Sancho M. J.. *US State Policies for Renewable Energy: Context and Effectiveness* [J]. *Energy Policy*, 2011, 39 (5): 2273 -2288.

③ Levin T., Thomas V. M., Lee A. J.. *State - Scale Evaluation of Renewable Electricity Policy: The Role of Renewable Electricity Credits and Carbon Taxes* [J]. *Energy Policy*, 2011, 39 (2): 950 -960.

④ Sun P., Nie P.. *A Comparative Study of Feed-in Tariff and Renewable Portfolio Standard Policy in Renewable Energy Industry* [J]. *Renewable Energy*, 2015, 74: 255 -262.

⑤ Anadón L. D.. *Missions - Oriented RD&D Institutions in Energy between 2000 and 2010: A Comparative Analysis of China, the United Kingdom, and the United States* [J]. *Research Policy*, 2012, 41 (10): 1742 -1756.

⑥ Migendt M. *Public Policy Influence on Renewable Energy Investments - A Panel Data Study across OECD Countries* [M] // Accelerating Green Innovation. Springer Fachmedien Wiesbaden, 2017: 98 -111.

Daniel M.（2005）考察了美国能源部门的研发投资，发现自20世纪90年代中期以来资金支持广泛下降；与公共部门投资相比，私人领域下降更多，尤其在风能和太阳能方面，与大趋势相反的是风险资本投资和燃料电池创新；最后提出研发投资增加5~10倍是有根据的，也是切实可行的。[①] Jacobsson Robin 和 Jacobsson Staffan（2012）认为，欧盟当前投资水平和达到2020年目标所需要的数额存在大约5000亿欧元的缺口，其部分原因在于新能源技术投资的风险，另一个是金融系统的商业逻辑已经转移到短期投资和高回报下的投机和高风险金融产品，从而限制了熊彼特式的创造性破坏活动渴望的实现，由此推断出一个充足的资金来源需要公共部门投资的大量增加和金融系统的改革。[②]

也有学者强调社会支持对新能源发展的作用。Upretia Bishnu Raj 和 van der Horst Dan（2004）以生物质能发电公司发展不利的事实，分析了英国的可再生能源政策与公众的反对。[③] Lim X. L.，Lam W. H.（2014）通过面对面的采访，发现82.8%的被调查者支持马来西亚海洋再生能源开发，但有56.8%的被调查者缺乏为绿色电力买单的意愿。[④] Stigka Eleni K.、Paravantis J. A. 和 Mihalakakou G KM（2014）强调公众认知、公众态度对新能源电力生产的作用，认为支付意愿与包括教育、对环境问题的兴趣和可再生能源知识在内的社会经济特征有关。[⑤]

还有学者分析了福岛核事故对日本和国际社会的影响。eltzer Joshua（2012）分析了福岛核事故对日本能源政策的影响以及日本的电力构成，指出了后福岛时代日本能源政策的困惑。[⑥] Wittneben Bettina B. F.（2012）以英国“留核”和德国“弃核”为例，考察了福岛核事故对欧洲能源政策的影响，并分析了英国和德国做出不同决定的原因。[⑦] Chen W. M.、Kim H. 和 Yamaguchi H.（2014）认为，福岛核事故的发生转变了日本、韩国和中国台湾地区支持核能的政策，对可再生能

① Nemet G. F.，Kammen D. M.. *US Energy Research and Development: Declining Investment, Increasing Need, and the Feasibility of Expansion* [J]. *Energy Policy*, 2007, 35 (1): 746-755.

② Jacobsson R.，Jacobsson S.. *The Emerging Funding Gap for the European Energy Sector—Will the Financial Sector Deliver?* [J]. *Environmental Innovation and Societal Transitions*, 2012, 5: 49-59.

③ Upreti B. R.，van der Horst D.. *National Renewable Energy Policy and Local Opposition in the UK: the Failed Development of a Biomass Electricity Plant* [J]. *Biomass and Bioenergy*, 2004, 26 (1): 61-69.

④ Lim X. L.，Lam W. H.. *Public Acceptance of Marine Renewable Energy in Malaysia* [J]. *Energy Policy*, 2014 (65): 16-26.

⑤ Stigka E. K.，Paravantis J. A.，Mihalakakou G. K.. *Social Acceptance of Renewable Energy Sources: A Review of Contingent Valuation Applications* [J]. *Renewable and Sustainable Energy Reviews*, 2014 (32): 100-106.

⑥ Meltzer J. *After Fukushima: What's Next for Japan's Energy and Climate Change Policy?* [M]. Washington: Bookings Institution, 2011.

⑦ Wittneben B. B. F.. *The Impact of the Fukushima Nuclear Accident on European Energy Policy* [J]. *Environmental Science & Policy*, 2012, 15 (1): 1-3.

源产生了更大的偏好，建议联合研发和开展可再生能源。①

三、国外文献评价

综合收集到的国外文献，会发现相关新能源发展政策的研究主要具有以下几个特点。

从整体上来看，尤其是欧美国家的研究成果，相对来说比较成熟，建立了较为完整的理论分析框架，从而表现出较高的前瞻性和先进性，能够为世界上其他国家新能源政策的理论研究和现实决策提供借鉴与参考。这一特点是与欧美国家新能源发展较早、技术较为成熟的长期实践不能分开的。

从研究内容来看，国外文献更加侧重于对政策的技术性分析，突出政策工具的专业设计、决策选择与回馈评价的具体性分析，并建立了模型分析。也有一些学者在研究视野上突破了一国范围，对新能源发展政策进行了横向比较，提出建立世界统一的新能源市场规则。

在研究方法上，国外文献比较强调局部分析，关注个案研究，从而表现出精细化和微观化的研究特色。其优点是精准，但也存在缺陷。国外学者对于同一内容的研究，由于研究视角、研究范围和具体研究工具的差异，往往得出不同的结论，甚至出现相反的观点，导致在整体上难以进行把握，从而在一定程度上出现了学术研究上的“囚徒困境”。同时，我们还要看到，国外学者对我国新能源发展及其政策的研究关注还较少，从而在认识和理解我国新能源发展取得的成就和出现的贸易争端方面存在一定的不足。

第二节　国内文献综述

一、关于新能源发展综合政策的主要文献

1. 研究美国的主要文献

陈幼松（1993）较早介绍了20世纪70年代末至90年代初美国的立法政策、

---

① Chen W. M., Kim H., Yamaguchi H.. *Renewable Energy in Eastern Asia: Renewable Energy Policy Review and Comparative SWOT Analysis for Promoting Renewable Energy in Japan, South Korea, and Taiwan* [J]. *Energy Policy*, 2014 (74): 319-329.

丹麦的风电补贴与并网、德国的太阳能补贴、瑞士的能源节约和利用法案以及欧共体（EC）的可再生能源、废弃物能源、复合供热供电（RWC）发电建议。[①] 高静（2009）介绍了奥巴马新能源政策的主要内容，认为其目的是重新夺回在新能源和节能减排领域的领导权和话语权、占领新能源技术的制高点、在国际关系中占据新的“道义制高点”，归纳了清洁发展、提高能耗、减排与给予消费者补贴的四个特点。[②] 张宪昌（2011）从三个阶段回顾了1978—2010年美国新能源政策法案的历史演变，认为就国家创新和新能源技术领域而言，美国新能源发展并不具备世界领先优势。[③] 宋鸿（2011）介绍了美国能源部发布的2011年战略规划，认为美国在保证安全的前提下还会大力发展核电。[④] 陈利强、屠新泉（2013）针对美国对华新能源产业实施“双轨制反补贴”，提出坚持攻防兼备的原则，遵循“国内主动限权、世界贸易组织（WTO）限权和扩权、对美积极应诉、对美诉讼和反制”的基本思路。[⑤] 余国合、吴巧生（2015）提出，借鉴美国经验，推动国内页岩气开发。[⑥] 元简（2017）分析了特朗普上任后的政策变化对美国新能源产业发展的影响，评价了风险投资的作用，认为政府的扶持在美国新能源产业发展的过程中发挥的举足轻重的作用是市场难以替代的。[⑦]

2. 研究欧盟、日本的主要文献

周茂荣、祝佳（2007）认为，供给安全、竞争力下降与环境负外部性是推动欧盟建立新能源政策的主要因素，其政策内容反映了欧盟一体化的色彩。[⑧] 赵刚（2009）介绍了德国新能源技术的研发资助、生物质能发电的投资补偿、补贴、税收优惠和进口关税政策以及风电上网电价政策，认为要加强产学研合作，重视支持中小企业创新，加强国际合作。[⑨] 张玉臣、彭建平（2011）根据科技及产业政策的一般构成要素理论，归纳了欧盟支持新能源产业发展政策的主要结构和基本特征，涉及政策理念及目标、政策实体内容、政策实施环境及条件三

---

① 陈幼松．欧美各国鼓励利用新能源的政策［J］．太阳能，1993（1）：28－30.

② 高静．美国新能源政策分析及我国的应对策略［J］．世界经济与政治论坛，2009（6）：58－61.

③ 张宪昌．美国新能源政策的演化之路［J］．农业工程技术：新能源产业，2011（1）：8－10.

④ 宋鸿．美国新能源政策的转变对我国可再生能源发展的影响［J］．电力与能源，2011（12）：436－439.

⑤ 陈利强，屠新泉．美国对华新能源产业实施“双轨制反补贴”战略研究［J］．国际贸易问题，2013（5）：67－77，103.

⑥ 余国合，吴巧生．新能源安全观下美国页岩气开发对中国的战略启示［J］．中国矿业，2015，24（11）：1－4，24.

⑦ 元简．政策变化对美国新能源产业的影响［J］．国际问题研究，2017（5）：88－105，130－131.

⑧ 周茂荣，祝佳．欧盟新能源政策：动因分析与前景展望［J］．世界经济研究，2007（12）：67－70.

⑨ 赵刚．德国大力发展新能源产业的做法与启示［J］．中国科技财富，2009（19）：104－107.

要素。[①] 刘秀莲（2011）详细介绍了欧盟可再生能源发展目标与主要国家可再生能源产业政策架构及实施，但是在经济手段的分析上，将产业政策与融资政策相混淆，将产业政策与财税政策和立法监督相并列。[②] 曹玲（2010）阐述了包括新能源产业发展目标与计划、法律政策、财政金融政策三个方面在内的日本新能源产业政策，并对其实施效果进行了描述式的评价。[③] 黄德明、黄晓燕（2011）在杨泽伟（2007）研究的基础上，介绍分析了《欧盟第三次能源改革方案》的新能源立法背景、主要内容和主要特点，认为新能源的发展成为推动欧盟能源改革目标实现的关键。[④] 邱立成、曹知修和王自锋（2013）使用面板数据模型，发现欧盟各成员国的环境政策能够对新能源产业产生显著的集聚效应影响。[⑤]

3. 研究国内的主要文献

陈凯、史红亮（2009）在其主编的《清洁能源发展研究》中专列一章对国内外清洁能源发展政策进行了概述。[⑥] 宋双勇（2010）从制度变迁的视角列述了1986年以来我国的新能源与可再生能源主要法律法规、发展规划以及风电、太阳能利用等政策法规，探讨了新能源投融资补贴与税收优惠制度、电力上网制度、电价制度和消费补贴制度及其存在的缺陷，并初步提出了制度创新的策略。[⑦] 郭超英（2011）从产业经济学的视角，认为新能源产业发展政策内容主要包括新能源产业技术政策、财税政策、金融政策和外贸政策，并从三个阶段分析了我国新能源产业发展政策的历史演变和太阳能、风电、生物质能与核电发展政策；探讨了美国、德国和日本的新能源产业发展政策以及取得的成就，并在此基础上，对我国新能源产业发展进行了政策设计，提出了配套措施。[⑧] 姚梦媛（2011）从政府工具的视角，探讨了法律工具、经济工具和信息工具对新能源和可再生能源发展的作用机制，比较分析了欧盟、美国、日本和印度的新能源和可再生能源政策，对我国新能源和可再生能源发展政策做了演变与评价分析，并提出了政策选

---

① 张玉臣，彭建平．欧盟新能源产业政策的基本特征及启示［J］．科技进步与对策，2011（6）：101－105.

② 刘秀莲．欧盟国家新能源产业重点领域选择、目标及政策借鉴［J］．经济研究参考，2011（16）：40－51.

③ 曹玲．日本新能源产业政策分析［D］．长春：吉林大学，2010.

④ 黄德明，黄晓燕．新能源视角下的2009年《欧盟第三次能源改革方案》［J］．暨南学报（哲学社会科学版），2011（5）：85－91.

⑤ 邱立成，曹知修，王自锋．欧盟环境政策与新能源产业集聚：理论分析与实证检验［J］．经济经纬，2013（5）：65－71.

⑥ 陈凯，史红亮．清洁能源发展研究［M］．上海：上海财经大学，2009.

⑦ 宋双勇．我国新能源经济发展过程中的制度创新问题研究［D］．长春：吉林大学，2010.

⑧ 郭超英．我国新能源产业发展政策研究［D］．南充：西南石油大学，2011.

择和创新。[①]

魏曙光（2012）在其著作《循环经济理念下的我国新兴能源发展战略的若干问题研究》中对风电、太阳能、生物质能和核电等新兴能源产业的发展、成本及定价、投融资进行了具体细致的分析，并对新兴能源法律和战略提出了再认识。[②] 张海龙（2014）从制度体系、财政、税收、技术创新和可持续五个角度提出了中国新能源发展的宏观政策，但把各个新能源产业政策视为微观政策，值得商榷。[③]

二、关于新能源发展战略规划的主要文献

1. 研究国外的主要文献

过启渊（1985）较早对美国核能利用、太阳能、风能、生物能源、地热能和合成燃料等新能源开发战略进行了介绍。[④] 朱真（1985）介绍了日本的“阳光计划”与“月光计划”。[⑤] 李水清（1994）从政策、现状和战略计划三个方面介绍了英国1994年发展新能源和再生能源的政策与战略的白皮书《新能源和再生能源：英国未来展望》。[⑥] 刘清华（1999）对英国1995年的可再生能源发电能力目标所实施的非矿物燃料义务条例和支持计划进行了解读。[⑦] 黄玲、张映红（2008）认为，10年来德国一直引领新能源产业发展，分析了德国新能源发展的现状、原因和经验，并结合我国的基本国情，提出了我国发展新能源的必要性和建议。[⑧]

雷鸣（2009）在其博士论文《日本节能与新能源发展战略研究》中，对日本节能和新能源发展战略作了较为深入的研究，详细分析了新能源发展的战略目标、政策体系和法律法规，但对财政金融的分析还较少[⑨]。刘东国（2009）分析了10年来日、欧、美新能源战略提出的背景、目标与主要内容和意图，认为我国

---

① 姚梦媛．中国新能源和可再生能源发展政策研究——基于政策工具的视角［D］．上海：上海师范大学，2011.

② 魏曙光．循环经济理念下的我国新兴能源发展战略的若干问题研究［M］．北京：经济科学出版社，2012.

③ 张海龙．中国新能源发展研究［D］．长春：吉林大学，2014.

④ 过启渊．美国新能源开发战略［J］．世界经济文汇，1985（5）：22－26.

⑤ 朱真．日本的“阳光计划”与“月光计划”——面向二十一世纪的日本新能源战略［J］．计划经济研究，1985（4）：19－22.

⑥ 李水清．英国发展新能源和再生能源的政策与战略［J］．全球科技经济瞭望，1994（11）：6－9.

⑦ 刘清华．英国新能源和可再生能源计划［J］．全球科技经济瞭望，1994（2）：34－35.

⑧ 黄玲，张映红．德国新能源发展对中国的战略启示［J］．资源与产业，2010（6）：48－53.

⑨ 雷鸣．日本节能与新能源发展战略研究［D］．长春：吉林大学，2009.

面临能源结构转型、节能减排和新能源开发利用和外交策略调整三个问题①。陈柳钦（2012）分析了欧盟2020年能源新战略的制定背景和五大优先目标，总结了凸显能源安全的战略地位、高度重视加强能源外交和着力强化内部自身建设三点启示②。

2. 研究国内的主要文献

朱世伟（1990）在分析了新能源定义、特征、分类、地位和作用以及国内外新年能源发展现状的基础上，提出了我国包括太阳能、风能、生物质能、地热、海洋能、核能和氢能在内的新能源发展战略。③ 尹炼（1993）较早分析了新能源发展在国民经济全局中的地位，呼吁提高新能源的战略地位和国民意识，并提出了改革的目标模式，即在市场经济的框架下，采用多种政策，以电力为主。④ 钱伯章（2010）从全球视角出发，介绍了世界可再生能源发展趋势、跨国石油公司的新能源战略以及包括我国在内的世界各国可再生能源利用与规划。⑤

中央党校课题组（2011）对我国新能源发展的必要性、发达国家新能源战略比较以及存在的问题和如何发展进行了较为全面的宏观分析。⑥ 我国能源中长期发展战略研究项目组（2011）从中长期能源战略的视角，结合大能源体系的发展，分析了国内外各类可再生能源的技术、产业和市场发展现状，提出了我国可再生能源中长期和长远期的发展愿景、目标、路线图和保障政策措施和建议。⑦

也有学者进行了中外比较研究。杨来、曾少军和曾凯超（2013）比较分析了中、美新能源战略，认为在出台政策风格和新能源产品推广方面存在显著的不同，提出设立国家级新能源示范城市、以点带面选择重点项目和重点企业进行定向资助等政策建议。⑧

三、关于新能源发展政策工具的主要文献

1. 财税政策研究的主要文献

朱志刚（2008）在其编著的《加快迈向新能源时代——构建有利于新能源

---

① 刘东国．日欧美新能源战略及其对中国的挑战［J］．现代国际关系，2009（10）：33－39.

② 陈柳钦．欧盟2020年能源新战略：欧盟统一路线图［J］．决策咨询通讯，2012（2）：1－5.

③ 朱世伟．我国新能源发展战略［J］．数量经济技术经济研究，1990（5）：10－15.

④ 尹炼．地位、问题、对策——对我国新能源战略的评估与对策探讨［J］．科技导报，1993（7）：36－38.

⑤ 钱伯章．可再生能源发展综述［M］．北京：科学出版社，2010.

⑥ 中央党校课题组：曹新，等．中国新能源发展战略问题研究［J］．经济研究参考，2011（52）：2－19.

⑦ 中国能源中长期发展战略研究项目组．中国能源中长期（2030，2050）发展战略研究可再生能源卷［M］．北京：科学出版社，2011.

⑧ 杨来，曾少军，曾凯超．中美新能源战略比较研究［J］．中外能源，2013（3）：22－24，29.

发展的财税制度研究》中，提出完善支持可再生能源发展的财税政策体系，建立我国特色的环境税体系。[①] 刘松万（2009）提出，我国要建立促进新能源产业发展的专项扶持基金及其管理制度，对扶持对象、扶持办法、扶持高科技研发等进行了整体性的说明。[②]

杜伟杰、陈钢等（2011）探讨了我国新能源产业补贴的必要性、补贴模式，分析了其作用机理和补贴现状，提出了加强立法、研发和消费补贴等改进思路。[③] 邢少文（2011）整理了我国新能源产业的财政补贴政策，并对其负面作用表示担忧。[④] 陈刚（2012）对新能源产业政府补贴模式进行了理论分析，探讨了美国和德国的新能源产业补贴政策。[⑤] 潘文轩、吴佳强（2012）分析了我国新能源税收的现状和不足，介绍了美国、英国、丹麦、印度和波罗的海沿岸国家新能源税收政策的成功经验，总结了税收政策贯穿新能源产业发展整个阶段等启示，并提出了调整和完善新能源增值税政策、适当开征碳税和环境污染税等建议。[⑥]

范云轩（2015）通过设立模型检验政府扶持对企业技术创新的作用，认为具有普惠性的税收优惠政策比具有一定针对性的财税补贴对企业专利产出作用更加显著。[⑦] 曾鸣、段金辉（2015）认为，新能源政策存在补贴水平、补贴额度的不足，提出应制定补贴退出机制、重点补贴技术研发环节。[⑧] 吴春雅、吴照云（2015）通过导向 DEA 模型多阶段求解方法，探讨了光伏和风能上市公司的产能过剩情况，提出要提高政府补贴的效率。[⑨] 戚聿东、姜莱（2016）认为，优化新能源产业政府补贴的总体方向是逐步紧缩政府补贴，并要把握好时间和力度。[⑩] 高新伟、闫昊本（2018）运用修订的 Acemoglu 的偏向性技术进步框架，对新能源研发补贴、生产补贴和消费补贴政策激励效果进行了比较，发现中间生产补贴

---

① 朱志刚．加快迈向新能源时代——构建有利于新能源发展的财税制度研究［M］．北京：中国环境科学出版社，2008.

② 刘松万．发展新能源产业的财政政策与措施［J］．山东社会科学，2009（11）：116－119.

③ 杜伟杰，陈钢，高宇．新能源产业补贴：作用机理、现状与改进思路［J］．经济论坛，2011（5）：183－184.

④ 邢少文．新能源产业的财政补贴之路［J］．南风窗，2011（2）：78－81.

⑤ 陈钢．我国新能源产业的政府补贴研究［D］．杭州：浙江财经学院，2012. 19－35.

⑥ 潘文轩，吴佳强．新能源税收政策的国际经验及对我国的启示［J］．当代经济管理，2012（4）：70－73.

⑦ 范云轩．财政支持技术创新与新能源产业发展绩效研究［J］．扬州职业大学学报，2015（2）：22－27.

⑧ 曾鸣，段金辉．新能源补贴机制问题及对策［J］．中国电力企业管理（综合），2015（6）：50－53.

⑨ 吴春雅，吴照云．政府补贴、过度投资与新能源产能过剩——以光伏和风能上市企业为例［J］．云南社会科学，2015（2）：59－63.

⑩ 戚聿东，姜莱．中国新能源产业政府补贴优化方向研究［J］．财经问题研究，2016（11）：17－22.

的效果最好。[①]

2. 融资政策研究的主要文献

彭文兵（2009）在其著作《电力发展与投融资——基于新能源投资的视角》中，详细分析了我国水电、核电、风电、太阳能和智能电网发展与投资现状及困境，并提出了清洁发展机制（CDM）等企业新型融资方式。[②] 张亮（2009）分析了我国节能与新能源行业资金缺口及其形成因素，并从投资主体和融资方式两个方面提出了弥补资金缺口的运行思路以及相关的对策建议。[③] 朱锡平、肖湘愚等（2009）认为，新能源开发利用过程中离不开相应的金融支持与政策支持，提出必须深化金融体制改革，不过他们在表述中将金融政策、财税政策、价格政策和产业政策相并列。[④]

张艳峰（2011）从企业的角度分析了内部和外部两种融资机制，确立了企业融资原则，提出积极争取上市融资与政策性融资和加强金融创新等建议。[⑤] 王士伟（2011）着重分析了建造—运营—移交方式（BOT）、公私合营（PPP）、项目租赁、资产证券化和创建新能源基金五种融资模式。[⑥] 樊长在、何雨格（2012）介绍了企业公共风险资本与政府担保融资两种方式，并提出了我国相应的融资模式。[⑦]

史丹、夏晓华（2013）分析了新能源产业融资的四种方式。[⑧] 徐枫、陈昭豪（2013）运用面板 VAR 模型论证了新能源产业由于需求富有弹性而供给缺乏弹性会产生融资难问题，认为间接融资支持新能源产业发展的贡献大于直接融资，提出要加大银行对新能源产业的扶持，增加间接融资比重，支持新能源企业研发，坚持新能源产业的战略地位等建议。[⑨] 徐丹丹、刘超、张舒婷（2015）利用结构方程模型实证分析了银行信贷、政府支持和企业自身等影响北京新能源产业融资的主要因素。[⑩] 唐安宝、李凤云（2015）基于 2010—2014 年新能源上市企业数

---

① 高新伟，闫昊本．新能源产业补贴政策差异比较：R&D 补贴，生产补贴还是消费补贴［J］．中国人口·资源与环境，2018，28（6）：30－40.

② 彭文兵．电力发展与投融资——基于新能源投资的视角［M］．上海：上海财经大学出版社，2009.

③ 张亮．我国节能与新能源行业的融资模式［J］．发展研究，2009（7）：38－41.

④ 朱锡平，肖湘愚，陈英．我国新能源开发利用过程中的金融与政策支持［J］．江南社会学院学报，2009（6）：14－18.

⑤ 张艳峰．我国新能源企业的融资战略研究［J］．企业活力，2011（12）：10－13.

⑥ 王士伟．新能源项目融资模式创新分析［J］．河南财政税务高等专科学校学报，2011（6）：36－38.

⑦ 樊长在，何雨格．部分国家支持新能源企业融资的模式借鉴［J］．经济纵横，2012（2）：114－116.

⑧ 史丹，夏晓华．新能源产业融资问题研究［J］．经济研究参考，2013（7）：23－43.

⑨ 徐枫，陈昭豪．金融支持新能源产业发展的实证研究［J］．宏观经济研究，2013（8）：78－85.

⑩ 徐丹丹，刘超，张舒婷．基于结构方程的北京市新能源产业融资支持研究［J］．北京社会科学，2014（11）：87－95.

据，运用异质性双边随机前沿模型，发现在1/4的企业存在过度投资的同时，仍然有一些上市企业存在投资不足现象；从区域和所有制结构来看，东部地区企业和非国有企业的投资效率更高。[①] 王海荣、鄂奕洲（2018）利用两阶段链式网络DEA模型，测度了江苏新能源产业的融资效率，发现存在较大改善空间。[②]

3. 技术政策研究的主要文献

唐恒、董洁等（2003）以江苏省为例，分析了我国太阳能利用、洁净煤气化两方面技术专利现状以及与发达国家的差距，提出要加强政府推动与支持，以原创性发明专利为中心，提高专利实施率等，[③] 相关的研究还有肖英（2008）[④]，葛彩虹、刘亚萍（2010）[⑤]。王发明、毛荐其（2010）还对产业技术升级进行了细化研究。[⑥] 肖英（2007）概述了全球新能源技术发展状况，分析了新能源技术垄断与技术扩散的形成机理与模式内容，提出了未来我国新能源技术发展的两条路径。[⑦] 汤天浩（2007）探讨了新能源与可再生能源的关键技术，指出其发展趋势为混合电力系统和分布式电源。[⑧] 杨为、高研等（2009）则介绍了新能源发电类型及技术特点，分析了新能源并网对传统电网的影响。[⑨]

张倩（2011）界定了新能源产业共性技术的概念，分析了我国新能源产业共性技术创新平台的障碍，并从国家、区域、企业三个层面进行了模式构建。[⑩] 苏竣、张汉威（2012）基于技术生命周期和技术创新过程的视角分析，将研究和开发（R&D）拓展为研究、开发、示范、推广（R&3D），认为政府应根据不同的发展阶段制定有差别的针对性的政策。[⑪] 刘兰剑、董涛（2012）在梳理我国相关技术政策的基础上，对太阳能光伏发电、风能和核能技术创新政策实施效果进行

---

① 唐安宝，李凤云．融资约束、政府补贴与新能源企业投资效率——基于异质性双边随机前沿模型［J］．工业技术经济，2016，35（8）：145－153.

② 王海荣，鄂奕洲．生态协同视阈下江苏新能源产业融资效率研究［J］．华东经济管理，2018，32（5）：14－19.

③ 唐恒，董洁，梁芝兰，王立群．我国新能源领域专利技术现状及发展对策［J］．科技管理研究，2003（1）：67－69.

④ 肖英．我国新能源技术进步问题与对策研究［J］．科技进步与对策，2008（2）：82－85.

⑤ 葛彩虹，刘亚萍．促进新能源关键技术创新的对策研究［J］．四川行政学院学报，2010（2）：96－100.

⑥ 王发明，毛荐其．基于技术进步的新能源产业政策研究［J］．科技与经济，2010（2）：3－7.

⑦ 肖英．全球新能源技术发展：以技术垄断与技术扩散为视角［J］．可再生能源，2007（8）：88－92.

⑧ 汤天浩．新能源与可再生能源的关键技术与发展趋势［J］．电源技术应用，2007（2）：60－64.

⑨ 杨为，高研，徐宁舟，等．新能源发电技术的分析［J］．电工电气，2009（4）：1－5.

⑩ 张倩．我国新能源产业共性技术创新平台构建研究［J］．当代社科视野，2011（7－8）：50－54.

⑪ 苏竣，张汉威．从R&D到R&3D：基于全生命周期视角的新能源技术创新分析框架及政策启示［J］．科技与管理，2012（3）：93－99.

评价，提出了政府管理机制、投融资机制等五个方面的优化思路。[①] 张古鹏、陈向东（2013）以风能和太阳能技术为例，通过研究各类研发单位间专利质量的差异，提出应改变科研机构现行的科研评价体系，注重科研成果的市场转化。[②]

4. 新能源国际竞合研究的主要文献

石定寰（1989）较早地提出加强国际合作、推动新能源产业发展的观点。[③] 蒙慧、蒋海蛟（2011）回顾了1979—2008年中美新能源合作历程，认为奥巴马新政为中美新能源合作提供了新的契机，并分析了两国合作面临的障碍及原因。[④] 李扬（2011）分析了中美清洁能源合作的基础，探讨了1979—2010年中美间制度化的双边对话机制和当前存在的问题。[⑤]

王磊、陈柳钦（2012）分析了2000—2010年中美新能源贸易依存度的变化，构建了修正后的中美新能源贸易博弈模型，提出了学会利用诉讼手段保护自身利益等策略。[⑥] 针对美国对华新能源产业实施“双轨制反补贴”战略，陈利强、屠新泉（2013）提出，我国应当坚持攻防兼备的原则，采取“国内主动限权、WTO限权和扩权、对美积极应诉、对美诉讼和反制”的基本思路应对。[⑦] 段世德（2015）在厘清美国新能源贸易利益获取特点的基础上，提出要维护我国的贸易利益，需要遵循经济规律、市场规律，挖掘国外市场需求，采取多样化的贸易获取方式等。[⑧] 闫世刚（2012）分析了中美欧合作的背景与机制，探讨了出现的问题，提出了加强国际合作战略规划、机制与手段和提升自主创新能力的筹划。[⑨]

曾少军、杨来等（2012）界定了新能源国际合作的内涵与特点，并进行了路径分类；介绍了近些年我国与美国、欧盟、日本、俄罗斯的合作情况，针对存在的问题提出利用充足的外汇储备消除合作地位不对等、健全协调机制、消除互信

---

① 刘兰剑，董涛．我国新能源技术创新政策成效及其优化分析［J］．技术经济，2012（7）：1－6.

② 张古鹏，陈向东．新能源技术领域专利质量研究——以风能和太阳能技术为例［J］．研究与发展管理，2013，25（1）：73－81.

③ 石定寰．加强国际合作，努力推动新能源产业的发展［J］．能源工程，1989（3）：17－19.

④ 蒙慧，蒋海蛟．中美新能源合作对两国关系的影响［J］．太平洋学报，2011（9）：33－44.

⑤ 李扬．中美清洁能源合作：基础、机制与问题［J］．现代国际关系，2011（1）：14－21.

⑥ 王磊，陈柳钦．中美贸易博弈新聚点：新能源贸易领域的合作与摩擦［J］．发展研究，2012（5）：70－75.

⑦ 陈利强，屠新泉．美国对华新能源产业实施“双轨制反补贴”战略研究［J］．国际贸易问题，2013（5）：67－77.

⑧ 段世德．论新能源政策与美国对华贸易利益的获取［J］．西南石油大学学报：社会科学版，2015（4）：21－28.

⑨ 闫世刚．中国与美欧开展新能源合作面临的问题及前景分析［J］．对外经贸实务，2012（5）：18－21.

不足等建议。[①] 姜雅（2007）分析了中日两国在新能源及环境保护领域合作的现状，并进行了积极的展望。[②] 陈妍（2012）综述了中、日、韩新能源与绿色经济合作的观点。[③]

陈思旭（2011）认为，中俄核电、水电合作步伐加快，可再生能源合作刚刚起步，分析了两国新能源的合作潜力、优势条件和不利因素，并提出了推及策略。[④] 陈小沁（2012）介绍了俄罗斯展开新能源国际合作的概况，探讨了与我国合作的重点方向。[⑤] 邹德文、陈要军等（2010）提出建立国际合作基地是武汉城市圈新能源产业发展的新思路。[⑥] 无独有偶，张树明、李子芬（2011）从次国家行为体对外交往理论出发，探讨了新时期河北省新能源对外合作的环境因素、存在问题和对策建议。[⑦]

四、关于新能源发展其他措施的主要文献

杨泽伟（2010）分析了《2009 年美国清洁能源与安全法》的出台背景、立法目标、主要内容和特点，探讨了其国际影响和对我国的启示。[⑧] 王谋、潘家华等（2010）主要从气候变化和碳减排的视角探讨了《美国清洁能源与安全法案》取得的历史性进步、国际目标差距，并提出要加强对碳关税、国际碳交易市场制度的研究。[⑨] 罗涛（2009）着重对美国新能源和可再生能源立法模式的特点进行了探讨，认为大型综合性法案是美国能源立法的一大特色。[⑩]

罗涛（2010）还对德国电力、交通和供热供冷等领域的新能源和可再生能源

---

① 曾少军，杨来，曾凯超．我国新能源国际合作进展与对策［J］．中国能源，2012（7）：5－9.

② 姜雅．中日两国在新能源及环境保护领域合作的现状与展望［J］．国土资源情报，2007（5）：16－20.

③ 陈妍．加快推进中日韩新能源与绿色经济合作——“第二届中日韩自由贸易区民间高层论坛”观点综述之三［J］．经济研究参考，2012（36）：70－72.

④ 陈思旭．中俄新能源合作现状与前景展望［J］．西伯利亚研究，2011（5）：43－47.

⑤ 陈小沁．俄罗斯节能立法及参与国际新能源合作的趋势［J］．俄罗斯东欧中亚研究，2012（4）：50－57.

⑥ 邹德文，陈要军，姜涛．建立国际合作基地：武汉城市圈新能源产业发展新思路［J］．湖北行政学院学报，2010（2）：55－58.

⑦ 张树明，李子芬．新时期河北省新能源对外合作探析——基于次国家行为体对外交往理论的考察［J］．河北师范大学学报：哲学社会科学版，2011（3）：68－73.

⑧ 杨泽伟．《2009 年美国清洁能源与安全法》及其对中国的启示［J］．中国石油大学学报：社会科学版，2010（1）：1－6.

⑨ 王谋，潘家华，陈迎．《美国清洁能源与安全法案》的影响及意义［J］．气候变化研究进展，2010（4）：307－312.

⑩ 罗涛．美国新能源和可再生能源立法模式［J］．中外能源，2009（7）：19－25.

立法、法规进行了较为详细的介绍，对其健全的法律法规进行了高度的评价，并指出我国新能源和可再生能源电力立法存在缺乏深度等三点缺陷，并总结了能源立法应一揽子化等。[①] 罗国强、叶泉等（2011）认为，法国没有专门规范新能源问题的法典，概括了法国新能源法律规范体系的内容，分析总结了核能、太阳能和生物质能在法律建设上的成功经验和对我国的启示。[②]

杨泽伟（2011）在其主编的《发达国家新能源法律与政策研究》中，对《2009年美国清洁能源与安全法》，欧盟第三次能源改革方案与可再生能源促进政策，英国低碳过渡方案，法国、日本和澳大利亚新能源法律政策进行了启发式的概述与总结，并研究了我国新能源法律与政策的缺陷与完善方法，对核电厂选址、中美贸易争端与气候变化问题进行了翔实的分析。[③]

吕江（2012）在其著作《英国新能源法律与政策研究》中，详细介绍了英国新能源法律与政策的演变，分析了英国各类新能源的具体法律与政策，比较探讨了欧美新能源立法的英国特色，并对中英新能源合作进行了法律建构。[④] 程荃（2012）在其博士论文《欧盟新能源法律与政策研究》中，系统地分析了欧盟新能源法律与政策的构成、目标、原则和内容，认为欧盟新能源法律政策已具前瞻性、全面性、协调性等特点，这对完善我国新能源立法和政策制定具有借鉴意义。[⑤] 陈海嵩（2010）概括了日本新能源立法的情况和基本措施，基于日本新能源发展的实际情况，认为日本还存在立法执行力不足的局限，强调我国新能源法律要注重引导和促进，而非强制。[⑥] 陆燕、付丽等（2011）分析了澳大利亚《2011清洁能源法案》的出台背景、主要内容、相关支持机制以及对我国的影响。[⑦]

五、国内文献评价

通过以上的分析，不难发现尤其进入21世纪以来，随着我国新能源产业的发展，国内对新能源发展政策的研究成果数量大增，优秀成果不断涌现。学者们

① 罗涛．德国新能源和可再生能源立法模式及其对我国的启示［J］．中外能源，2010（15）：34－45.

② 罗国强，叶泉，郑宇．法国新能源法律与政策及其对中国的启示［J］．天府新论，2011（2）：66－72.

③ 杨泽伟．发达国家新能源法律与政策研究［M］．武汉：武汉大学出版社，2011.

④ 吕江．英国新能源法律与政策研究［M］．武汉：武汉大学出版社，2012.

⑤ 程荃．欧盟新能源法律与政策研究［D］．武汉：武汉大学，2012.

⑥ 陈海嵩．日本新能源开发政策及立法探析［J］．淮海工学院学报：社会科学版，2009（4）：36－39.

⑦ 陆燕，付丽，张久琴．澳大利亚《2011清洁能源法案》及其影响［J］．国际经济合作，2011（12）：27－30.

的研究，既有综合性的分析，又有具体化的见解；既有跨学科的融合，也不乏专业性的探索。这是学者们辛勤劳动的结晶，也为本书的写作思路提供了宝贵的借鉴与积极的启发。

具体来看，国内学者更多地是从某一点、某一侧面进行了探讨与研究，往往就问题而言问题，就对策而谈对策，缺乏系统的整体分析，表现在研究成果上带有碎片化的痕迹。

从研究内容上来看，已有研究成果大多没有厘清产业发展政策与产业组织政策、产业结构政策的关系，甚至个别研究成果在一定程度上将产业政策与财政政策、货币政策置于并列的地位，从而在政策逻辑上表现出一定程度的混乱和无序。

从研究视角来看，就目前所能的搜集到的材料而言，仅有个别作者从产业发展理论的角度建构产业发展政策，但对于产业发展理论的阐释尚没有建立较为清晰而明确的框架体系。再加上对新能源产业发展政策的研究涉及政治经济学、产业经济学、发展经济学、计量经济学、能源科学、财政学、金融学、统计学和管理学等诸多学科，所以客观上在研究内容的深度与广度上增加了诸多难度。这对本书的写作也是一种挑战。

综合国内外的研究成果，学者们已经普遍达成共识的是：①产业发展政策对新能源产业发展具有重要的意义和作用，这一意义和作用不能被单一的市场机制所取代；②在市场经济国家，政策发挥作用的路径主要通过市场机制作用发挥来实现政策干预所要达到的目标。

目前，学术界产生的分歧在于各国通过市场机制以发挥政策效力的依赖程度和对新能源产业发展政策工具的优越性认可，比如配额制和固定电价收购制之争。产生分歧的根本原因在于，世界各国资源禀赋、所处的产业发展阶段、市场发育程度的差异以及公众认识和接受新能源的程度不同。因此，在制定和调整产业发展政策时，必须从一国经济发展和产业培育的实际情况出发，同时借鉴国外的先进经验和做法，形成和建立适合本国国情的一套政策体系。

第三章

产业发展政策的理论依据与体系建构

作为产业政策的重要组成部分，产业发展政策有其赖以存在的相对独立的理论基础。要丰富现代产业经济学的理论框架，建构明晰的产业发展政策体系，推动产业实践更好更快发展，必须厘清这一理论基础。

第一节　产业发展理论是产业发展政策制定的主要依据

产业发展政策的选择、制定、调整等演变过程应遵循产业发展理论所揭示的产业运行规律和发展机制，甚至产业发展理论本身也包含了部分政策内容。

一、产业发展理论的学科地位

1. 产业经济学的研究对象

不同于宏微观经济学，产业经济学以介之于宏观与微观之间的产业作为研究对象，是一门新兴的应用型经济学科。产业是指以社会分工为基础，在产品和劳务的生产和经营上具有某些相同特征的企业或单位及其活动的集合。[①] 因此，产业经济学必然要研究产业内部的经济主体也就是企业以及企业之间的关系，产业之间的结构演变以及产业自身的发展规律和产业政策等。产业经济学与宏观经济学、微观经济学、政治经济学和发展经济学等学科既存在明显的区别，又存在密切的联系。产业经济学理论在形成和发展的过程中，借鉴了经济学、管理学等学科的基本原理和分析框架，从而呈现出学科渗透和融合的态势。

---

① 简新华，魏珊．产业经济学［M］．武汉：武汉大学出版社，2001.

2. 产业经济学的理论体系

关于产业经济学的理论体系，学术界存在争议，这主要表现为以下三种观点。

一是欧美产业经济学者。如哈佛学派的 Bain Joe S.（1951）[①]、Scherer F. M.（1970）[②] 认为，产业经济学就是研究市场关系即以市场结构—市场行为—市场绩效（SCP）为典型分析框架的产业组织理论。Stephen Martin（2003）在其所著《高级产业经济学（第2版）》（*Advanced Industry Economics*）（中译本序）中写道，“在经济学中，‘产业经济学’‘产业组织学’这两个术语是同义词，它们涉及的是关于企业及其所处产业的理论和经验性研究”[③]。国内持相近观点的，如于立、王询（1996）认为，“产业组织理论与产业结构理论和产业关联理论是相互独立的不同学科”[④]。

二是日本的产业经济学者。如宫泽健一（1975）[⑤] 认为，产业经济学不只包括产业组织理论，还更加强调产业结构和产业政策的理论框架，并把它们纳入这一学科。杨治（1985）评述了日本20世纪四五十年代的产业政策，认为“形成了以‘产业结构政策’和‘产业组织政策’为两个轮廓的产业政策的大致轮廓”[⑥]。

三是中国产业经济学者。我国大多数经济学者认为，产业经济学除了包含以上内容之外，还应包含产业发展理论和产业发展政策。代表性的经济学者有史忠良（1998）[⑦]、苏东水（2000）[⑧]、简新华（2001）[⑨]、阎应福（2003）[⑩] 等。尽管刘志彪等（2009）在其所编著《现代产业经济分析（第三版）》中认为产业结构、产业组织、产业联系这三个部分是产业研究的主体内容，但他们立足于我国发展中的特征、大国经济的特征和对外开放的特征，并没有回避和遗忘经济体制与产业发展的关系问题、产业的技术开发、技术改造和技术进步问题，等等。[⑪]

而这些问题的解决，实质上不可避免地涉及产业发展理论和产业发展政策，尽管这一理论尚没有形成清晰的分析框架和数理模型，在外延拓展的边界上还较

① Bain 在对美国制造业集中度和利润率的相关分析中主要体现了结构—绩效框架。Bain J. S. . *Relation of Profit Rate to Industry Concentration*: *American Manufacturing*, 1936—1940［J］. *The Quarterly Journal of Economics*, 1951, 65 (3): 293 - 324.

② Scherer F. M. . *Industrial Market Structure and Economic Performance*［J］. 1970.

③［美］斯蒂芬·马丁. 高级产业经济学（第2版）（中译本序）［M］. 史东辉，等，译. 上海：上海财经大学出版社，2003：1 - 2.

④ 于立，王询. 当代西方产业组织学［M］. 大连：东北财经大学出版社，1996.

⑤［日］宫泽健一. 产业经济学［M］. 东京：东洋经济新报社，1975.

⑥ 杨治. 产业经济学导论［M］. 北京：中国人民大学出版社，1985.

⑦ 史忠良. 产业经济学［M］. 北京：经济管理出版社，1998.

⑧ 苏东水. 产业经济学［M］. 北京：高等教育出版社，2000.

⑨ 简新华，魏珊. 产业经济学［M］. 武汉：武汉大学出版社，2001.

⑩ 阎应福，贾益东，毕世宏. 产业经济学［M］. 北京：中国财政经济出版社，2003.

⑪ 刘志彪，安同良. 现代产业经济分析（第3版）［M］. 南京：南京大学出版社，2009.

为模糊。但这并不损害这一理论的价值贡献和现实运用。

综上所述，立足于我国的现实国情和发展需要，建构我国特色的产业经济学理论体系，笔者倾向于第三种观点，即把产业发展理论和产业发展政策纳入到产业经济学科中来（如图3－1所示）。由此可见，产业发展理论和在此基础上构建的产业发展政策是产业经济学必不可少的重要组成部分。

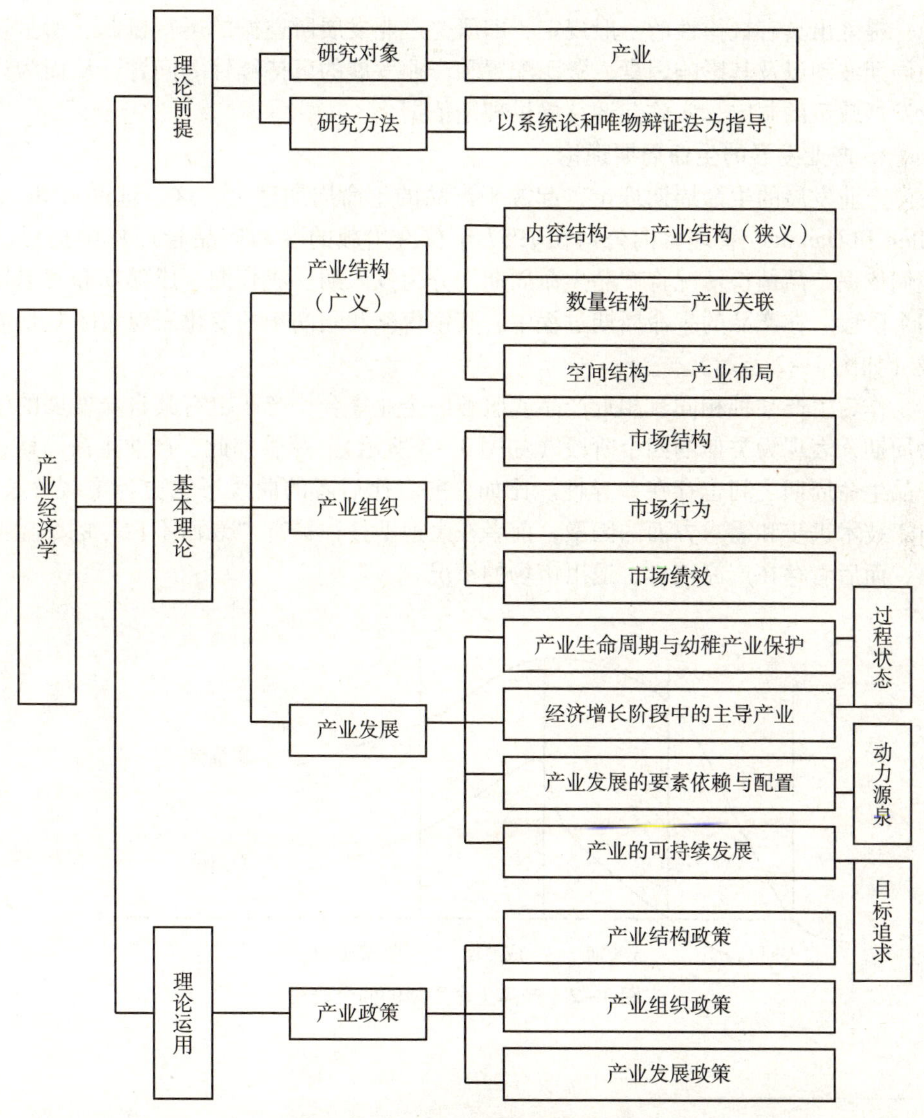

图3－1　产业经济学理论体系结构

注：在简新华、魏珊（2001）提出的产业经济学理论体系结构的基础上进行了调整。

二、产业发展理论的主要内容

从整体上看，产业发展和经济发展相似，是一个从低级向高级不断演进演变的客观历史过程。从个体来看，每个产业发展都具有各自不同的运行特点和生命周期，表现出差异性和特质性。产业发展理论就是要在单个产业发展的千差万别中，提炼出具有规律性的一般规定，即研究产业发展所遵循的运行机制、所呈现的周期波动以及其影响因素、资源配置和产业发展的可持续性等问题，从而为产业发展政策的制定、实施和调整提供理论依据。

1. 产业发展的生命周期理论

产业发展的生命周期理论，起源于产品的生命周期理论。这一理论由 Booz、Allen 和 Hamilton 管理咨询公司在 1957 年首次出版的《新产品管理》中提出。[①] 他们依据产品销售情况将产品生命周期划分为投入期、成长期、成熟期和衰退期四个阶段。在产品的生命周期过程中，其销售额和利润额的变化表现为倒 U 形曲线（如图 3－2 所示）。

作为生产某种相同、相近产品或服务的企业集合，产业也有其自身发展的生命周期，表现为类似的四个阶段（如图 3－3 所示）。尽管如此，产业生命周期和产品生命周期之间也存在差异性。比如，前者比后者的曲线形状更为平缓漫长；由于技术进步和需求方面的因素，前者在衰退期往往具有“衰而不亡”的明显特征，而后者存在产品消亡、退出市场的情况。

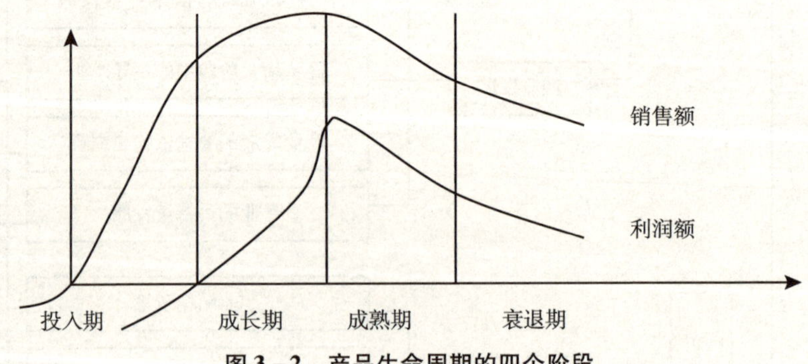

图 3－2　产品生命周期的四个阶段

① Booz, Allen & Hamilton. *Management of New Products* [M]. NewYork: Booz – Allen & Hamilton Inc, 1968.

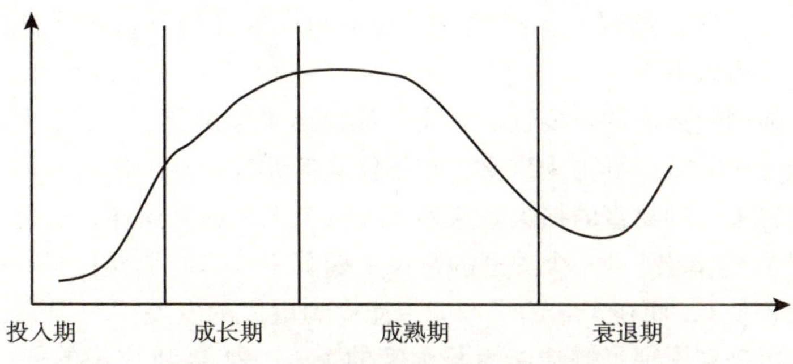

图 3-3 产业发展生命周期的四个阶段

划分产业生命周期的不同阶段，主要是按照该产业在全部产业即国民经济中所占比重的大小及其增长速度的变化而进行的。[①] 处于投入期阶段的产业在国民经济中占的比重还很小，尚属于需要不断培育的幼稚产业。处于成长期阶段的产业发展速度往往比较快，增长率比较高，大大超过了国民经济的平均发展速度，对整个产业结构系统的运行、变动和发展起着重要的导向和推动作用，因此又被称为主导产业、新兴产业或者先导产业。处于成熟期阶段的产业，社会对该产业的需求或其市场占有份额达到最大，并能够维持较为长期和稳定的产出与收入。

需要加以区别的是，支柱产业是处于成熟期的产业，但处于成熟期的产业不一定是支柱产业。只有其产出或收入在整个国民经济和产业结构中所占的比重比较大，对其他产业发展的影响或者关联度比较高，并能维系整个国民经济增长的产业，才能称之为支柱产业。处于衰退期阶段的产业，由于市场需求逐渐萎缩，发展速度变慢并呈现为负数，并且在整个国民经济和产业结构中的地位和作用持续下降，从而被称为“夕阳产业”。

产业发展的生命周期理论要求产业发展政策的制定应遵循产业发展所处的阶段性特征和要求，并根据不同的发展阶段进行适宜调整。因此，从长期看，产业发展政策不是一成不变的，而是动态调整的。

2. 产业发展的幼稚产业保护理论

关于幼稚产业保护的观点，最早由美国 Alexander Hamilton（1791）在《制造业报告》（*Report on Manufactures*）中提出[②]。将其系统化和理论化的是德国经济学家弗里德里希·李斯特。他在 1841 年出版的《政治经济学的国民体系》中从历史和民族主义的角度分别考察了欧洲文艺复兴以来意大利人、汉萨商人、荷兰人、英国人、西班牙人与葡萄牙人、法国人、德国人、俄国人和美国人的盛衰

① 苏东水．产业经济学［M］．北京：高等教育出版社，2000.

② Report on Manufactures［EB/OL］. https：//www. u-s-history. com/pages/h442. html.

更迭以及经验教训，强调了德国对当时处于幼稚地位的制造业保护的极端重要性。他主要提出以下观点。

第一，强调制造业的重要性。首先，他提出了生产能力理论。他认为，“生产财富的能力比财富本身更为重要，它不仅确保拥有财富、使财富增值，而且还能弥补那些失去了的财富的损失。这种情形从个人来看是这样，从整个国家来看更是如此。”① 他指出，“一个国家的繁荣不像萨伊认为的那样在于拥有更多的财富（即交换价值），而在于它的生产能力能得到更大的发展。”② 其次，他以九章的内容篇幅，分别论证了制造能力与国家的个人、社会和政治的能力，与国家的自然生产能力，与国家工具能力（物质资本），与农业利益，与商业，与航海——海军力量与殖民地的开拓，与流通工具等的关系，强化了制造能力在国家力量中的重要性，提倡当时的德国大力发展制造业。

第二，强调国家干预和保护制度的重要性。他提出了产业发展的五个阶段论。他认为，“在经济方面，国家必须经历以下几个发展阶段：原始落后状态、畜牧业状态、农业状态、农业—制造业状态、农业—制造业—商业状态。”③ 他指出，各个国家的工业发展史，尤其是英国的工业发展史清楚地证明，前四个阶段的演进，“受到了先进城市和国家之间的自由贸易的及时而有利的影响，但是要获得发达健全的制造业，拥有重要的商船和大规模的对外贸易，必须依靠国家力量的干预。”④

第三，强调有效保护，反对过度保护。他认为，“假使保护制度一下子排除了外国竞争，使被保护国与其他国家完全隔离，那么保护制度就不仅违背了世界主义的经济原则，而且与人们充分理解的国家利益也不相一致。”⑤ 即使对保护的制造业能力处于发展初期，李斯特也强调保护性关税必须适度，“须随着精神与物质资本的增加、技术能力的提高和企业家精神的建立而逐步提高”⑥。任何过度保护都无济于事。

李斯特充分认识到保护政策的阶段性和危害，“当其制造业和商业力量获得优势之后，保护政策就开始对它造成损害了，因为保护政策排除了它与其他国家的所有竞争，从而滋生了国民的懒惰习性”⑦。因此，保护政策不会永久存续下去。当持续一个特定的时期之后，就会面临退出的情况。在对保护措施选择上，李斯特主要从关税制度入手，认为选择何种关税，没有一个是一律有利或一律有害的，这取决于该国的特定环境及其工业状况。

总体上来讲，李斯特的这一理论是符合德意志当时实际的，并被后来的德意

①②③④⑤⑥⑦ ［德］弗里德里希·李斯特. 政治经济学的国民体系［M］. 邱伟立，译. 北京：华夏出版社，2009.

志政府采纳，对德意志关税同盟的建立、制造业的繁荣和后世德国的统一作出了重大的理论贡献。尽管其个别观点，比如产业发展的五个阶段划分具有历史局限性，但在当时已属先见。李斯特本人也是一名非常清醒的经济学家。他对重要的工业产业需要特殊保护和不能过度保护的观点对当前我国战略性新兴产业的发展仍然具有重要的现实意义。

3. 经济增长阶段理论的主导产业发展思想

1960年，罗斯托（W. W. Rostow）首次出版了《经济增长的阶段》（*The Stages of Economic Growth*）；30年后，第三版再次出版。在这部书里，罗斯托从经济角度将所有社会划分为五个阶段：传统社会、起飞前提条件、起飞、走向成熟、大众高消费时代。他在关于“达到成熟阶段的年份提出了象征性的大致年份”的注释中，专门提到经济增长阶段的划分标准，“是以个别主导部门迅速扩展阶段作为现实根据”[①]。

罗斯托提出，一个经济的各部门可以分成三类：一是主要增长部门，即主导部门。他提出，这些部门的“创新或利用新的有利可图或至今尚未开发资源的可能性，将造成很高的增长率并带动经济中其他部门的扩张”[②]。罗斯托非常强调，主要增长部门对经济增长阶段的作用。他指出，“在任何阶段，甚至在一个成熟并且继续增长的经济中，前进的势头能够得以保持，是因为少数主要增长部门迅速扩大的结果，而这些部门的扩张具有重要的外部经济效应和其他间接效应。”[③]二是补充增长部门。罗斯托认为，这些部门的发展要么是主要增长部门发展的直接反应，要么就是后者发展条件的结果。三是派生增长部门。罗斯托对此没有给出清晰的定义，他在做了充分而不必要的解释之后，举例说，“粮食产出与人口的关系和住房与家庭结构的关系就是这个次序中的典型派生关系”[④]。

罗斯托从供需的角度区分了这三类部门增长的原因。他认为，在增长的较早阶段，前两类部门的增长主要是由于供给成本的变化，而第三类部门的增长主要是和需求因素的变化相联系。在增长的发达阶段，比如大众高消费时代，主要增长部门的增长则取决于需求方面的大量增长。

这意味着，主导部门不是一成不变的，在不同的发展阶段呈现出动态演进演变的特征。在发达国家的历史上，起飞阶段的主导部门一般是纺织业（唯独英国）、铁路业（如法国、德国、美国），成熟阶段是煤炭工业、钢铁工业和重型机器工业（如英国），大众高消费时代是汽车、郊区住房建筑、公路建筑和其他耐用消费品（如美国）。在发展阶段的演进时期，一些国家的主导部门也表现出

---

①②③④ ［美］W. W. 罗斯托．经济增长的阶段：非共产党宣言［M］．郭熙保，王松茂，译．北京：中国社会科学出版社，2001.

资源禀赋的差异性和多样性。比如，19 世纪 90 年代的瑞典正是利用了本国的资源优势，从木材工业转到木浆工业，从生铁工业发展为高度精炼的钢材和机器工业，从谷物业转向生产效率更高的畜牧业和奶酪业以及电机工业的发展，实现了起飞阶段向成熟阶段的跨越。

罗斯托还专门分析了主导部门发展所需的四个基本因素：一是关于主导部门产品的有效需求必须有所扩大；二是创新和技术进步，即引入新的生产函数，扩张生产能力；三是发展所需的充足的资本和投资率；四是对其他部门生产能力的增长能够产生正效应。

在五个经济阶段中，起飞被认为是“现代生活中巨大的分水岭”①。要实现起飞，除了主导部门以很高的速度增长和较高的生产性投资率外，还需要一种政治、社会和制度结构的存在使主导部门发挥（工业性质的）外部效应并能持续增长。

罗斯托关于主导部门发展的思想，实际上就是主导产业发展的理论。他以主导产业作为划分依据，对社会五个阶段的划分，对主导产业的重视和选择标准以及对美国、西欧、日本、俄罗斯、中国和印度等国家经济阶段的历史考察，对当前我国主导产业的确立、培育和发展具有重要的历史启迪和现实启示意义。

4. 产业发展的要素理论：基于经济增长的表述

经济增长通常是指一个国家或地区在一定时期内产品和劳务产出的增加，换言之，就是所有产业部门产品和劳务的增加。因此，经济增长和产业发展在数量上是可以通约的。在影响产出的要素依赖上，二者也表现出共通性和一致性。因此，可以用经济增长理论来表述产业发展的要素依赖与配置。

（1）传统经济增长理论。早在 1776 年，英国古典经济学的创始人亚当·斯密（Adam Smith）在其出版的《国民财富的性质和原因的研究》中，从人性假定（竞争机制的根源）、分工、资本以及政府和制度等方面论述了国民财富增长的原因和依赖要素。在斯密看来，国民财富来自于劳动。国民财富的增长，不单是取决于参加生产的劳动量，而更重要的是取决于更大的劳动生产率②。

分工即劳动分工，被视为劳动生产率增进的原因。亚当·斯密关于“看不见的手”的著名原理，是对市场发挥资源要素配置作用、实现社会福利最大化的最早表述。尽管斯密也重视技术创新的作用，但并没有把它提升至经济增长的主导地位。

大卫·李嘉图（David Ricardo）在 1817 年《政治经济学及其赋税原理》中

① ［美］W. W. 罗斯托. 经济增长的阶段：非共产党宣言［M］. 郭熙保，王松茂，译. 北京：中国社会科学出版社，2001.

② ［英］亚当·斯密. 国民财富的性质和原因的研究（上卷）［M］. 郭大力，王亚南，译. 北京：商务印书馆，1972.

论述了赋税、消费、资本、地租与利润的关系，强调了扩大再生产的重要性。李嘉图重视扩大再生产的目的在于增加年产量，而资本或投资只是手段。他在《论工商业途径的突然变化》篇章的一个小注中提出，“投资的目的是增加产品。我们应当记住，这正是我们的最终目的。只要能取得更大的年产量，即使有一半资本价值减少甚或全然被消灭，对社会来说又有什么关系呢？”[①] 他认为，要实现扩大再生产，必须把赋税课征的重点对象转向非生产性消费者。资本主义扩大再生产的界限是利润。只要利润总量增加，扩大再生产就会进行下去。

社会总资本扩大再生产的理论就是经济增长理论的一种表述，对此形成系统化和理论化的是卡尔·马克思（Karl Marx）。他在《资本论》第二卷中，提出了两大部类扩大再生产的前提条件是需要追加相应的不变资本和可变资本。用公式表示，即是：

$$\mathrm{I}\,(v+m) > \mathrm{II}\,c \quad (3-1)$$

$$\mathrm{II}\left(v+m-\frac{m}{x}\right) > \mathrm{I}\left(v+\frac{m}{x}\right) \quad (3-2)$$

这就表明，马克思在肯定劳动在经济增长的作用的同时，也没有忽视资本对经济增长的贡献。同时，马克思还考察了在总量不变的情况下，通过调整要素配置结构，简单再生产也可以实现扩大再生产（如图3－4所示）。[②] 他还指出了，平均利润率下降的真正原因在于资本有机构成提高和资本周转速度减慢。这就明确了技术进步在经济增长的积极作用。

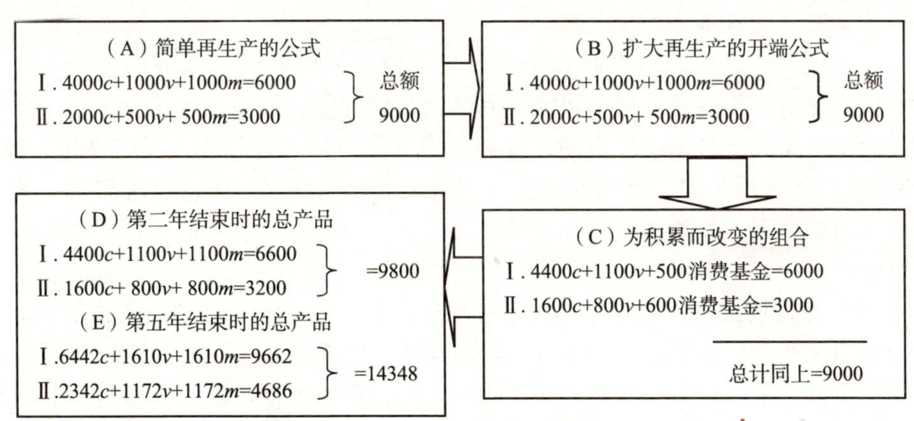

图3－4　由简单再生产到扩大再生产

注：根据《马克思恩格斯全集》第四十五卷，北京：人民出版社，第574、576、579页做了初步整理。

① ［英］李嘉图．政治经济学及其赋税原理［M］．郭大力，王亚南，译．北京：商务印书馆，1962.

② 马克思恩格斯全集（第四十五卷）［M］．北京：人民出版社，2003.

马克思通过对资本主义国家基本矛盾的分析，论证了资本主义经济危机发生的普遍性与周期性，更加强调只有通过社会主义取代资本主义即制度的更替变迁，才能解决这一基本矛盾的存在，实现经济的持续增长。由此可见，马克思早在现代经济增长理论产生之前，就已经对经济增长的要素进行了全面考察。

在传统经济增长理论中，还必须提到对经济增长持悲观主义的极端代表——马尔萨斯（Malthus）。马尔萨斯（1798）在《人口原理》中提出，“人口若不受到抑制，便会以几何比率增加，而生活资料却仅仅以算数比率增加……要使全体社会成员都过上快活悠闲的幸福生活，那是无论如何不可能的”[①]。当人均收入超过均衡水平时，死亡率将下降，而出生率将上升，人口增加，人均收入又回到均衡水平；反之亦然。这就是著名的“马尔萨斯陷阱”。显然，马尔萨斯没有看到技术进步的巨大作用。

（2）哈罗德—多马模型：资本决定论。哈罗德—多马模型（Harrod - Domar Model）开启了具有现代意义上的经济增长理论的先河。现代意义，即以经济增长为研究的中心问题，以总量生产函数为分析基础，不仅可以用来解释一国的长期的经济增长问题，而且还可以解释一个产业在长期内是如何发展的以及决定发展的要素。哈罗德—多马模型建立在凯恩斯国民收入均衡理论之上，认为当经济实现稳定性增长时，其经济增长率为：

$$G = \frac{S}{V} \tag{3-3}$$

其中，G 代表均衡的经济增长率；S 为储蓄在总产出的比重，即储蓄率；V 是一个常数，即资本—产出比率。

这一模型所表达的基本观点是用于投资创造的资本，是经济增长的主要因素；而高储蓄，使高投资成为可能。其结论是经济增长的路径是不稳定的。要实现完全就业条件下的增长稳定性，就必须使“人口增长率”“实际经济增长率”“有保证的经济增长率”即均衡增长率三者相等。但是这一条件在现实中很难实现，所以要实现长期均衡增长几乎是不可能的，因此被形象地称为“刃锋式”的经济增长。

（3）新古典经济增长模型：技术决定论。基于哈罗德—多马模型关于资本—产出比率不变的假定缺陷，索洛（Solow，1956）、斯旺（Swan，1956）等引入劳动生产要素，采用资本和劳动可替代的新古典科布—道格拉斯生产函数，假定资本、劳动的边际生产力递减，建立了索洛—斯旺模型。其方程式为：

$$\frac{\Delta Y}{Y} = a \cdot \left(\frac{\Delta K}{K}\right) + b\left(\frac{\Delta L}{L}\right) \tag{3-4}$$

① ［英］马尔萨斯．人口原理［M］．朱泱，胡企林，朱和中，译．北京：商务印书馆，1992.

其中，$\frac{\Delta Y}{Y}$代表经济增长率；a、b 分别代表资本和劳动对产出增长所作贡献的份额，也就是总量生产函数中资本和劳动的产出弹性，并且 $a+b=1$；$\frac{\Delta K}{K}$、$\frac{\Delta L}{L}$分别代表资本、劳动投入的增长率。

这一模型的基本观点是经济增长率由资本、劳动的增长率及其边际生产力决定。可以根据经济发展的实际情况，通过调节资本—劳动的投入比例，进而可以调节资本—产出比率，实现理想的经济增长。这是对哈罗德—多马模型的进一步发展，但也同样忽视了技术进步的作用。

针对这一缺陷，索洛（1957）、米德（1961）在索洛—斯旺模型的基础上，引入技术进步和时间因素，假定生产要素的价格等于它们的边际产品①、技术中性②，确立了索洛—米德模型。为便于与索洛—斯旺模型比较，其方程式可简化为：

$$\frac{\Delta Y}{Y}=a\cdot\left(\frac{\Delta K}{K}\right)+b\left(\frac{\Delta L}{L}\right)+\frac{\Delta T}{T} \tag{3-5}$$

其中，$\frac{\Delta T}{T}$为随时间变化而变化的技术进步，即为“索洛余值”。

这一模型的基本观点是经济增长率由资本的增长率、劳动的增长率以及它们的边际生产力和技术进步决定。其意义在于突破了以前“资本积累是经济增长的决定性因素的观点”，第一次在数理模型上强调并证明了技术进步对经济增长所起的决定性作用，因此该模型又被称为经济增长的技术决定论。其缺陷在于并未阐释什么是技术进步及其决定因素，技术进步在这一模型中是作为外生变量决定的。因此，这一模型又称为外生增长模型。

（4）新经济增长理论：人力资本决定论。美国经济学家舒尔茨（Thodore W. Schults）在 20 世纪 60 年代提出了完整的人力资本理论，认为人力资本是人们花费在教育、健康、训练、移民、信息获得等方面开支所形成的资本，依附于作为主体的人而存在。其结论是，人力资本投资的收益高于物质资本的投资收益，是现代经济增长的主要源泉。通过教育增加人力资本投入，能够提高个人收入，使社会收入分配趋于平等。

罗默（Paul Romer，1986，1990）借助技术外部性或知识的溢出效应概念，克服了阿罗（Arrow，1962）“干中学”模型的缺陷，将技术进步引入经济体系

① 这体现了新古典经济学的原理，这是被称为新古典经济增长模型的原因。

② 技术中性是指技术进步能够提高产出，但不改变资本与劳动的边际替代率。

内部中，建立了两个内生经济增长模型[①]。在罗默的模型中，技术变革被内生化，成为经济增长的内生变量。而技术进步是知识积累和人力资本增长的结果，从而知识积累和专业化的人力资本取代物质要素成为经济增长的主导要素和原动力。不同于物质要素的规模收益递减，它们呈现规模收益递增的特点，再加上正的外部效应，推进整个经济规模收益递增。因此，这一理论能够较好地解释长期经济增长的事实，对未来增长预期表现出积极乐观的特征，从而激活了经济增长理论的相关研究。

卢卡斯（Lucas，1988）在《论经济发展的机制》中提出，新古典经济增长理论不能解释现实中不同国家间发展水平和增长率的差异，关于国际贸易将会使国际间资本—劳动比和要素价格趋于相等的预期是不符合现实的。他将人力资本引入经济增长的模型，视人力资本积累为经济增长的决定性因素，并使之内生化。他认为，人力资本的积累可以通过两种方式获得：一是脱离生产的学校教育；二是生产中的边干边学和经验积累。而知识和学习具有外部效应，从而使规模收益递增成为可能。尽管卢卡斯没有揭示出技术进步的主要来源——研究与开发，但这丝毫并不影响他本人的伟大创见。他将传统的静态的“绝对成本优势”“比较成本优势”“资源禀赋优势”等理论一跃发展成为动态的“人力资本优势”理论，大大丰富了国际贸易理论。

（5）结构主义的经济增长理论：结构决定论。第二次世界大战期间和第二次世界大战后，一些经济学家在关注经济总量的同时，聚焦于发展中国家工业化所面临的结构问题，强调经济结构转换的重要性。主要代表人物和理论有：罗森斯坦·罗旦的大推进理论（1943）、佩鲁的“增长极”理论（1955）、纳克斯的“贫困循环论”（1957）、刘易斯的“二元经济结构模型”（1954，1955）以及“拉尼斯—费景汉模型”（1961）、“乔根森模型”（1961）等。

20 世纪 70 年代，以弗里曼、纳尔逊、温特和罗森博格等为代表的结构主义学派，明确提出结构变化是经济增长的先决条件，在经济增长的要素中处于中心地位；结构变化并不总是可行的，也不总是平滑和连续的过程。技术变化是内生的，是企业或其他组织有意识的努力结果。知识和技术是不能够免费转移的，转移是需要付出学习费用的，并且它们在市场各主体之间的配置是不均衡的，因而是构成企业或者国家竞争力差异的一个重要源泉。[②] 结构变化的条件包括经验和技术能力，包含人力资本教育、培训和通用研发等在内的基础项目，风险企业家

① 关于这两个模型的方程式，参见：胡炳志．罗默的内生经济增长理论述评［J］．经济学动态，1996（5）：60－63.

② 谢伟，朱恒源．结构变化、技术和经济增长——结构主义学派理论研究进展［J］．技术经济，1999（12）：8－10.

以及市场规模和特点。人力资本被视为结构变化的关键因素。

结构主义对人力资本高度重视的论点，是与新经济增长理论的基本结论是一致的。二者从不同的角度将技术进步内生化，验证了人力资本的重要性，从而将国家干预理论引入到经济资源的配置中去。而新古典理论将技术变化视为外生因素，认为通过作为生产要素的资本和劳动之间的市场替代就可以实现资源的最优配置。结构主义学派在对结构的分析中，隐含了社会制度的背景和因素。这为新制度经济学的兴起埋下了伏笔。

（6）新制度经济学的经济增长理论：制度决定论。经济增长的源泉除了劳动、资本和技术进步之外，还有没有其他的要素？新制度经济学的代表人物，道格拉斯·诺斯（Douglass C. North）于1968年在《政治经济学杂志》上发表了《1600—1850年海洋运输生产率变化的原因》。该文指出，在海洋运输技术没有多大变化的情况下，海洋运输生产率提高的原因在于船运制度和市场制度发生了变化，使海洋运输成本降低。换句话说，在技术不变的情况下，通过制度创新或变迁也能够提高生产率，实现经济增长。

道格拉斯·诺斯、罗伯特·托马斯在发表的《西方世界增长的经济理论》（1970）和《庄园制的兴衰：一个理论模式》（1971）中明确提出，经济增长的关键在于制度因素，一种提供适当的个人刺激的有效的制度是促进经济增长的决定性因素。他们在1973年《西方世界的兴起》中进一步验证了，“有效率的经济组织是经济增长的关键；一个有效率的经济组织在西欧的发展正是西方兴起的原因所在”，而“有效率的组织需要在制度上做出安排和确立所有权以便造成一种刺激，将个人的经济努力变成私人收益率接近社会收益率”。[①] 对于创新[②]、规模经济、教育、资本积累等，他们认为，“并不是经济增长的原因；它们乃是增长”[③]。

综合以上理论，本书认为产业发展抑或经济增长的要素是多方面的，仅靠一种理论或模型也许能够解释特定时期特定环境下的经济增长的动力源泉，但难以覆盖经济增长的全部过程和地理区间。总体上来讲，一个国家或地区产业发展抑或经济增长，必须在有效的制度框架下，依靠技术进步，提升人力资本含量，投入一定的资本数量和自然资源。在产业发展的初级阶段，必须具备良好的制度、

①③　［美］道格拉斯·诺斯，罗伯特·托马斯．西方世界的兴起——新经济史［M］．厉以平，蔡磊，译．北京：华夏出版社，1989.

②　关于“创新”，最早使用这一概念的是约瑟夫·熊彼特（Joseph Schumpeter）。他认为，“创新”“新组合”或“发展”包括下列五种情况：①采用一种新的产品；②采用一种新的生产方法；③开辟一个新的市场；④掠夺或控制原材料或半制成品的一种新的供应来源；⑤实现新组织。［美］约瑟夫·熊彼特．经济发展理论——对于利润、资本、信贷、利息和经济周期的考察［M］．何畏，易家详，译．北京：商务印书馆，1990.

充足的资金，培育新技术和相关人才，才能推动幼稚产业向成熟产业和主导产业转型。

5. 产业的可持续发展理论

人类社会的存续和发展，是以自然资源和生态环境作为物质载体的。因此，发展是一个系统性问题。在发展的过程中，必须注重人与自然和谐相处，经济发展同人口资源环境相协调，实现可持续发展（Sustainable Development）。

关于可持续发展的思想，古今中外早有论述。我国自古以来，就有“天人合一，顺应自然”的传统观念；马尔萨斯的“人口论”，就是西方对早期工业化进程中人类可持续发展问题担忧的典型。20 世纪 60 年代出现的雷切尔·卡逊的《寂静的春天》、肯尼思·鲍尔丁的“太空飞船理论”和罗马俱乐部的“经济增长极限”论，为可持续发展理论的提出奠定了基础。

1978 年，“可持续发展”这一概念，首次在国际环境和发展委员会（World Commission on Enviroment and Development，WCED）的文件中使用。1987 年，布伦特兰主席在提交给 WCED 的报告《我们共同的未来》中，将可持续发展定义为：既满足当代人的需要，又不对后代人满足其需要的能力构成危害的发展①。1989 年，联合国环境署理事会采纳了这一定义，专门发表了《关于可持续发展的声明》。1992 年，在里约热内卢举办的“联合国环境与发展大会”（United Nations Conference on Enviroment and Development，UNCED）通过了《地球宪章》和《21 世纪议程》两个纲领性文件，表明可持续发展从理论探讨走向现实实践。

《地球宪章》规定了可持续发展的 4 个基本原则②：①公平性原则。公平性原则包括代际公平、代内公平、资源利用和发展机会的公平等诸方面。②协调性原则。要求人们的生产生活方式与生态系统可持续的条件和限制因子相适应，经济与社会的发展不能超越资源和环境的承载能力。③质量原则。可持续发展更强调经济运行的效率和发展的质量，要以尽可能低的资源代价去达到提高人们生活质量的目的。④发展原则。强调发展是可持续发展的核心，必须通过发展来提高当代人福利水平，同时具有长远发展眼光。

早在 20 世纪 70 年代末 80 年代初，我国就开始实施了以计划生育和环境保护为基本国策的可持续发展战略。进入 21 世纪，党的十七大正式提出了“科学发展观”，其中根本要求是全面协调可持续发展。党的十七大报告指出，坚持生产发展、生活富裕、生态良好的文明发展道路，建设资源节约型、环境友好型社

---

① 范柏乃，马庆国．国际可持续发展理论综述［J］．经济学动态，1998（8）：65.

② 罗慧，霍有光，胡彦花，等．可持续发展理论综述［J］．西北农林科技大学学报，2004（1）：36.

会，实现速度和结构质量效益相统一、经济发展与人口资源环境相协调，使人民在良好生态环境中生产生活，实现经济社会永续发展。①

党的十八大正式把“科学发展观”写入党章，并确立为党必须长期坚持的指导思想，第一次把生态文明建设，纳入到“五位一体”的中国特色社会主义建设新格局。2014 年 12 月召开的中央经济工作会议，在对经济发展进入新常态的特征阐释中，明确指出我国环境承载能力已达到或接近上限，必须推动形成绿色低碳循环发展新方式。2015 年 6 月，我国提交发布了《强化应对气候变化行动——中国国家自主贡献》，支持《联合国气候变化框架公约》实施和《巴黎会议》协议签订。2015 年 10 月，中共十八届五中全会首次提出了绿色发展、协调发展等五大发展理念，进一步明确坚持可持续发展。2017 年 10 月，党的十九大提出“建设生态文明是中华民族永续发展的千年大计，必须树立和践行绿水青山就是金山银山的理念”……“形成绿色发展方式和生活方式”。② 这意味着绿色可持续发展已经上升为全党意志和国家战略，充分表明了中国共产党对可持续发展的高度重视。

从经济发展的中观层次来看，产业发展与人口、资源和生态环境的关系也是密不可分的。一方面，后者是前者得以顺利进行的前提和基础；另一方面，前者对后者也会产生双重影响。如果产业的持续稳定发展建立在生态环境可持续能力的基础上，就会有助于优化生态环境，进而形成双向的良性循环，实现人与自然和谐相处、经济发展与资源环境相协调。反之，就会破坏、恶化生态环境，也不利于产业经济的进一步发展。因此，产业要实现可持续发展，必须实施可持续发展战略。

综上所述，产业发展理论包括了产业发展的生命周期理论、幼稚产业保护理论、经济增长阶段理论的主导产业发展思想、产业发展的要素与结构理论和可持续发展理论。产业发展的生命周期理论解释了产业发展运行的过程和状态，幼稚产业保护理论与经济增长阶段理论的主导产业发展思想是对生命周期特定阶段的产业发展的进一步论述，产业发展的要素与结构理论揭示的是发展的动力或源泉，可持续发展理论表明的是产业发展的方向和目标。产业发展政策的制定、调整等演变过程必须以产业发展理论为指导，符合产业运行发展的趋势和内在规律。

---

① 胡锦涛．高举中国特色社会主义伟大旗帜为夺取全面建设小康社会新胜利而奋斗——在中国共产党第十七次全国代表大会上的报告［M］．北京：人民出版社，2007.

② 习近平．决胜全面建成小康社会 夺取新时代中国特色社会主义伟大胜利［N］．人民日报，2017－10－28.

第二节 资源配置理论是产业发展政策进出的根本依据

回顾经济发展史和经济学说史，人类社会主要存在两种最基本的资源配置方式：一是“看不见的手”——市场方式；二是“看得见的手”——计划方式。每一种资源配置的方式，既有优势，也有不足。正如矛盾的两个方面，两种资源配置方式因为对立而相互独立，因为统一而相互依赖，二者在一定条件下可以相互转化。产业发展政策作为计划管理的具体形式，其进入抑或退出的依据可以追溯到资源配置的理论渊源。

一、从市场失灵看政策进入的必要性

建立在“利己”基础之上的市场机制，通过价格、供求、竞争、风险等要素，的确很好地解决了成本最小化和收益最大化的动力问题。正如保罗·萨缪尔森、威廉·诺德豪斯（2005）所讲，“市场机制是令人赞叹的组织生产和配置资源的方式，但是，市场不灵有时会导致不良的经济后果”①。他们将市场不灵主要归因于低效率或非效率的不完全竞争（如存在垄断）、外部性（如污染）、公共品（如国防及灯塔），收入分配的不公平问题和以商业周期、低经济增长为代表的宏观经济不稳定问题。除此之外，还包括信息不完全和不对称。

1. 不完全竞争

完全竞争是一种理想状态的市场类型，在现实中很少可以达到。现实中常见的是不完全竞争市场，包括垄断竞争、寡头垄断和完全垄断三种类型。在不完全竞争条件下，卖者或买者能够在一定程度上左右商品的价格。在这种情况下，社会的产出将会从生产可能性边界上移至边界内。例如，在卖方垄断下，商品的产出会低于有效率的水平，从而损害经济的有效性。其结果是，商品价格高于边际成本，消费者购买量低于效率水平。帕累托改进难以实现，整个经济就偏离了帕累托最优状态，从而出现了低效率的资源配置状态。

对此，需要政府进行干预，制定并实施反垄断法或反托拉斯法，进行公共管制。其中，对不完全竞争最根本的制约是引入更多的竞争者参与市场竞争、分配

① ［美］保罗·萨缪尔森，威廉·诺德豪斯．经济学［M］. 18版．萧琛，译．北京：人民邮电出版社，2008.

市场利润，而不论竞争者来自国内还是国外。引入或培养一个市场竞争对手是提高企业产品经营管理质量和效率的最好办法。

2. 外部性

外部性，又称为溢出效应（Externalities），是企业或个人向市场之外的其他人所强加的成本或顺带的收益。外部性具有正负之分。正的外部性是指某企业或个人从某项经济活动获得的私人收益小于社会收益，而支付的私人成本大于社会成本，比如接受教育、技术研发等。与此相反，负的外部性是指某企业或个人从某项经济活动获得的私人收益大于社会收益，而支付的私人成本小于社会成本，比如吸烟、噪声等。换句话说，存在着根本不需要支付的经济交易。其结果是：在正外部性情形下，私人活动水平常常低于社会所要求的最优水平；在负外部性情形下，私人活动水平常常高于社会所要求的最优水平，资源配置均偏离了帕累托最优标准。

对此，如何进行纠正？一是采取政府干预的办法，对造成负外部性的企业或个人进行征税，对带来正外部性的企业或个人给补贴，使私人成本和私人收益与相应的社会成本和社会收益相一致。二是以科斯为代表的自由市场路径，提出交易主体合并和明确财产权的办法（科斯定理），使交易内部化。对此，提出质疑的是约瑟夫·斯蒂格利茨（Joseph E. Stiglitz），他认为在现实中若受损者人数众多，市场路径难以解决“搭便车”问题（Free Rider Problem），内部化的成本巨大，财产权的执行和实现也需要成本，政府干预必不可少。①

3. 公共物品

与私人物品相反，公共物品具有非排他性和非竞争性。非排他性是指对某商品的消费，不需要支付价格就可以进行使用；非竞争性是指一个人对某商品的消费，并不会减少其他人的消费数量。按照非排他性和非竞争性程度的不同组合，可以将公共物品分为纯公共物品、俱乐部公共物品和公共资源。在理论上，与私人物品不同，公共物品的需求曲线不是单个消费者需求曲线的水平相加，而是垂直相加。在现实中，公共物品的需求曲线是虚假的。为了少支付或不支付价格，消费者会低报甚至隐瞒自己对公共物品的偏好。这就存在“搭便车”问题，导致由市场本身提供的公共物品通常低于最优数量，甚至是零产出。由于私人提供公共物品普遍不足，需要政府介入以鼓励公共物品生产。

4. 社会公平、宏观经济的增长与稳定

不完全竞争、外部性和公共物品主要反映了市场配置资源功能的缺陷。萨缪尔森、诺德豪斯（2005）认为，即使市场不存在缺陷，经济运行完全符合效率，市

---

① 刘辉．市场失灵理论及其发展［J］．当代经济研究，1999（8）：41.

场仍然有可能导致一种缺憾。[①] 市场并不必然能够带来公平的收入分配，亦有可能会产生令人难以接受的收入水平和消费水平的巨大差异。他们还指出，市场体系中的收入分配，往往由家庭出身的偶然性造成。因此，市场的这一缺憾，必须由政府通过税收和转移支付，改变由市场决定的工资、租金、利息和红利所造成的收入结构。

单纯的市场调节具有自发性、盲目性和滞后性等特点，容易带来周期性的经济波动。单纯的自我调整、自我疗伤往往需要付出高昂的社会成本，比如难以承受的通货膨胀或通货紧缩、居高不下的失业、大量的资源闲置，这已经被第二次世界大战后美国多次经济衰退的事实所证明。熨平经济周期的波动，治理通货膨胀或通货紧缩，解决失业问题，需要确立经济增长的速度和目标，审慎地运用财政政策和货币政策，通过一定的产业发展政策，确保产业经济持续稳定增长。

5. 信息不完全和不对称

除了上述观点之外，信息不完全和信息不对称也会导致市场失灵。信息不完全包括两层含义：一是绝对意义上的不完全，即由于认识能力的限制，人们不可能知道在任何时候、任何地方发生的任何信息；二是相对意义上的不完全，即市场经济本身不能够生产出足够的信息并有效地配置它们。[②] 信息不对称是指供求双方掌握的信息不均等，一方处于优势，另一方处于劣势。

在信息不完全和不对称的情况下，市场机制难以传达正确的信号，容易造成生产者的盲目性和消费者的跟风，造成资源闲置和低效率。在一些情况下，还会导致“逆向选择”和“道德风险”，一方获利，另一方受损。对于信息不完全和不对称带来的问题，市场机制不是完全失灵，也可以解决部分问题，如生产者通过建立信誉机制，区分市场，使“高质高价”成为可能。对于市场机制不能解决的问题，就需要政府在信息方面提供公共服务。

二、从政府失灵看政策退出的可能性

与完全想象出来的理想化的结构相比较，市场可能失败的论调广泛地被认为是为政治和政府干预做辩护的证据。[③] 同样，政府干预也不是万能的，也存在政府失灵的现象。关于政府失灵，以弗里德曼为代表的现代货币主义、以卢卡斯和

① ［美］保罗·萨缪尔森，威廉·诺德豪斯．经济学［M］.18版．萧琛，译．北京：人民邮电出版社，2008.

② 高鸿业．西方经济学（第5版）［M］.北京：中国人民大学出版社，2011.

③ ［美］詹姆斯·M.布坎南．自由、市场和国家［M］.吴良健，桑伍，曾获，译．北京：北京经济学院出版社，1988.

巴罗为代表的理性预期学派、以科斯为代表的产权经济学派、以布坎南为代表的公共选择学派以及以拉弗和费尔德斯坦为代表的供给学派，从不同角度一一进行了论证。由于篇幅所限，本书主要从公共选择的角度进行分析。公共选择学派以“经济人”为假设，提出了政府失灵的几种表现。

1. 公共决策失误

公共选择学派认为，公共决策是公共选择的主要方式。不同于市场决策的特点，公共决策以集体代表作为决策主体，以公共物品为决策对象，依据一定的投票规则通过相互协商来确定集体行动方案。由于集体代表和选民之间存在委托—代理关系，确立的行动方案并不一定代表选民的利益。

即使能够代表选民的利益，阿罗的不可能性定理已经证明了，在非独裁的情况下，不可能存在有适用于所有个人偏好类型的社会福利函数。布坎南也曾指出，在公共决策中实际上并不存在根据公共利益进行选择的过程，而只存在各种特殊利益之间的“缔约”过程①。因此，公共决策的结果难以照顾到所有人的利益，甚至也有可能违背大多数的人利益，从而出现公共决策失误。

2. 政府膨胀与低效率

政府官员一般不会以利润最大化或成本最小化作为自己追求的主要目标。②他们往往追求的主要是规模（即官员机构）的最大化，通过规模的扩大，提升权力和职位的影响力。这一点已经被“帕金森定律”（Parkinson's Law）所证明；“瓦格纳法则”则从财政支出的角度对此做了说明。

当然，也不乏合理性的解释，比如公共选择学派认为，政府职能的扩大（作为公共物品的提供者、外部性的消除者、收入和财富的再分配者，等等）需要政府规模进行相应的扩张。这一学派，还指出官僚机构和立法部门都追求预算的最大化，他们与利益集团结成“铁三角”，谋求内部私利而非公共利益是政府失灵的一个重要原因。③ 再加上缺乏有效竞争和外部监督，政府膨胀带来的恶果是机构臃肿，人浮于事，社会资源配置低效，财富分配明显不公，居民福利会有所下降，加剧了经济社会发展的不稳定因素。

3. 寻租

寻租是指用较低的贿赂成本获取较高的收益或超额利润，它不仅适用于企业，而且也适用于政府官员，具有一般性。正如丹尼斯·缪勒在《公共选择理论》（第2版）中写道，“只要信息和流动性的不对称阻碍着资源的流量，就存

① ［日］小林良彰．公共选择［M］．杨永超，译．北京：经济日报出版社，1989.

② 高鸿业．西方经济学［M］.5版．北京：中国人民大学出版社，2011.

③ 陈振明．市场失灵与政府失败——公共选择理论对政府与市场关系的思考及其启示［J］．厦门大学学报，1996（2）：4.

在租金。租金存在于私人物品市场、要素市场、资产市场和政治市场中。只要有租金……必然有寻租行为"①。他将寻租分为三类，即通过规制的寻租、通过关税和配额的寻租和政府承包中的寻租。

现实中，政府官员在寻租的过程中不仅仅是扮演一个被动接受的、被利用的消极角色，而往往是主动积极地去进行"政治创租"和"抽租"，以获取不当利益。寻租活动往往扭曲正常的竞争秩序，使资源不能做到最优配置。作为一种非生产性活动，其结果只是财富或收入在不同集团之间进行转移，而不创造新的财富或新产品，往往是少数人获利，造成资源浪费。同时，也会影响政府的声誉和公信力，增加廉政成本。

政府失灵理论表明，政府有做出错误决策的可能。一项政策的实施不可能是永续存在的，若继续存在意味着在将要发生错误并产生损失之前必须予以及时的退出，进行政策调整，实施新的方案。对于产业发展政策来说亦是如此。在政策制定和设计上，就应考虑根据产业发展的变化条件，做出阶段性的具体方面的调整，以减少乃至避免政府失灵的危害。

第三节　新能源产业发展政策的体系建构

政策是国家、政党为实现一定历史时期的路线和任务而规定的行动准则……政策需要在实践中检验其正确与否，并在实践中得到丰富和发展。② 建构在产业发展理论和资源配置理论之上的产业发展政策是从实践中产生的，又将在实践中不断完善。产业发展政策既具有产业政策的一般属性，又具有自身的特点。

一、产业政策的一般理论

1. 产业政策的含义、功能与分类

产业政策作为产业经济学术语，正式产生于20世纪70年代的日本。但直到目前，关于产业政策的内涵，国内外学者由于所处国情、经济发展阶段和意识形态等的差异，尚未达成统一的认识。这与其所依赖的产业经济学基本理论、服务于本国经济发展的需要密切相关。

---

① ［美］丹尼斯·C. 缪勒. 公共选择理论［M］. 2版. 杨春学，等，译. 北京：中国社会科学出版社，1999.

② 辞海［M］. 上海：上海辞书出版社，2000.

在欧美产业经济学者眼中的产业政策，主要是关于产业组织和国际竞争力理论的政策。如 Bain（1948）认为，产业政策是由市场结构、行为和结果引致的公共政策①。查默斯·约翰逊（Chalmers Johnson）在《产业政策争论》中提出，“产业政策是政府为了取得在全球的竞争能力，在国内发展或限制各种产业的有关活动的总的概括。作为一个政策体系，产业政策是经济政策三角形的第三边，这是对货币政策和财政政策的补充。”②

日本的产业经济学者，主要是从通过国家干预实现经济赶超的角度，提出产业政策的含义。小宫隆太郎等（1984）认为，“产业政策（狭义的）中心课题，就是针对资源分配方面出现的‘市场失效’……市场失败而进行的政策性干预”③。在此基础上，并木信义指出，产业政策就是当一国的产业处于比其他国家落后的状态或者有可能落后于其他国家时，为了加强本国产业所采取的各种政策。④

荒宪治郎等（1980）在其主编的《经济辞典》中，将产业政策具体化为“与产业之间结构有关的产业结构政策和与产业内部竞争组织有关的产业组织政策”⑤。我国学者杨治（1985）认为，产业政策就是以产业结构政策为核心，由其他诸政策与之相适应，共同构成的经济发展目标与手段体系。⑥

本书认为，学者们从不同的研究视角归纳提炼了产业政策的不同领域，但尚没有涵盖产业政策的全部内容。本书比较倾向于下河边淳、菅家茂在其所编《现代日本经济事典》中对产业政策的界定。他们认为，“产业政策是指国家或政府为了实现某种经济与社会目的，以全产业为调整对象，通过对全产业的保护、扶植、调整与完善，积极或消极参与某个产业或企业的生产、经营、交易活动，以及直接干预或间接干预商品、服务、金融等的市场形成和市场机制的政策的总称。”⑦

在对产业政策含义的界定中，我们基本上可以概括出产业政策的功能（从另一方面来讲，也可以是目标）。一是从资源配置上发挥政府干预的作用，弥补市场失灵，力求资源配置达到最优，从而保障产业持续稳定健康发展；二是充当欠发达国家赶超发达国家的强力武器，使欠发达国家充分发挥后发优势，在较短的

① Bain J. S.. *Price and Production Policies* [J]. *A Survey of Contemporary Economics*, 1948 (1): 129－73.

②④⑤ 杨公朴，夏大慰. 现代产业经济学［M］. 上海：上海财经大学出版社，1999.

③ 小宫隆太郎，奥野正宽，铃村兴太郎. 日本的产业政策［M］. 黄晓勇，等，译. 北京：国际文化出版公司，1988.

⑥ 杨治. 产业经济学导论［M］. 北京：中国人民大学出版社，1985.

⑦ ［日］下河边淳，菅家茂. 现代日本经济事典［M］. 北京：中国社会科学出版社，1982. 苏东水. 产业经济学［M］. 北京：高等教育出版社，2000.

时间内，有机整合有限的经济社会资源，实现超常规发展；三是通过种种创新，提高产品的市场占有率，增强产业的国际竞争力和抗风险冲击能力，保障一国的经济安全。

根据不同的分类标准，可以对产业政策进行不同的划分。从横向的理论领域来讲，产业政策可分为产业组织政策、产业结构政策和产业发展政策。从纵向的实施流程来看，产业政策包括产业政策调查（事前经济分析）、产业政策制定、产业政策实施方法、产业政策效果评估、产业政策效果反馈和产业政策修正等内容。根据政策对象领域的不同，产业政策可以分为农业政策、新能源政策、中小企业发展政策等。

2. 产业政策的演变规律与评估标准

根据各国的实践经验，大体上可以提炼出产业政策的演变规律①。一是政策的内容从简单到复杂、从分散无序状态到系统化和标准化方向演进，政策对象从个别产业向所有产业演变。二是政策实施手段从直接干预为主向间接干预为主演变，政策推行方式从行政决策向法制化方向转变。间接干预是指利用经济、法律的方式刺激（或限制）引导企业的生产和投资方向，主要包括信息诱导、税收减免、融资支持、财政补贴、出后退税等。三是政策目标由单一个别向多元化转变，由局部向整体、由短期向长期、由单纯经济领域向综合国力和生活质量领域扩展。四是产业政策决策方式向民主化、公开化、透明化、标准化和科学化方向发展。

产业政策评估是产业政策存续过程中极为重要的一环。一般应遵循以下原则和标准：一是福利经济学原则，即追求最大多数人的最大福利，兼顾效率和公平，二者不可偏失；二是生产力标准，其核心就是通过科学技术所表现的制造能力；三是综合效益标准，既兼顾经济效益、社会效益、政治效益和生态环境效益的统一，又兼顾直接效益和间接效益，做到可持续发展；四是国际竞争力标准，在满足了上述三个标准之后，应致力于增强本国产业的国际竞争力。

二、产业发展政策的概念界定

作为产业政策的重要组成部分，产业发展政策在各个产业发展的实践中发挥着引导和调控的重要作用。自2004年以来，我国先后发布《汽车产业发展政策》《钢铁产业发展政策》《水泥工业产业发展政策》和《造纸产业发展政策》等，务实有效地解决了相关产业发展中存在的问题，在经济结构调整、优化升级和提

① 苏东水．产业经济学［M］．北京：高等教育出版社，2000.

升产业国际竞争力方面发挥了不可替代的作用。但产业发展政策至今缺乏一个全面完整、清晰明确的概念界定。

一些学者把产业发展政策视为产业政策的重要组成部分，但又在不同程度上将产业发展政策同产业政策的其他方面相混淆，出现了一定的逻辑歧义。例如，苏东水（2000）认为，产业发展政策同产业组织政策、产业结构政策是并列关系，但又认为产业发展政策也可以包括产业进入政策、产业退出政策。① 再如，简新华（2001）提出，产业布局政策隶属于空间上的产业结构政策，却在政策安排上又把它列入产业发展政策的类型。② 在实践上，“发展”概念具有泛化的倾向，以致产业发展政策被等同于产业政策。因此，从理论的角度，必须对产业发展政策的范畴进行界定。

显然，产业发展政策具有广义和狭义之分，广义的产业发展政策可以囊括产业政策的所有内容，因为所有政策的价值取向都是以发展为目的。狭义的产业发展政策仅指建构在产业发展理论和资源配置理论基础之上的发展政策，即本书所研究的产业发展政策。沿着这一思路，对产业发展政策进行界定的代表性学者主要有以下几人。

简新华（2001）较早对产业发展政策下了定义，认为“产业发展政策是指政府为了促进产业形成和发展而制定的一系列具体政策的总称……主要类型有：产业技术政策、产业外贸政策、产业金融政策等”③。黄海明（2010）提出，“产业发展政策的目标是解决产业发展中存在的问题，促进产业健康发展；产业发展政策是一个政策体系，涉及发展环境、资源配置、产业规制、技术创新等多方面的内容。”④ 该定义亦有所偏差，产业规制属于产业组织政策领域。在此基础上，仲雯雯（2011）提出，战略性海洋新兴产业发展政策的内容包括产业技术政策、产业环保政策、产业外贸政策、产业金融政策、产业财税政策、产业人才政策、产业法律法规和制度环境政策等多方面内容。⑤

这些定义尽管揭示了产业发展政策的主要内容，但在内涵上较为含混，没有表现出其应有的特质或规定性。本书认为，产业发展政策主要是指围绕主导产业的形成、发展与变更，制定和实施相关产业发展战略与规划，通过一定的财税、融资、技术、环保、外贸扶持、人才投入、立法和社会规范等政策工具，干预调节产业发展的生命周期，进而实现产业可持续发展、提升国际竞争力的一系列政策的总称。

---

① 苏东水．产业经济学［M］．北京：高等教育出版社，2000.

②③ 简新华，魏珊．产业经济学［M］．武汉：武汉大学出版社，2001.

④ 黄海明．我国高新技术产业发展政策研究［D］．北京：中共中央党校，2010.

⑤ 仲雯雯．我国战略性海洋新兴产业发展政策研究［D］．青岛：中国海洋大学，2013.

显然，本书的这一定义是一种狭义的范畴。产业发展政策除了具有产业政策的综合性特点之外，还包括：①多样性。即政策工具的多样性。产业发展政策一方面要培育和发展壮大主导产业，干预调节产业发展的生命周期；另一方面要实现产业可持续发展，提升国际竞争力。目标的多重性，决定了政策工具的多样性。②阶段性。产业发展政策所依赖的产业实践是不断发展变化的，呈现出生命周期的特点。这决定了产业发展政策具有动态化、阶段性的特点，政策工具在进入时必须考虑到时效发挥和政策退出的选择。

三、产业发展政策的体系建构

从政策制定、实施的纵向流程来看，一项完整的产业发展政策包括前期市场调查、国家政策介入（包括确立目标和制定政策）、具体实施方法、效果评估与反馈、政策修正或退出等内容。从内容构造的横向体系来看，产业发展政策应包括产业发展战略规划与目标和政策实施工具（如图 3 - 5 所示）。从产业发展的要素依赖来看，产业发展政策工具应包括财税政策、融资政策、技术政策、人才政策、环保政策、国际竞合策略和配套措施。

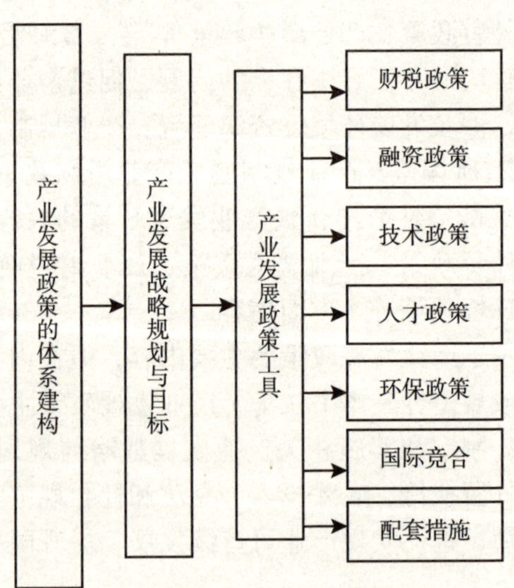

图 3 - 5　产业发展政策的体系建构

产业发展战略是指从产业发展的全局出发，分析制约产业发展的各种主客观因素、条件及它们之间的关系，找出影响并决定产业发展趋势与前景的因素，制定产业长远发展的目标以及实现目标的途径与方法。

产业财税政策是财政支出和税收政策的合称。它主要通过控制财政收入与支出来调节企业行为，引导产业的发展方向。

产业融资政策是指国家对产业发展中的企业如何进行资金融通以确保企业生产、流通等环节正常运转所进行的货币供给和利率的控制与调配。产业融资政策经常和财税政策进行搭配，二者主要扶持基础产业、战略性新兴产业的发展，倾向于抑制具有高消耗、高污染、高排放特征的产业发展。

产业技术政策是指从技术发展规划、技术引进、技术开发、技术结构等方面出发，制定的一系列促进产业技术进步的政策。科学技术进步是推动产业发展的核心力量和决定性因素。产业技术政策主要包括产业技术发展的目标、主攻方向与重点领域以及相应的策略、措施。

产业人才政策主要是指为了培育、吸引和引进产业发展急需的专业性和复合型人才所制定的一系列用人制度和优惠措施。人才是最先进的生产力，产业国际竞争力之争，说到底是人才之争。

产业环保政策主要是指在减少生态环境破坏和恢复生态环境原貌方面对产业经济发展的一系列环境规范约束，旨在解决产业经济的持续性发展问题。在生态文明建设的新时期，产业环保政策又被赋予培育生态文明、生态文化的新含义。

国际竞合策略是指产业发展突破一国地区，在国际贸易和投资中所采取的竞争合作策略，主要解决贸易冲突与争端问题。在全球化进程加快和应对国际金融危机的时代大背景下，世界经济复苏艰难曲折，主要经济体走势分化，国家之前的产业竞争愈演愈烈，贸易之间的摩擦不断发生。如何防范并化解贸易争端是世界各国共同面临的一道难题。

配套措施主要是从立法保障、市场规范和社会支持三个方面推动产业发展政策的实施，更好地发挥政策和市场配置资源的作用。在现代市场经济条件下，政策作用的发挥最终要落实到通过相应市场机制和社会机制发挥作用以实现政策的目标。

第四节 新能源产业发展政策体系的概念界定与内容建构

当代中国新能源产业发展政策体系的确立和优化，应立足于全球能源革命、生态文明建设、世界经济格局变动和中华民族伟大复兴的时代背景，顺应潮流，着眼长远，结合实际，因时制宜，动态调整。

一、新能源产业发展政策体系的概念界定

基于新能源产业具有投入大、周期长、风险高和周转慢的经营特点，以及发展新能源产业的重要作用，迫切需要政府干预，通过实施一揽子新能源产业发展政策进行扶持。本书认为，新能源产业发展政策体系主要是指基于能源革命的需要，围绕把新能源产业打造成为先导性、支柱性产业，使新能源成为未来能源供应体系的主导能源这一目标，制定和实施新能源产业发展战略与规划，通过一定的财税、金融、技术、外贸扶持和人才投入等政策工具，干预调节新能源产业发展的生命周期，实现新能源产业可持续发展，提升产业国际竞争力的一系列政策和措施的总称。

二、新能源产业发展政策体系的内容建构

本书建构的新能源产业发展政策体系（见图3-6)，主要包括新能源产业发展战略规划、目标和政策实施工具。从新能源产业发展的要素依赖来看，本书主要从新能源产业发展的财税政策、新能源产业发展的融资政策、新能源产业发展的技术政策、新能源产业发展的环保政策、新能源产业发展的国际竞合策略和新能源产业发展的配套措施等多个方面，对新能源产业发展政策体系进行深入研究。当然，人才对于新能源产业发展也发挥着至关重要的作用，但考虑到人才政策的一般性以及与技术政策在一定程度的耦合性，本书不再进行单列一章阐述。

新能源产业发展的财税政策可以从供给和需求两个角度带动新能源产业发展。一方面，对完成生产任务或者重大技术创新的企业进行补贴或减税，引导鼓励供给规模的扩大；另一方面，对终端使用者给予补贴，调动潜在的应用消费能力，推动新能源产品市场应用与普及。

新能源产业发展的融资政策主要是解决新能源产业发展中出现的资金短缺问题，这种资金短缺可能是由于引进技术、技术研发或者企业经营周转困难造成的，也可能是终端安装使用环节带来的。

新能源产业发展的技术政策在新能源产业发展政策体系中占据着极其重要的位置。作为新兴产业，新能源产业发展面临的最关键问题是供给领域的技术问题，包括整机设计、关键零部件制造、智能电网和储能技术等。技术是新能源发电成本高于传统电源的核心因素和长期原因。

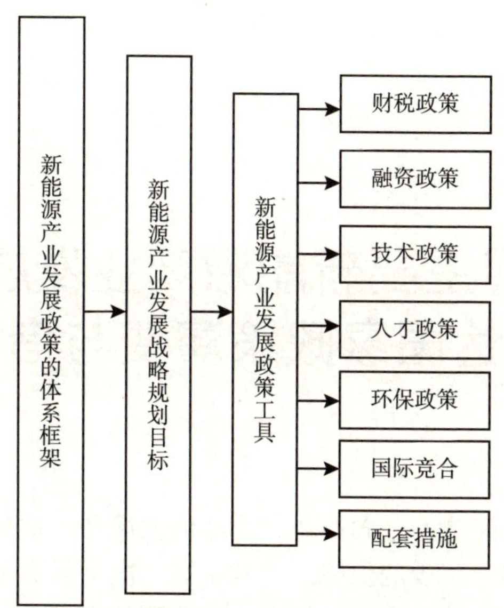

图 3－6　新能源产业发展政策的体系框架

注：在本书中，人才政策不再单列一章论述。

新能源产业发展的环保政策是指通过一系列环境规范约束，使新能源产业发展行驶在保护生态自然环境和人文环境的轨道上来，彻底做到低碳、绿色、环保和可持续发展，真正实现清洁能源的本身要义。

新能源产业发展的国际竞合策略是指新能源产业走向国际市场，政府应该采取的策略，以帮助引导企业进行更好的合作与竞争，这也是一国产业国际竞争力的重要组成部分。

新能源产业发展的配套措施主要包括新能源产业的立法保障、市场规范和社会支持三个方面。新能源产业的立法保障既涉及产业生产领域的安全问题，也涉及产业发展的可持续性问题，如核电的废立等。市场规范侧重于如何发挥市场机制配置资源的决定性作用，如何制定有效的规则维护市场秩序。社会支持指整个社会对新能源理念的认可、关注及产品购买。

第四章

世界主要新能源产业发展和发达国家政策演变与借鉴

能源是现代国民经济的基础产业，为经济发展和人们生活质量的提高提供不断前进的动力和必不可少的保障。尤其是第二次世界大战后随着世界各国工业化、城镇化进程的加快和人口的增多，对能源的需求急剧增加。传统的常规能源由于开采量加大、地缘政治和市场控制的影响，价格极度不稳定，刺激催生了世界各国对新能源的研发、应用与推广。本章主要分析世界主要新能源产业开发利用情况，并对美欧日部分发达国家和地区的新能源政策做重点比较研究。

第一节　世界一次能源消费增长与新能源开发利用

进入21世纪以来，为应对传统能源安全的严峻形势、减缓气候变化、推进生态文明建设和寻找新的经济增长点，包括发展中国家在内的世界各国纷纷实施新能源产业发展战略，新能源产业发展和新能源消费呈现出欣欣向荣的景象①。

一、世界一次能源与新能源消费增长概况

随着新能源产业的发展，世界一次能源消费增长正呈现出积极的变化。根据BP公司提供的（BP Statistical Review of World Energy-all date，1965—2017）数据显示，2017年世界一次能源消费总量达到13511.2Mtoe（百万吨油当量），比

---

① 新能源产业主要包括上游的资源勘探、中游的整机装备及零部件制造和下游的电厂建设、管理与并网应用。本书仅从发电的角度进行整体性分析。

2016 年增长 2.2%，是 2000 年的 1.44 倍。其中，可再生能源（不含水电）达到 417.4Mtoe，比 2016 年增长 17%，是 2000 年的 9.87 倍（如图 4－1 所示）。

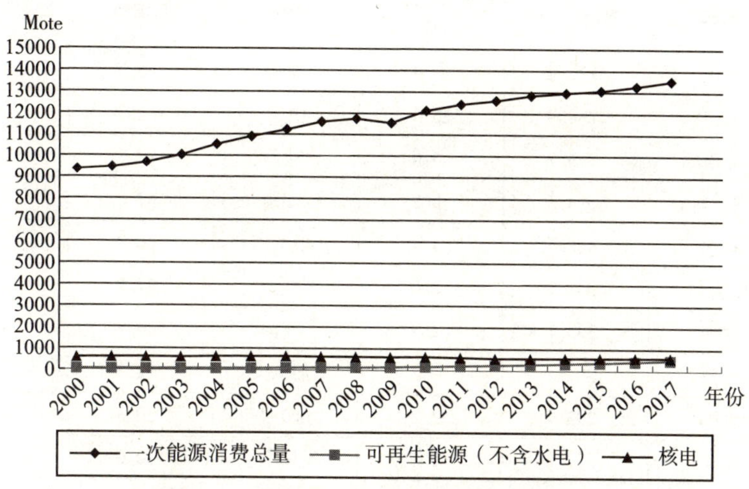

图 4－1　世界一次能源消费增长变化情况

资料来源：BP 公司《世界能源统计数据报告 1965—2017》。

受日本福岛核事故影响，2012 年世界核电继续呈现负增长，为 559.5Mtoe，比 2011 年下降 6.75%；2013—2017 年有所恢复，为正增长。2017 年世界核电消费量为 596.4Mtoe，比 2016 年增长 1.1%，但仍低于 2011 年 600Mtoe 的消费量。2017 年 OECD 国家核电消费出现负增长，同比仅有 0.6%；Non－OECD 国家核电消费增长较快，同比达到 6.1%。

从能源消费的国别结构来看，2009—2017 年中国一次能源消费连续 8 年位居世界榜首①，2017 年达到 3132.2Mtoe，同比增长 3.1%，约占世界总量的 23.2%。美国次之，2017 年为 2234.9Mtoe，同比增长 0.6%，约占世界总量的 16.5%。其次是印度、俄罗斯，分别位居第三（5.6%）、第四（5.2%），具体排序如表 4－1 所示。2017 年新能源消费②总量最大国家为美国，达到 286.52Mtoe；其次为中国，为 162.91Mtoe；法国位居第三位，为 99.52Mtoe。

① 根据 BP 的数据，自 2009 年起，中国超过美国成为全球一次能源第一消费大国。

② 由于没有统计页岩气等相关数据，这里的新能源仅包括非水电可再生能源与核电。如没有特殊说明，以下类同。

表 4-1　2017 年世界各国一次能源和新能源消费总量排序（前 10 名）

排名	一次能源消费总量			新能源消费总量		
	国家	数值/Mtoe	国家份额/%	国家	新能源	新能源国家份额/%
1	中国	3132.2	23.2	美国	286.5	26.5
2	美国	2234.9	16.5	中国	162.9	15.0
3	印度	753.7	5.6	法国	99.5	9.2
4	俄罗斯	698.3	5.2	德国	62.0	5.7
5	日本	456.4	3.4	俄罗斯	46.2	4.3
6	加拿大	348.7	2.6	韩国	37.2	3.4
7	德国	335.1	2.5	英国	36.9	3.4
8	巴西	294.4	2.2	加拿大	32.2	3.0
9	韩国	295.9	2.2	印度	30.3	2.8
10	法国	237.9	1.8	日本	30.0	2.7
	世界	13511.2	100.0	世界	1083.2	100.0

资料来源：根据 BP 公司《世界能源统计数据报告 1965—2017》相关数据整理。

从一次能源消费的燃料结构来看，2017 年世界新能源占一次能源的比重仅为 8.02%，不足 10%。这说明新能源还只是作为新兴的补充能源，要成为替代能源还有很长的一段路要走。

从新能源内部的消费结构来看，2017 年核能占新能源的比重最高，为 55.06%；其次是风能，为 23.45%；地热与生物质能、太阳能的比重分别为 12.24%、9.25%，如图 4-2 所示。在图 4-2 中，除了核电、地热与生物质能比重下降外，其他新能源比重均表现为上升。

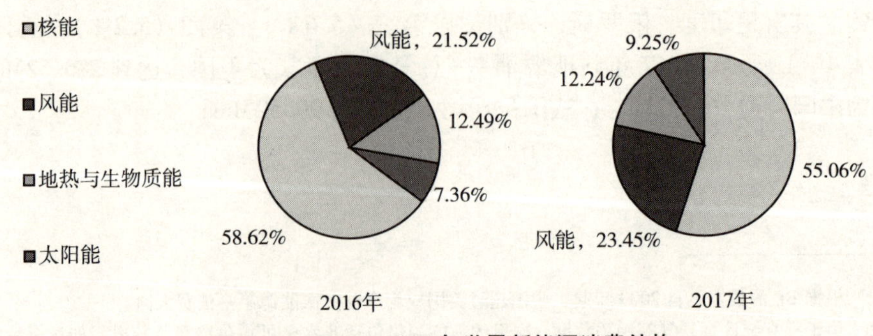

图 4-2　2016—2017 年世界新能源消费结构

值得一提的是，页岩气革命在美国已悄然发生，正在改变全球天然气供需格局和价格走势，很有可能成为世界能源格局结构性调整的催化剂。2000年，美国页岩气仅占天然气供应的1%，2011年产量达到7.85万亿立方英尺，占到天然气产量的34.13%，使天然气成为美国第一大生产能源。2011年天然气消费占到美国一次能源消费的26%①，2017年这一数字上升到28%，仅次于石油。2013年的美国能源展望，预计到2040年，美国天然气产量将达到33.1万亿立方英尺，其中页岩气的产量达到16.7万亿立方英尺（Tcf），这意味着美国未来近30年天然气的增量几乎全部来自页岩气。最新的数据，表明页岩气革命大大提高了天然气在能源体系中的比重。

根据《2015年度能源展望与预测2040》（*Annual Energy Outlook* 2015 *With Projections to* 2040）的参考情形，2013年美国干燥天然气和液态水天然气（NGPL）生产之和达到28.7 $\times 10^{15}$ Btu，占美国能源生产总量的34.70%，2020年将达到35.56%，2030年达到38.19%，2040年达到39.31%。从天然气消费比重来看，2013年这一数值为27.70%，2030年达到27.99%，2040年达到28.86%②。

根据IRENA发布的《2018年可再生能源和工作岗位年度审计报告》，2017年全球可再生能源（包括水电）就业人数达到1030万人，同比增长5.3%。其中，分国别来看，中国最多，达到388万人。其次，分别是巴西（89.3万人）、美国（78.6万人）、印度（43.2万人）、德国（33.2万人）等。分行业来看，光伏太阳能位居首位，达到336.5万人。其次，分别是液体生物燃料（193.1万人）、大水电（151.4万人）、风能（114.8万人）、太阳能供暖和制冷（80.7万人）、生物量（78.0万人）、生物燃气（34.4万人）、小水电（29.0万人）、地热（9.3万人）、聚光太阳能发电（3.4万人）等。③

二、世界核电产业发展状况

自1954年苏联第一座核反应堆运行以来，世界核电产业发展经历了试验示范阶段（1951—1968年）、高速发展阶段（1969—1979年）、滞缓发展阶段（1980—2000年）、复苏发展阶段（2001—2010年）和新一轮滞缓发展阶段（2011—2017年）。在其产业发展的过程中，核电技术实现了从第一代到第三代的跨越，第四代核电技术正处于研发之中。

核事故即核泄漏甚至核爆炸的发生是造成核电产业滞缓发展的主要原因，核

①② 资料来源：根据U.S.EIA. *Annual Energy Outlook* 2013 *Early Release Overview* 相关数据计算。

③ IRENA. *Renewable Energy and Jobs Annual Review* 2018 [R]. 2018.

安全是核电产业健康发展的生命线。在核电发展史上，曾经发生过1979年的三里岛核事故、1986年的切尔诺贝利核事故和2011年的福岛核事故。核事故的发生，并没有让人类停止对核能的利用，其原因在于：一是常规化石能源价格的高涨以及低碳、清洁、环保的要求催生了对替代能源的需求，而核能是当前最主要的替代能源之一；二是核电技术的不断进步和核电安全标准的不断提高，增进了人类对核电利用的认识。不过，福岛核事故的发生确实给世界核电造成了一定影响（见表4-2）。

表4-2　2010—2017年各年底世界核电在运反应堆数和发电量

年份	在运反应堆数/座	净装机容量/GW	发电量/TWh
2010	441	375.27	2630.0
2011	435	368.79	2518.0
2012	437	373.01	2346.2
2013	434	371.73	2358.9
2014	438	376.22	2410.4
2015	441	382.86	2441.3
2016	448	391.12	2476.2
2017	448	391.72	2502.9

资料来源：分别取自IAEA《世界核能反应堆2011—2018》（*Nuclear Power Reactors in the World*）2011—2018年版本。

根据IAEA发布的数据分析，福岛核事故发生后，2011年年底世界在运反应堆数、净装机容量和发电量均出现了明显的下降。尽管2013—2017年净装机容量不断增加，发电量有所恢复，但仍然没有超过2011年的水平。福岛核事故发生之后，世界核电格局的重心向亚洲转移。2012年年底全球在建的67座新反应堆中，有47座在亚洲。2017年年底在建反应堆数为59座，亚洲国家仍然占据一半以上的份额。

尽管福岛核事故给部分国家核电发展带来了消极影响，但整体上讲，并没有阻碍世界核电发展的总体进程。在发生福岛核事故的2011年，永久关闭了13座反应堆，而2012年的这一数值降为3座。2013年，美国、英国和亚洲的多个国家宣布继续发展核电，建设新的核电站。IAEA预测到2030年世界核能应用将增长23%～100%，装机容量保守估计达到456GW（electricity，以下简称e），乐观估计达到740GW（e）[①]。

截至2018年10月4日，全球在运反应堆454座，净装机总容量为399.307GW；在建反应堆55座，中国13座，位居首位。从国别来看，美国依旧是世界核电生产能力最强的国家，拥有98座运行的反应堆，其他国家依次为：法国58座，中国44座，日本42座，俄罗斯37座，韩国23座，印度22座，加拿大19座，乌克兰15座等。尽管日本运行的反应堆较多，但2017年年底发电量为29.285TWh，仅占国内发电总量的3.6%。

2017年发电份额最高的国家依然是法国，为71.6%。其他国家依次为：乌克兰55.1%，斯洛伐克54%，匈牙利50%，比利时49.9%，瑞典39.6%，斯洛文尼亚39.1%，保加利亚34.3%，瑞士33.4%等；美国占20.1%，我国仅占3.9%。世界各国运行核反应堆数、净装机数、发电量及其国内份额，具体可以参见表4-3。

表4-3　2017年年底世界各国核电前10名

排名	运行核反应堆		运行净装机容量		发电量		国内发电份额	
	国家	座数	国家	GW	国家	TWh	国家	(%)
1	美国	99	美国	99.952	美国	805.65	法国	71.6
2	法国	58	法国	63.130	法国	381.85	乌克兰	55.1
3	日本	42	日本	39.752	中国	232.80	斯洛伐克	54.0
4	中国	39	中国	34.514	俄罗斯	190.12	匈牙利	50.0
5	俄罗斯	35	俄罗斯	26.142	韩国	141.28	比利时	49.9
6	韩国	24	韩国	22.494	加拿大	95.13	瑞典	39.6
7	印度	22	加拿大	13.554	乌克兰	80.41	斯洛文尼亚	39.1
8	加拿大	19	乌克兰	13.107	德国	72.18	保加利亚	34.3
9	乌克兰	15	德国	9.515	英国	63.89	瑞士	33.4
10	英国	15	英国	8.918	瑞典	63.06	芬兰	33.2
世界	448		391.721		2502.88		—	

资料来源：IAEA《世界核能反应堆》（*Nuclear Power Reactors in the World*）2018版。

① IAEA. IAEA Annual Report 2012［R］. 2013.

三、世界风电产业发展状况

自1890年丹麦的P. 拉库尔成功研制风力发电机以来，世界风电有了120多年的历史。总体来讲，1970年以前研制的中、大型风力发电机组由于造价高和可靠性差（相对于大型水电和火电机组），相继在20世纪60年代末停止运转，一些国家对风能资源的开发处于小规模的利用阶段。①

1973—1974年中东第一次石油危机推动了传统能源价格高涨，加速了风电技术进步和产业化速度，主要装机容量由300kW扩大到750kW、2MW以上。1991年丹麦在Vindeby建成了世界首个海上风电场（450kW×11）。经过20多年的快速发展，目前在世界上有80多个国家进入了风电开发利用行列。

根据GWEC（全球风能理事会）发布的数据，2017年风电产业新增装机容量52.492GW，比2016年略有下降，分别是2008年的1.96倍、2000年的13.96倍；风电产业累计装机容量539.123GW，比2016年增长10.64%，分别是2008年的4.47倍、2000年的30.98倍（见图4－3）。

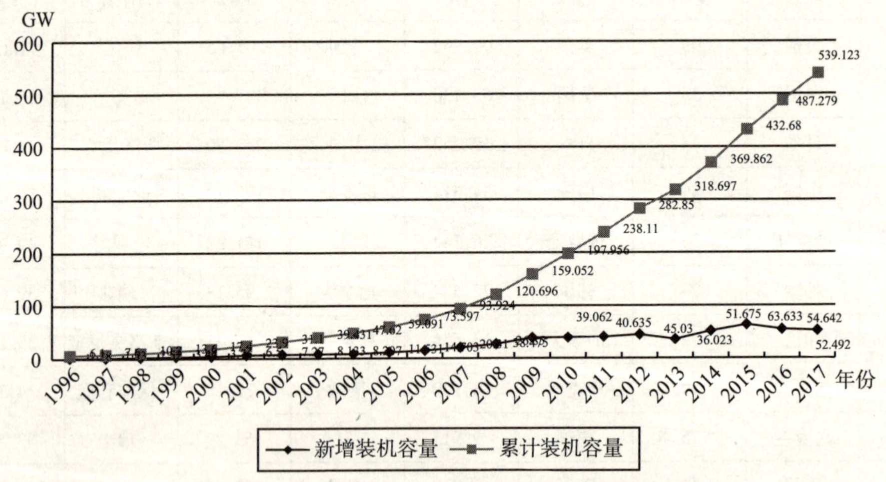

图4－3　1996—2017年全球风电年装机容量情况

资料来源：GWEC（全球风能协会），1996年数据来自（*Global Wind Statistics* | 2012）（2013年2月11日发布）；1997—2005年数据来自《2014全球风电统计及风电发展五年预测》（中文版，2015年4月发布），2006—2017年数据来自（*Global Wind Report*：*Annual Market Update* 2017）。

① 田德．国内外风力发电技术的现状及趋势［J］．农业工程技术：新能源产业，2007（1）：53.

2017 年，全球海上风电累计装机容量达到 18.814GW，是 2011 年的 4.57 倍。其中，英国海上风电累计装机容量和新增装机容量均位居全球首位，分别达到 6.836GW 和 1.68GW。其次是德国，分别是 5.355GW 和 1.247GW。再次是中国，分别是 2.788GW 和 1.164GW。欧洲仍然占据着世界海上风电装机格局的重心，在累计装机容量上占有 70% 以上的市场份额。

2015 年，风电生产了全球电力 3.7% 的电量。2016 年 7 月，南澳大利亚州风电满足了该州 49% 的电力需求。丹麦风力创下了供应全国电力需求 37.6% 的记录；丹麦政府致力于 2020 年的风电份额将达到 50%，到 2050 年全部电力将来源于可再生能源。[①] GWEC 预计到 2020 年全球风电份额可能达到 8% ~12%，到 2030 年达到 17% ~19%。

2016 年，全球风电产业就业人数为 115.5 万。根据 2014 年 GWEC 高情形预测，到 2030 年风电部门将雇用 217.18 万人。目前，世界上最大的风力涡轮机是维斯塔斯（Vestas）制造的 8MW 涡轮机，直径长达 164 米。

从国别来看，2017 年全球新增装机容量第一的国家是中国，达到 19.660GW，占全球比重的 37%，其次是美国（7.017GW）、德国（6.581GW）、英国、印度、巴西、法国等，具体数据见表 4－4。2017 年累计装机容量第一的国家是中国，达到 188.392GW，占到全球比重的 35.0%，其次是美国（89.077GW）、德国（56.132GW）、印度、西班牙、英国、法国等（见表 4－4）。根据表 4－4 计算，不难发现世界风电装机容量排序前 10 名的国家是风电发展的主力军，2017 年风电新增装机容量和累计装机容量分别占到全球相关份额的 90% 和 85%。

表 4－4　　2017 年世界风电装机容量前 10 名

排名	风电新增装机容量			风电累计装机容量		
	国家	GW	全球份额/(%)	国家	GW	全球份额/(%)
1	中国	19.660	37	中国	188.392	35.0
2	美国	7.017	13	美国	89.077	17
3	德国	6.581	12	德国	56.132	10
4	英国	4.270	8	印度	32.848	6
5	印度	4.148	8	西班牙	23.170	4
6	巴西	2.022	4	英国	18.872	4

① 资料来源：Wind in Numbers [EB/OL]. //http: //gwec. net/global-figures/wind-in-numbers/#.

续表

排名	风电新增装机容量			风电累计装机容量		
	国家	GW	全球份额/(%)	国家	GW	全球份额/(%)
7	法国	1.694	3	法国	13.759	3
8	土耳其	0.766	1	巴西	12.763	2
9	南非	0.618	1	加拿大	12.239	2
10	芬兰	0.535	1	意大利	9.479	2
前10名累计		47.310	90	前10名累计	456.732	85
世界		52.492	100	世界	539.123	100

资料来源：GWEC（全球风能协会）：*Global wind report*：*annual market update* 2017。

四、世界光伏发电产业发展状况

目前，太阳能发电主要是光伏发电。光伏发电包括第一代技术的晶硅电池发电、第二代技术的薄膜电池发电和第三代技术聚光光伏发电。自1954年美国贝尔实验室首次制成使用的单晶硅太阳能电池以来，光伏发电产业化进程加快。特别是进入20世纪90年代中期以来，世界光伏发电产业蓬勃发展。

根据欧洲光伏产业协会（Solar Power Europe）① 提供的数据，2017年世界新增装机容量增长达到99.1GW，比2016年增长29.37%，分别是2008年的14.88倍、2000年的338.23倍；2017年世界累计装机容量增长达到404.5GW，比2016年增长31.97%，分别是2008年的25.53倍、2000年的314.05倍（如图4-4所示）。目前，太阳能提供了全球1%以上的电力需求。

根据《全球太阳能市场展望2018—2022》（*Global Market Outlook for Solar Power* 2018—2022）预测，世界新增装机容量在高增长情形下，2022年将达到232.6GW；在低增长情形下，2022年达到100.6GW。世界累计装机容量在高增长情形下，2022年将达到1270.5GW；在低增长情形下，2022年将达到813.3GW。从国别来看，在中速增长情形下，到2022年，中国累计装机容量将达到339.751GW，2018—2022年度增长复合率为21%。其次是美国，累计装机容量将达到97.431GW，2018—2022年度增长复合率为17%。再次是印度，由于发展空间、追赶潜力较大，到2022年累计装机容量将达到114.170GW，2018—2022年度增长复合率为39%。

① 2015年5月，欧洲光伏产业协会（EPIA）更名为Solar Power Europe。本部分数据主要来源于*Global Market Outlook for Solar Power* 2018—2022。

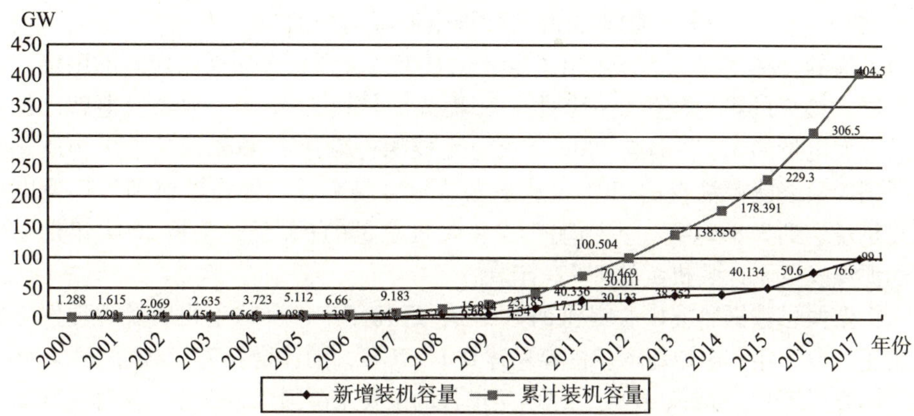

图4-4　2000—2017年世界光伏产业新增装机容量和累计装机容量

资料来源：2000—2013年数据来自EPIA Global Market Outlook for Photovoltaic 2014—2018；2014—2017年数据来自Solar Power Europe Global Market Outlook for Solar Power 2015—2019，2016—2020，2017—2021，2018—2022。

日本尽管受福岛核事故影响，最大限度发展光伏，但由于市场所限，到2022年其全球市场份额将滑至第4位，增长速度将变慢，2018—2022年度增长复合率仅为10%。

从国别来看，2017年全球累计装机容量第一的国家是中国，达到130.751GW，在全球的市场份额达到32%。其次是美国（51.527GW），全球份额为13%。再次是日本（49.251GW，12%），德国（42.937GW，11%），意大利（19.392GW，5%），印度（19.047GW，5%），英国（12.676GW，3%）等。

五、世界生物质发电产业发展状况

从利用方式来说，生物质能是唯一可转换成气、液、固三种形态燃料的可再生清洁能源，主要用于生产燃料（生物乙醇、生物柴油、沼气以及木炭等）和发电。生物质发电主要包括农林废弃物直接燃烧发电、农林废弃物气化发电、垃圾焚烧发电、垃圾填埋气发电、沼气发电等。

为应对20世纪70年代的两次石油危机，西欧各国尤其是丹麦、芬兰和瑞典积极开发清洁的生物质能以替代石油，增加电力供应。丹麦较早推行秸秆等生物质发电，逐渐成为生物质能利用的强国。1980—2005年，作为能源供应的生物质能消费在丹麦增加了4倍之多。近十几年来，丹麦新建的热电联产项目都是以生物质为燃料，还将过去许多燃煤供热厂改为了燃烧生物质的热电联产项目。① 目前，丹麦生物质能占到可再生能源消费的70%左右。② 芬兰立足于本国丰富的森林资源优势，走出了没有化石燃料资源和人均耗能较多的困境，积极发展“缓慢的再生的生物燃料”——泥煤。早在2007年，泥煤发电就已经占芬兰总发电量的6%。瑞典2009年可再生能源份额达到47%，其中生物质能达到了国内最终能源消费的29%。从发电装机容量来看，生物燃料和泥煤发电累计装机量达到3.892GW，占到瑞典当年装机总量的65.58%，是2004年生物燃料和泥煤发电累计装机量的1.22倍。③

根据博思数据研究中心提供的数据④，近几年来，全球生物质及垃圾发电发展迅速。2015年，全球新增装机容量达到11.2GW，同比增长77.78%，是2006年的2.6倍。其中，欧洲、中国、巴西是增长的主要来源国。2015年，全球生物质及垃圾发电累计装机容量106.5GW，同比增长11.57%，是2008年的1.87倍。其中，欧洲（34.7GW）、美国（15.3GW）、巴西（15GW）是全球生物质及垃圾发电装机最大的3个市场。2015年全球生物质及垃圾发电量达到389.62TWh，同比增长11.96%。

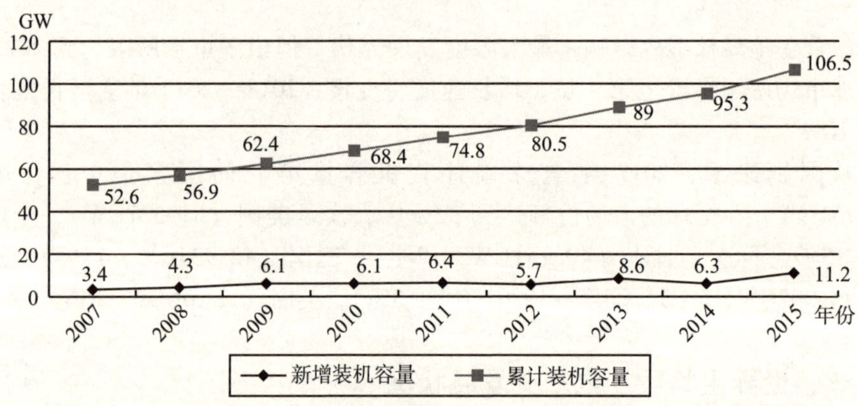

图4-5　2007—2015年全球生物质及垃圾发电新增装机容量和累计装机容量

六、世界新能源产业发展述评

从发展速度来看，新能源在全球取得的成绩是惊人的。从发展态势来看，新

① 国家发改委产业司．国外生物质发电产业化大发展［J］．中国经贸导刊，2007（12）：49.

② *Biomass in the Danish Energy Sector* [EB/OL]. [2013-09-07]. http://www.ens.dk/en/supply/renewable-energy/biomass-danish-energy-sector.

③ 相关数据取自或根据瑞典能源部报告《瑞典能源2010》*Energy in Sweden* 2010第33页计算。

④ 2017—2022年中国生物质发电市场分析与投资前景研究报告.[EB/OL]（2017-07-06）.[2018-10-06]. http://www.bosidata.com/report/G81651GJAA.html.

能源的未来前景是光明的。我们应该看到，已有成就的取得与世界各国对新能源的政策扶持和激励密不可分。可以预见的是，未来新能源的规模化应用和发展还将得益于政府政策的延续、拓展和深化。能源革命的要求、各国政策的惯性、国际竞争的存在和现实基础的薄弱，决定了未来新能源发展离不开政策的刺激、引导、规范和约束。

尽管世界上个别国家如瑞典提出并极有可能实现“2020 年前 50% 的能源消费由可再生能源供给；2030 年前，瑞典的交通将不再依靠任何化石能源；2050 年前，温室气体净排放量为零”的宏伟目标，但由于世界人口、经济增长和人们生活质量的提高对能源的需求基数之大、发展之快，以及各国能源资源与地理禀赋的差异、新能源发展的不均衡性，决定了世界上多数国家难以做到与瑞典可再生能源发展进度同步。

在 2020 年之前，除少数国家之外，全球新能源在主要国家仍将扮演能源供给的补充角色，而不是替代角色。即便如此，这仍需要政府继续给予有力的政策倾斜、支持和激励，新能源只有在与传统能源的竞争中才能实现由生存状态向替代状态的追赶。因此，如何制定合理有效的产业发展政策就显得至关重要。这须要对国外已有做法和经验进行总结、概括和归纳，并在此基础上加以比较分析，探讨新能源政策制定中的普适性、一般性和特殊性，找出其蕴含的内在本质的必然联系，并结合本国的实际情况，形成积极的借鉴和有益的参考。

第二节 美欧日新能源产业发展政策演变与借鉴

美欧日新能源产业发展的竞争优势，离不开长期的政府政策激励。在政策工具选择和激励程度上，既有一致性，又有差异性。因此，我国新能源产业发展政策的制定、调整必须遵循规律共性，同时做到因时因地制宜。

一、美国新能源产业发展政策

（一）美国新能源产业发展概况

作为世界最大的一次能源消费国之一，[①] 美国长期面临着能源安全的供应压

① BP 公司数据显示，自 2010 年始，中国一次能源消费总量连续多年超过了美国，位居世界一次能源消费首位。由此，美国由第一降为第二。

力。为了实现“能源独立”、确保能源安全的目标，美国政府自 20 世纪 50 年代开始就通过政策干预，致力于寻求新式能源技术，大力发展核电；70 年代鼓励发展风能、太阳能、小水电和生物质能，力图能源供应类别的多样化和多元化，以满足本国庞大的能源消费需求。

经过几十年的发展，2017 年美国能源自给率达到 89.6%，[①] 比 2012 年提高了 6.6 个百分点。在美国一次能源生产结构中，2017 年天然气占比为 31.8%，石油（原油和天然气液体）为 28%，煤炭为 17.8%，可再生能源（含水电）为 12.7%，核电为 9.6%。

美国能源结构逐步在改善。首先是一次能源消费结构在逐步改善，新能源比重有所上升。2017 年美国一次能源消费总量达到 97.868×10^{15} Btu（英热单位），同比增长 0.3%。其中，化石燃料消费量为 78.226×10^{15} Btu，同比下降 5.63%，在一次能源消费的比重下降了 0.69% 个百分点，下降至 79.93%；核电消费量为 8.419×10^{15} Btu，同比略微有所下降，下降至 8.60%；可再生能源消费量为 11.032×10^{15} Btu，同比增长 7.52%，比重提高了 0.76 个百分点，提高至 11.27%。[②] 作为清洁能源的天然气占一次能源消费总量的比例达到 29%。

从电力生产结构来看，2017 年美国可再生能源比重在上升，比 2012 年提高了 6 个百分点，大约提供了 17% 的电力份额。核电占比为 20%，二者合计超过了煤炭（30%）和天然气（27%）。在可再生能源种类中，水电依然占据首要地位，为 7.5%；其次是风电，为 6.3%；再次，分别是生物质能（8%）、生物质废弃物（1.6%）、太阳能（1.3%）和地热（0.4%）[③]。根据本书的定义，2017 年美国新能源电力生产比重达到 29.5%，[④] 比 2012 年提高了 5.22 个百分点。

从未来预期来看，依照《2018 年度能源展望》参考情形，到 2050 年美国天然气消费量将增加到 36×10^{15} Btu，非水电可再生能源增加到 15×10^{15} Btu，煤炭下降到 13×10^{15} Btu，核能下降到 7×10^{15} Btu，汽油维持在 37×10^{15} Btu。[⑤]

---

① 资料来源：美国能源信息署网站，参见：*Domestic Energy Production Is Equal to About 90% of U.S. Energy Consumption in* 2017 [EB/OL].[2018-10-06]. http://www.eia.gov/energyexplained/index.cfm? page=us_energy_home。

② 资料来源：U.S. Energy Information Administration，*Monthly Energy ReviewSeptember* 2018.

③ 资料来源：U.S. Energy Information Administration，*Electricity Power Monthly Energy Review February* 2018.

④ 这一数据未包含页岩气在内。实际数据应该比这一数字大。

⑤ 资料来源：U.S. Energy Information Administration，*Annual Energy Outlook* 2018 *With Projections to* 2050.

（二）美国新能源产业发展政策演变分析

重视并发挥立法和法案的作用，是美国新能源产业发展政策制定和实施中最鲜明的特点。美国的新能源产业发展政策，主要通过联邦能源立法、联邦环境政策、州立法和农业立法等形式[①]体现出来。通过立法，基本明确了新能源相关产业的发展战略、发展目标、财政扶持、技术研发和国际竞争等。本节主要对涉及新能源产业发展的联邦能源立法做回顾与总结。自 20 世纪 70 年代中东石油危机发生以来，美国产生了五部具有代表性的能源综合性法案。

1. 第一部能源综合法案

最早的一部能源综合法案，作为对中东石油危机的应对，是 1978 年 11 月由前总统卡特签署的《1978 年国家能源法案》（*National Energy Act of* 1978，NEA）。该法目的在于增加美国国内能源供应，解决能源安全问题。这一法案下辖 5 个单一法案，对新能源均有涉及，可以说奠定了美国发展新能源的基本格调。

（1）《公用事业管制政策法案》（*Public Utility Regulatory Policies* Act，PURPA）。该法案规定公用电力事业必须购买符合规格的小电力设施生产出的可再生能源电力，以此来鼓励可再生能源发电，尤其是扶持生物质能发电。

（2）《1978 年能源税收法案》（*Energy Tax Act of* 1978）。该法案授权个人使用太阳能、风能和地热设备可以享有高达 200 美元的税收抵免。对这些可再生领域进行商业投资可以减免 10% 的能源税。[②] 对于汽车用乙醇混合燃料享有至少 10% 的免税，相当于每 1 加仑免征 0.4 美元的消费税。还允许可再生能源项目实行加速折旧。

（3）《国家节能政策法案》（*National Energy Conservation Policy* Act，NECPA）。该法案的目的是减少在建筑、交通、设备和一般操作等领域的非可再生能源使用。它赋予了政府向那些购买太阳能加热或制冷设备的家庭提供贷款的权利。

（4）《电厂和工业燃料使用法案》（*Power Plant and Industrial Fuel Use Act*）。该法案禁止新电厂使用石油和天然气，禁止不具备使用可替代燃料的电厂新建。

（5）《天然气政策法案》（*Natural Gas Policy Act*）。该法案要求逐步放宽对非常规天然气如页岩气、煤层气等天然气的井口价格管控，对 1985 年 1 月 1 日以后新井的井口价格不再控制，激励了对美国页岩气的开发。

---

① Duffield J A，Collins K. *Evolution of renewable energy policy* [J]. *Choices*，2006，21（1）：9. Available online：http：//www. choicesmagazine. org/2006 -1/biofuels/2006 -01 -02.

② Friedmann P A，Mayer D G. *Energy Tax Credits in the Energy Tax Act of* 1978 *and the Crude Oil Windfall Profits Tax Act of* 1980 [J]. *Harv. J. on Legis.*，1980，17：465.

2. 第二部能源综合法案

第二部能源综合法案为1980年6月由卡特总统签署的《1980年能源安全法案》(*Energy Security Act of* 1980)。这一法案主要由6个单一法案组成，在内容上突出了发展新能源的要求，引入贷款担保等资金融通机制，向年产量低于100万加仑的小乙醇生产厂提供贷款担保。

(1)《美国合成燃料公司法案》(*U. S. Syntic Fuels Corporation Act*)。该法案授权美国合成燃料公司提供880亿美元推行合成燃料计划。由于1985年石油过剩，该法案于1986年被废除。

(2)《生物质能和酒精燃料法案》(*Biomass Energy and Alcohol Fuels Act*)。

(3)《可再生能源法案》(*Renewable Energy Resources Act*)。

(4)《太阳能和节能法案》(*Solar Energy and Energy Conservation Act*)与《太阳能和节能银行法案》(*Solar Energy and Energy Conservation Bank Act*)。

(5)《地热能法案》(*Geormal Energy Act*)。

(6)《海洋热能转换法案》(*Ocean rmal Energy Conversion Act*)。

3. 第三部能源综合法案

第三部能源综合法案为1992年10月由老布什总统签署的《1992年能源安全法案》(*Energy Policy Act of* 1992)，也是美国第一部大型能源政策法案。[①] 这一法案主题为提高能效，共由27章（Titles）组成，细化了各种各样的措施，以减少对进口能源的依赖，为清洁可再生能源提供激励，增进建筑节能。这一法案把含有85%以上比例乙醇的调和燃料确定为交通运输替代燃料（即E85）。

为鼓励生物燃料生产，这一法案拓展了燃料税收减免和混合燃料收入税减免，将两种乙醇低于10%的混合燃料纳入进来。要求联邦和州公务用车要购买一定比例的替代性燃烧汽车（AFV），并实行税收减免的优惠，还对生产AFV的厂家提供一定的资金支持。该法还对在1994—1999年投入发电的风能涡轮机和生物质发电厂给予为期10年的税收减免，减免额度为1.5美元/kW·h。实行铀复兴，成立国家战略储备铀。[②]

4. 第四部能源综合法案

第四部能源综合法案为2005年8月由前总统小布什签署的《2005年能源政策法案》(*Energy Policy Act of* 2005)。这一法案是对1992年能源政策法案和其他相关法案的部分修订，共由18个标题组成。第一章为“能效”，第二章即为

---

① 罗涛. 美国新能源和可再生能源立法模式［J］. 中外能源，2009（7）：24.

② *Energy Policy Act of* 1992［EB/OL］.［2013－09－29］. http：//thomas. loc. gov/cgi-bin/bdquery/z?d102：HR00776：@@@L&summ2＝m&.

"可再生能源"，排在第三章"石油和天然气"之前。① 第六章为"核问题"，第七章为"交通工具和燃料"，第八章为"氢"，第九章为"研究和开发"，第十三章为"能源政策的税收激励"，第十五章为"乙醇和发动机燃料"，第十六章为"气候变化"，第十七章为"对新技术的激励机制"，均对新能源和可再生能源有涉及。这充分表明了对新能源和可再生能源的重视。

该法案规定联邦政府消费新能源电力的比重，2007—2009 财年不低于 3%，2010—2012 财年不低于 5%，2013 年及其以后财年不低于 7.5%。并提出，到 2015 年年底非水电可再生能源装机至少达到 10GW。为实现 1997 年美国联邦政府百万太阳能屋顶计划提出的到 2010 年在 2 万个联邦建筑上安装太阳能系统，规定 2006—2010 财年每年投入 5000 万美元推行光伏能源商业化项目，每年投入 1000 万美元进行光伏系统评估项目。甘蔗乙醇项目补助（Grants）3600 万美元。规定 2006—2012 年农村和偏远社区电气化每年补助 2000 万美元。为增加森林生物质用作电力、加热、交通运输燃料和其他用途的商业价值，2006—2016 年每年补助 5000 万美元。修订《1970 年地热蒸汽法案》（*Geormal Steam Act of* 1970）。在增强海岛能源独立自主上，每财年拨款 50 万美元进行可行性研究，拨款 40 万美元进行项目执行。

该法案基于通货膨胀因素的考虑，对《1954 年原子能法》（*Atomic Energy Act of* 1954）的一些数额进行调整。推行新一代核电站项目，要求不得迟于 2021 年 9 月 30 日完成核电站建设并运行原型反应堆，用于研发和建设活动的补助 2006—2015 财年达到 12.5 亿美元，这就为美国核电复兴设立了基本格调。2007 年、2008 年、2009 财年用于研发、示范和商业化应用活动的资金，可再生能源分别为 6.32 亿美元、7.43 亿美元和 8.52 亿美元，核能分别为 3.3 亿美元、3.55 亿美元和 4.95 亿美元；另外，核能公共建设与设施 3 年分别达到 1.35 亿美元、1.4 亿美元和 1.45 亿美元。为深海和非常规天然气投资等设置了奖励，并做了详细说明。

在个人住宅节能性能上，对纳税年度内光伏、太阳能热水和燃料电池支出均实行 30% 比例的税收免除，在金额上分别不超过 2000 美元、2000 美元和 500 美元。在鼓励选择性使用交通工具和燃料上，对符合标准投入运行的载重不超过 8500 磅、8500 ~ 14000 磅、14000 ~ 26000 磅和 26000 磅的燃料电池汽车，在纳税年度内分别给予纳税人 8000 美元、1 万美元、2 万美元和 4 万美元的税收抵免。

在可再生燃料生产目标上，要求 2006—2012 年年产量分别达到 40 亿加仑、47 亿加仑、54 亿加仑、61 亿加仑、78 亿加仑、74 亿加仑和 75 亿加仑，而若不

---

① *Energy Policy Act of* 2005 [EB/OL]. [2013 - 09 - 29]. http: //www. gpo. gov/fdsys/pkg/PLAW - 109publ58/pdf/PLAW - 109publ58.

发布指令则2006年仅能完成目标的2.78%。对生产能力小于6000万加仑的小型燃料乙醇生产商和生产能力小于1500万加仑的小型生物柴油生产商，可以享受0.1美元/加仑的生产所得税减免。

5. 第五部能源综合法案

第五部能源综合法案为2007年12月由前总统小布什签署的《2007年能源独立和安全法案》（*Energy Independence and Security Act of* 2007）。这部法案以节能和能效、促进可再生能源利用作为立法重点，共分为16章，涉及三项关键条款。①

（1）平均燃料经济性标准（Corporate Average Fuel Economy Standards），确立了轿车和轻型卡车2020年平均油耗为35英里/加仑的目标。在改进汽车技术方面，制定以下相关政策：为先进电池发展建立贷款担保机制，资助插电式混合动力汽车，鼓励购买重型混合动力汽车，为各种电动汽车提供信贷。在政府购买方面，联邦机构被禁止购买不是低温室气体排放车辆的任何轻型机动车或中型客车。到2015年，联邦机构必须每年降低至少20%的石油消费，增加10%的替代燃料消费。

（2）可再生燃料标准（Renewable Fuel Standard，RFS），要求可再生燃料生产从2008年的90亿加仑增加到2022年的360亿加仑。在后者中，有210亿加仑可再生燃料必须从纤维素乙醇或者其他高级生物燃料中获取。在可再生燃料生产技术方面，要求比汽油和柴油的生命周期温室气体（GHG）排放至少降低20%。使用生物燃料取代80%以上化石燃料的生物燃料生产运营设施将获得现金奖励。授权为在乙醇生产比例较低的州进行生物燃料研究、开发和示范（RD&D）和商业应用提供2500万美元的补贴；为一个研发可再生能源技术的大学计划提供高达200万美元的补助。要求能源部直接创建一个补助计划，帮助建立或转换基础设施使用可再生燃料，包括E85燃料（85%乙醇）。

（3）电器和照明效率标准（Appliance and Lighting Efficiency Standards）。建立通用服务白炽灯能效标准和白炽反射器灯与荧光灯能效标准。另外，法案第十三章涉及智能电网，对其进行了界定。智能电网指的是一种允许流量分配系统，允许信息从客户的计电表在两个方向流动：从房子流向恒温器、电器和其他设备，又从这些应用设施流向房子。智能电网的定义包括各种操作和能源措施，包括智能电表、智能电器、可再生能源资源和能效资源。

6. 其他法案

此外，2009年2月由奥巴马总统签署的《2009年美国复兴与再投资法案》

---

① Fred Sissine. *Energy Independence and Security Act of* 2007：*A Summary of Major Provisions* [C].//Congressional Research Service（CRS）Report for Congress，December 21，2007. Available online：http：//assets.opencrs.com/rpts/RL34294_20071221.

(*American Recovery and Reinvestment Act of* 2009)① 是近几年美国关于新能源和可再生能源方面获得生效的最新一部法案(Enrolled Law)②。该法案第四章为能源和水发展。

其中，能源部能源效率和可再生能源(Energy Efficiency and Renewable Energy，EERE)局获得168亿美元，是2008财年拨款(17亿美元)的近10倍。这项拨款除大部分用于支持直接补助和返款(有些是履行《2007年能源独立和安全法案》的相关规定)外，有25亿美元将用于支持EERE的应用研发与部署计划，包括8亿美元用于生物质项目，4亿美元用于地热技术项目，还有5000万美元用于提高信息与通信技术的能源效率。③

经济激励法案也包括投资50亿美元用于完成《节能和生产法案》规定的越冬御寒援助项目(Weatherization Assistance Program)，拨款20亿美元支持在美国境内制造先进的电池系统和组件，同时发展支撑软件；并对先进的锂离子电池、混合动力电系统、组件制造商和软件设计师提供设施资金奖励。

另外3亿美元将支持一项替代燃料汽车试点拨款项目(An Alternative Fueled Vehicles Pilot Grant Program)。法案中也保证拨款32亿美元用于"能效与节能专项"(Energy Efficiency and Conservation Block Grants)，该项是在《2007年能源独立与安全法案》中确定的，但是之前没有拨款。拨款将继续引导各州、当地政府和地区政府来支持能效与节能战略和项目，包括在政府大楼安装燃料电池、太阳能、风能和生物质发电设备计划的能源审计项目和计划。

在减税方面，法案除扩大和替代可再生能源系统的税收减免外，为大部分可再生能源发电设施提供了3年生产税抵减(PTC)延长期。风能可延长到2012年，城市废弃物、水电、生物质和地热发电均可延长到2013年。法案中提出发行清洁能源债券，包括两种形式：一种是16亿美元的可再生能源债券(CERBs)，一种是24亿美元的合格节能债券。这些债券将分配给各州和地方政府为清洁能源项目融资。④

---

① *American Recovery and Reinvestment Act of* 2009 [EB/OL].[2013-09-29]. http://www.gpo.gov/fdsys/pkg/PLAW-111publ5/content-detail.html.

② 尽管2009年7月2日美国众议院通过了《美国清洁能源与安全法案》(*American Clean Energy and Security Act of* 2009)，并在美国和国际社会产生了重大影响，但由于按照美国法制，还须经美国参议院通过和总统签署，才能正式生效。截至目前，这一法案仍然在搁置中。因此，本书不再对其论述。

③ Kevin Eber. *Clean Energy Aspects of the American Recovery and Reinvestment Act* [EB/OL].(2009-02-18).[2015-08-14]. http://www.renewableenergyworld.com/rea/news/article/2009/02/clean-energy-aspects-of-the-american-recovery-and-reinvestment-act.

④ 李桂菊，张军. 美国经济恢复与再投资法案确定洁净能源投资方向 [EB/OL].(2009-01-16).[2015-08-14]. http://www.hbttp.org.cn/show.jsp? id=1260173306500.

除了这些综合性的能源法案外，美国还设有专门性的单一能源法案。例如早期为开发地热能，美国陆续通过了《1970 年地热蒸汽法案》（*Geothermal Steam Act of* 1970）、《1974 年地热能研究、开发和示范法案》（*Geothermal Energy Research, Development and Demonstration Act of* 1974）和《1980 年地热能法案》（*Geothermal Energy Act of* 1980）。

为开发太阳能，美国陆续通过了《1974 年太阳能供热和制冷示范法案》（*Solar Heating and Cooling Demonstration Act of* 1974）、《1974 年太阳能研究、开发和示范法案》（*Solar Energy Research, Development and Demonstration Act of* 1974）、《1978 年太阳能光伏研究、开发和示范法案》（*Solar Photovoltaic Energy Research, Development and Demonstration Act of* 1978）、《1980 年太阳能和节能法案》（*Solar Energy and Energy Conservation Act of* 1980）、《1980 年太阳能和节能银行法案》（*Solar Energy and Energy Conservation Bank Act of* 1980），等等①。

值得一提的是，奥巴马政府重新回到了《气候行动计划》（*Climate Action Plan*）中减排的目标轨道中来。2014 年 6 月，美国环境保护署发布了《清洁能源计划》（*Clean Power Plan*），提出了针对现有发电厂的碳排放标准，到 2030 年将美国电力领域的碳排放量减少 30%，减少 25% 由二氧化碳排放导致的烟尘。

2014 年 11 月，在奥巴马总统访问中国期间，在北京发布了具有历史性意义的《中美气候变化联合声明》，这是世界上最大的两个碳排放国家做出的减排承诺。该声明提出，美国到 2025 年比 2005 年减排 26% ~28%，这意味着 2005—2020 年，美国由过去每年减排量的速度从 1.2% 提高到现在和未来的 2.3% ~2.8%。②

在政策措施上，2014 年 5 月和 6 月，美国政府宣布 350 家私营和公共部门已承诺安装为 13 万个家庭提供电力、共计 850MW 的光伏系统，向农村地区的可再生能源和能效项目投资 6800 万美元。2014 年 11 月，美国政府联合 120 家企业、非营利组织和学校承诺采购电动车和技术，并在工作场所安装充电站，这带来的是电力公用事业公司的采购额将超过 5000 万美元。③

2017 年 1 月，特朗普上任美国总统当天，发布了《美国优先能源计划》，将增加就业机会与开发利用能源资源结合起来，打破了对传统能源开采的限制，鼓励开采国内煤炭、油气等化石资源。2017 年 3 月，特朗普签发《能源独立》行政令，明确提出通过加大对化石能源开采力度实现美国“能源独立”，实际上取消了奥巴马政府的《清洁能源计划》和《气候行动方案》。2017 年 6 月，特朗普

---

① 罗涛．美国新能源和可再生能源立法模式［J］．中外能源，2009（7）：21.

②③ 王叶子．美国政府 2014 年能源与环境政策回顾（一）［EB/OL］．(2015-03-16)．[2015-08-21]．http：//intl. ce. cn/specials/zxgjzh/201503/16/t20150316_4835957. shtml.

宣布退出《巴黎气候协定》。

（三）美国新能源产业发展政策立法简评

从整体上来讲，美国新能源产业发展立法表现出政策的稳定性、连续性和强制性等特点。由于在内容制定上非常详细，从而政策工具在实施上具有很强的操作性和应用性。例如，单就补贴一项，就分为直接补贴、税收补贴、研发补贴、特殊优惠和贷款担保等多种形式。这表明美国在制定能源政策时，充分考虑了产业发展的特点和市场调控的作用，是非常严谨、认真、细致的，也是卓有成效的。美国国会预算办公室（CBO）的一项报告显示，在补贴机制刺激下，2000—2010 年美国可再生能源发电量年均增长速度超过了发电总产量增长速度，尤其是风电保持了 31.8% 的年均增长率。①

但总体来讲，美国新能源产业发展战略不是稳定不变的。换句话说，美国新能源产业发展遭受了巨大的发展阻力。由于传统能源价格的不确定性、政党之争掩饰下的利益集团冲突和社会公众的认同程度变迁，美国能源政策改革具有典型的渐进主义特征。② 例如，20 世纪 80 年代后期国际油价大幅回落，里根政府上台后就大幅度削减各类可再生能源研发开支，新能源发展目标大大缩水。克林顿政府起初严格履行《1992 年能源安全法案》的要求，后来在面临联邦预算和共和党国会双重压力下，实际上放弃了能源政策革新的目标。

奥巴马上任后，尽管没有出台单独的能源法案，但美国能源战略发生了实质性的变化，那就是极力发展新能源。新能源在奥巴马能源政策中被给予了前所未有的重视，在实践中的回报就是 2008 年以来美国可再生能源发电量几乎增加了 1 倍，太阳能发电量提高了 10 倍。尽管如此，新能源发展在奥巴马时期也不是一帆风顺的，也遭遇了不少阻力。美国民主党和共和党围绕气候变化、节能减排喋喋不休的争吵，影响到美国新能源发展战略的实施。2009 年美国众议院通过的《美国清洁能源与安全法案》在参议院遭拒，即是一个很好的说明。在 2013 年 10 月 1 日美国联邦政府的“关门”事件中，能源部等部门有超过 50% 的雇员被迫休假，这给新能源政策的具体实施带来挑战。

特朗普上任后，抛弃了奥巴马的新能源政策，削减了负责支持新能源技术开发和项目管理的政府部门和环境保护署的预算，取消了部分新能源补贴，对美国新能源产业发展将产生复杂的影响。从短期来看，由于缺少必要的利润保障，可

---

① 王叶子．美国政府 2014 年能源与环境政策回顾（一）［EB/OL］．(2015 - 03 - 16)．[2015 - 08 - 21]．http：//intl. ce. cn/specials/zxgjzh/201503/16/t20150316_4835957. shtml.

② 叶玉．渐进主义与美国能源政策发展［J］．国际展望，2010（2）：27 - 41.

能造成美国新能源产业发展速度变慢；从长期来看，将进一步刺激美国新能源企业苦练内功，强化创新，提高自我造血能力和市场生存能力，增强其全球竞争力。

二、欧盟新能源产业发展政策

（一）欧盟新能源产业发展概况

欧盟在世界新能源产业发展中处于领先地位。截至目前，欧盟仍然是世界核能发电比例最高的地区之一，是风电（尤其是海上风电）和光伏发电的“领头羊”，是世界可再生能源发展实力最强和成效最好的地区之一。在应对气候变化方面，欧盟是发起者、倡导者、推动者和践行者。

根据欧盟 2018 年 8 月发布的统计数据，2016 年 EU-28 一次能源生产总量为 755.389Mtoe，比 2005 年下降了 16.46%。其中，核能为 216.702Mtoe，比 2005 年下降了 15.85%，再一次能源生产的份额为 28.69%；可再生能源生产总量为 210.708Mtoe，比 2005 年增加了 75.20%，再一次能源生产的份额达到 27.89%。按照本书的新能源范畴，扣除水电之外，EU-28 在世界新能源生产份额中仍然是最高的地区和国家之一。

从电力消费来看，2016 年 EU-28 可再生能源（含水电）提供了 29.6% 的电力消费份额。在可再生能源电力结构中，非水电可再生能源份额达到 63.1%。从国别来看，有 5 个国家可再生能源电力消费份额超过了 50%，分别是奥地利（72.6%）、瑞典（64.9%）、葡萄牙（54.1%）、丹麦（53.74%）和拉脱维亚（51.3%）。2003—2013 年，EU-28 生物质能发电和风力发电分别增加了 3 倍多和 5 倍多，而太阳能发电由 2003 年的 0.4TWh 增长到 2013 年的 85.3TWh，呈现了一种爆炸式增长的景象。①

（二）欧盟新能源产业发展政策演变分析

在资源禀赋上，欧盟除了英国、德国等拥有较为丰富的煤炭储量和油气资源外，大部分国家缺乏化石燃料，这就需要通过进口燃料来满足欧盟内部的能源需要。2015 年 5 月发布的欧盟统计年鉴显示，2013 年 EU－28 化石燃料仍然占据

---

① 资料来源：*Eurostat yearbook*，*May* 2015. *Renewable energy statistics.* [EB/OL]. [2015－8－22]. http：//ec.europa.eu/eurostat/statistics-explained/index.php/Renewable_energy_statistics#Consumption.

70%以上的国内消费份额。其中，净进口燃料高达909Mtoe，净进口依存度[①]相对于2011年有所下降，但仍高达53.2%，比2003年提高了4.4个百分点，比1995年的44.1%提高了9.1个百分点。其中，固体燃料、原油和天然气净进口依存度分别为44.2%、88.4%和85.3%。2016年，欧盟能源自给率仅为46%，54%的能源需求从外部进口。

因此，能源供应安全问题不仅过去是，现在仍然是欧盟经济社会发展面临的严峻挑战。能源资源的"瓶颈"和困境，迫使欧盟较早地采取政策和措施以开辟新的能源渠道，向新能源和可再生能源进军。

从1985年开始，欧盟就一直鼓励新能源尤其是生物燃料的发展。[②] 欧盟委员会在85/536/EEC指令中，明确要求各成员国通过使用替代燃料组件（分子包含5个或更多的碳原子的有机含氧化合物），以降低对原油进口的依赖。具体内容是按容积比例计算，在汽油中加入3%的甲醇、5%的乙醇和其他替代燃料。[③] 在之后的近30年里，欧盟采取各种政策措施来推动新能源发展。

1997年11月，欧盟在1996年11月绿皮书的基础上，经过多次征集意见和公开讨论并制定发布了《未来能源：可再生能源共同体战略和行动计划白皮书》（*Energy for the Future: Renewable Sources of Energy, a White Paper for a Community Strategy and Action Plan*）[④]。该书认为发展可再生能源可以减少能源进口依赖、提高供应安全，增加岗位就业，减少温室效应；如果不采取措施鼓励其发展，欧盟能源净进口依存度预期从目前的50%增加到2010年的70%。该书提出了欧盟可再生能源发展的目标，要求到2010年可再生能源比重达到12%，比1997年提高1倍；可再生能源电力比重达到23.5%。其中，风电、光伏发电和地热发电装机分别达到40GW、3GW和1GW；生物质能作为可再生能源主要的增加来源，产量将达到135Mtoe。

在此基础上，各成员国分别确立到2005年和2010年各自的目标和战略。为实现上述目标，可再生能源行动计划总投资达1650亿欧元（ECU），这将避免（1997—2010年）210亿欧元的总燃料成本，相对于1994年减少17.4%的能源进

---

① 这一指标等于净进口量除以国内总消费量。

② European Commission. *Communication from the Commission to the European Parliament, the Council, the Economic and Social Committee and the Committee of the Regions on Alternative Fuels for Road Transportation and on a Set of Measures to Promote the Use of Biofuels* [M]. Brussels, 2001.

③ *Council Directive 85/536/EEC of 5 December 1985 on crude-oil savings through the use of substitute fuel components in petrol* [EB/OL]. [2014-3-19]. http://eur-lex.europa.eu/LexUriServ/LexUriServ.do?uri=CELEX:31985L0536:EN:HTML.

④ European Commission. *Communication from the Commission Energy for the Future: Renewable Sources of Energy White Paper for a Community Strategy* [N]. Brussels, 1997-11-26.

口和4.02亿吨 CO_2 排放。为此，将实施建立公平的新能源进入电力市场制度、重组共同体能源产品税收框架、为新设生产厂启动补贴、开发或协调有关“金色”或“绿色”基金、增加液体生物燃料市场份额等具体的内部市场措施，在未来不断强化共同体政策，加强各成员国之间的合作，等等。

2000年发布的《欧洲能源供应安全战略绿皮书》①，重申了1997年白皮书规定的目标，强调了核电在增加能源供应安全方面的重要作用（供应欧盟当时35%的电力），澄清了对核电发展问题存在的一些质疑，强化了推动可再生能源大力发展的认识，要求对其电力生产给予优先权等。这表现了欧盟在新能源和可再生能源政策制定的连续性、稳定性和一贯性。

2001年9月，欧盟出台了在内部市场增进可再生能源电力生产的指令（又称《可再生能源指令》）（Directive 2001/77/EC）②。该指令强调各成员国确保绿色证书、投资援助、免税、退税或削减和直接的价格支持等支持可再生能源电力生产机制的正常运转，以维护投资者信心。在内容上，调整2010年欧盟可再生能源电力生产目标为21%，对各成员国在可再生能源电力发展指标、支持机制、来源保证、行政程序、网络系统等方面做出了明确的指示性要求和原则性规定。其中，进一步要求各成员国在制定目标时，应按照《联合国气候变化框架公约》和《京都议定书》的要求，符合欧盟和各成员国关于国际气候变化的承诺。

2003年5月，欧盟出台了增进生物燃料和其他可再生燃料在交通中使用的指令（又称《生物燃料指令》）（Directive 2003/30/EC）③。这一指令在 Article 3 中对成员国使用生物燃料和其他可再生燃料明确提出了最低份额要求，即各成员国生物燃料和其他可再生燃料占其国内交通燃料市场的份额，到2005年年底不低于2%，到2010年年底不低于5.75%④。

从执行情况来看，这一生物燃料指令并不理想，只有少数成员国，即丹麦、德国、匈牙利、爱尔兰、立陶宛、波兰和葡萄牙预计达到2010年可再生能源电

① *Green Paper – Towards a European strategy for the security of energy supply* [EB/OL]. [2014 – 3 – 19]. http://eur-lex.europa.eu/smartapi/cgi/sga_doc? smartapi! celexplus! prod! DocNumber&lg = en&type_doc = COMfinal&an_doc = 2000&nu_doc = 769.

② *Directive* 2001/77/*EC of the European Parliament and of the Council of* 27 *September* 2001 *on the promotion of electricity produced from renewable energy sources in the internal electricity market* [EB/OL]. [2014 – 3 – 19]. http://eur-lex.europa.eu/LexUriServ/LexUriServ.do? uri = CELEX: 32001L0077: EN: NOT.

③ *Directive* 2003/30/*EC OF The European Parliament and of the Council of* 8 *May* 2003 *on the promotion of the use of biofuels or other renewable fuels for transport* [EB/OL]. [2014 – 3 – 19]. http://ec.europa.eu/energy/res/legislation/doc/biofuels/en_final.

④ 罗涛．德国新能源和可再生能源立法模式及其对我国的启示［J］．中外能源，2010（15）：35 – 36.

力目标；奥地利、芬兰、德国、马耳他、荷兰、波兰、罗马尼亚、西班牙和瑞典有希望实现可再生能源在交通运输部门的消费目标。[①] 这迫切需要并采取一个覆盖可再生能源消费领域的综合性政策来改变这种局面。同时，欧盟开始酝酿下一个 10 年的发展计划。

2007 年，EU－27 峰会通过了欧洲可再生能源工业到 2020 年可再生能源占最终能源消费 20% 的目标。2008 年 1 月，欧盟委员会提出了 3 个 20% 的发展目标，即到 2020 年温室气体排放量比 1990 年减少 20%，能源效率提高 20%，可再生能源占全部能源消费的 20%。[②] 这就为后来 2008 年 11 月欧洲可再生能源委员会（EREC）发布的欧洲可再生能源技术路线图、2010 年 3 月欧盟委员会公布指引欧盟发展的“欧洲 2020 战略”奠定了 21 世纪第二个 10 年关于可再生能源发展总量的基调。

欧洲可再生能源技术路线图预计，到 2020 年可再生能源装机容量将达到 521.5GW，占总发电量的 33%～40%，如果欧盟提出的能效行动目标得以实现，这一比例将超过 40%；可再生能源供热份额将达到 22.9%～25.7%；生物燃料将占到能源需求的 10%。

2009 年 4 月，欧盟委员会发布了《可再生能源指令》（Directive 2009/28/EC）[③]。这一指令起到承上启下的作用，即是对 2001/77/EC、2003/30/EC 指令的修改乃至撤销，也是为实现未来 3 个 20% 目标而专门制定的强制性政策。从内容上看，该指令篇幅较长，共 29 条，确立了各成员国可再生能源强制性的 20% 的最终能源消费总量份额、10% 的交通运输份额和行动计划；制定成员国之间数量转让、与第三国合作项目、来源担保、行政程序、信息和培训、可再生能源电力入网等相关规则；建立液体、气体生物燃料可持续性标准、相关温室气体减排计算体系和网上公开透明平台。

欧盟统计局数据显示，2010 年 EU－27 可再生能源消费比重上升至 12.4%。其中，可再生能源消费比重最高的成员国是瑞典，达到了 47.9%，拉脱维亚、

---

① European Commission. *Communication from the Commission to the European Parliament and the Council Renewable Energy*: *Progressing towards the* 2020 *target* [EB/OL]. [2014－3－19]. http://eur-lex.europa.eu/LexUriServ/LexUriServ.do? uri＝COM: 2011: 0031: FIN: EN: PDF.

② Commission of the European Communities. *Communication from the Commission to the European Parliament*, *the Council*, *the European Economic and Social Committee and the Committee of the Regions*: 2020 by 2020: Europe's climate change opportunity COM (2008) 30 final, Brussels, 2008.

③ *Directive* 2009/28/*EC of the European Parliament and of the Council of* 23 *April* 2009 *on the promotion of the use of energy from renewable sources and amending and subsequently repealing Directives* 2001/77/*EC and* 2003/30/*EC* [EB/OL]. [2014－3－19]. http://eur-lex.europa.eu/LexUriServ/LexUriServ.do? uri＝CELEX: 32009L0028: en: NOT.

芬兰、奥地利和葡萄牙分别以32.6%、32.2%、30.1%和24.6%列居第2～第5位。从整体来看，欧盟关于2010年的可再生能源总量目标已经实现。这说明欧盟制定的政策是比较有效的，尽管这一政策由于成员国实际情况的不同，进行了多次调整。但从成员国来看，则存在担忧。2010年，有15个成员国没有达到可再生能源电力指标；有22个成员国没有实现交通部门5.75%的生物燃料消费指标。这需要很多成员国采取进一步的措施确保未来目标的实现。①

2011年12月，欧盟委员会正式发布了2050能源路线图，确立了2050年欧盟的碳排放量比1990年减少80%～95%的目标②。这一目标最早在2009年10月由欧洲理事会提出。这意味着欧盟比较着重在全球气候变化框架下，大力倡导节能减排，发展新能源，这是区别于美国新能源发展政策立足点的一个重要方面。

2050能源路线图认为，在2050年建立一个安全的、有竞争力的、去碳化的能源系统是可能的。为此，描绘了7种不同的情景。无论处于哪一种情景，可再生能源都将处于核心地位，其占最终能源消费比重将由目前的10%，提升至2050年的55%。在高能效情境下，2050年可再生能源电力消费比重达到64%；若处在高可再生能源场景下，这一比重将达到97%。同时，由于节能效率的提高，2030年、2050年欧盟的能源消费将比2005年、2006年的峰值分别降低16%～20%、32%～41%。

该路线图认为，核能有助于降低系统成本和电力价格，仍然是一个主要的低碳电力来源。在碳捕获和存储（CCS）延迟和多样化的供应技术场景（显示最低的能源总成本）下，到2050年欧盟核能仍将占一次能源需求的15%～18%。CCS在能源系统转变过程中发挥重要的作用。在核电生产受限的大多数情景下，CCS将有效减少32%的碳排放；在提高了可再生能源的其他情景下，也能减排19%～24%。

2012年6月，欧盟发布了关于《可再生能源：欧洲能源市场的主要参与者》的通报。③ 该通报一方面预测了可再生能源发展的美好前景，如强劲的可再生能

---

① *Council Directive* 85/536/*EEC of* 5 *December* 1985 *on crude-oil savings through the use of substitute fuel components in petrol* [EB/OL]. [2014－3－19]. http：//eur-lex. europa. eu/LexUriServ/LexUriServ. do? uri＝CELEX：31985L0536：EN：HTML.

② European Commission. *Communication from the Commission to the European Parliament*, *the Council*, *the European Economic and Social Committee and the Committee of the Regions Energy Roadmap* 2050 [EB/OL]. [2014－3－19]. http：//eur-lex. europa. eu/LexUriServ/LexUriServ. do? uri＝COM：2011：0885：FIN：EN：PDF.

③ European Commission. *Communication from the Commission to the European Parliament*, *the Council*, *the European Economic and Social Committee and the Committee of the Regions Renewable Energy*：*a major player in the European energy market* [EB/OL]. [2014－3－19]. http：//eur-lex. europa. eu/LexUriServ/LexUriServ. do? uri＝COM：2012：0271：FIN：EN：PDF.

源增长到2030年将产生超过300万个工作岗位，另一方面强调可再生能源发展依赖于私人部门投资，而后者又取决于可再生能源政策的稳定性。因此，明确长期的政策非常重要。

2013年12月，由欧盟委员会能源、交通和气候变化行动3个总司联合发布了题为《2050年欧盟能源、交通及温室气体排放趋势：2013年参考情景》。这一报告指出，为确保到2050年全球气温上升不超过2℃，欧盟需在1990年排放量的基础上减少80%～95%。为确保到2050年实现低碳经济，需要到2030年、2050年分别减排40%、80%。如果以2013年参考情景为基准线，那么需要到2030年、2050年分别减排32%、44%。

报告指出，清洁能源在欧盟的发展将是一场根本的变革。预计到2050年，天然气、风能、核能将各自占欧洲能源供应总量的25%，尽管欧洲经济总量将在2010年基础上增长78%，但能源消费将降低8%，而能源整体价格将呈上升趋势。[①] 2014年1月，欧盟发布《2030年气候与能源政策框架》的提案；2014年10月，欧盟理事会通过了这一提案，确立了2030年温室气体减排和可再生能源的量化目标（见表4-5）。

表4-5　欧盟2020年、2030年和2050年的发展目标

年份	目标		
	温室气体减排（比1990年）	可再生能源	能源效率
2020	减少20%	占能源消费的20%	提高20%
2030	减少40%	至少占能源消费的27% *	至少节能27%（较基准情形）
2050	减少85%～90%	未明确	未明确

注：* 表示2018年6月，欧盟将这一目标提高至32%以上。

需要明确的是，欧盟重视新能源的发展，也给予了长期的政策扶持，[②] 但这不等于一些具体的政策工具不会调整，例如财政补贴。随着新能源技术进步和投资成本下降，先是在德国、英国、西班牙、罗马尼亚、波兰、捷克等成

① 欧盟.2050年欧盟能源、交通及温室气体排放趋势［J］.王勤花，译.科学研究动态监测快报·气候变化科学专辑，2014（2）：4-5. 详见：European Commission. EU energy，transport and GHG emissions Trends To 2050 Reference scenario 2013［EB/OL］.［2015-8-21］. http：//ec. europa. eu/clima/policies/2030/models/eu_trends_2050_en.

② 早在2001年，欧盟就通过立法，推广可再生能源发电。

员国，[①] 后在欧盟范围内削减新能源补贴。

2014 年 4 月，欧盟委员会发布新规，决定逐步取消对太阳能、风能、生物质能等可再生能源产业的财政补贴；自 2017 年起，所有的欧盟成员国都将被强制限制可再生能源产业补贴。其目的在于，通过让市场配置资源占据主导地位，以降低居高不下的电价，提升可再生能源产业竞争力。尽管削减了补贴，2014 年德国风电、光伏的政府补贴支出仍高达 300 亿欧元左右，[②] 英国陆上风电场获得的财政补贴超过了 8 亿英镑。

（三） 欧盟主要成员国新能源产业发展的典型政策

1. 法国新能源产业发展的典型政策

法国在新能源产业发展上最显著的特点，当属核电。法国是世界上发展核电最坚定、核电依赖程度最高、运行最为安全的国家。核电在该国发电总量的比重曾经高达 85% 以上，并且未发生过一次重大核事故。[③] 这得益于法国发展核电的基本方针和长期坚持，对核电技术的重视，以及核运行安全的有效监管。早在 1954 年，就开始在 Marcoule 建设国内首批 3 座石墨气冷堆，并逐步形成了自己的一套成熟技术。从 1970 年开始从美国西屋公司购买并学习压水堆技术。中东石油危机之后，法国政府逐步调整能源战略，确立发展核电的主导地位。在引进美国核电技术基础上消化、吸收，并创新，经过几十年的发展，开发了新一代安全性能和经济性能更先进的 EPR 压水堆（与德国合作）。由于在生产上具有批量化和标准化特点，从而节省了设计建造时间和管理成本，赋予了法国核电更多的经济性。

2005 年 7 月 13 日，法国颁布的《确定能源政策定位的能源政策法》进一步

---

① 需要说明的是，德国是最早将上网电价补贴制度应用于可再生能源发展的国家，也有可能成为首个取消该制度的国家。德国上网电价补贴制度的确立，可追溯到 1991 年《上网电价补贴法令》（The Feed-in Act）。上网电价补贴的好处是保障了可再生能源投资收益和市场预期，有利于增加能源自给，减少能源进口和碳排放；弊端是由此带来的上网电价较高，消费者承担的电费大幅度攀升。2000 年 4 月，德国制定了《可再生能源法》（2004 年、2009 年分别进行了修订），明确了可再生能源补贴每年递减的政策。2010 年 4 月，德国调降住宅等建筑用太阳能电价 15%；7 月，调降大型太阳能电站太阳能电价 25%；同年，为加强德国光伏产业竞争力，又划拨 1 亿欧元财政资金，用于未来 3～4 年太阳能产业研发。2011 年，德国再一次大幅削减太阳能光电补助费率。2012 年 5 月，德国光伏电站项目的补贴每月下调 1%。德国削减可再生能源的做法，得到了英国、西班牙等欧盟国家的效仿。2014 年 6 月底，英国能源与气候变化部决定，自 2016 年 4 月 1 日起提前取消陆上风电补贴；7 月 22 日，该部表示将进一步削减可再生能源项目补贴。

② 刘栋．欧盟可再生能源发展前景打折扣［N］．人民日报，2014－12－01．也有分析认为，2014 年，德国对于可再生能源的补贴总额约为 250 亿欧元，其中 40% 用于光伏，参见：德国或成首个取消新能源电价补贴的国家（2）［EB/OL］．［2015－8－22］．http：//guangfu. bjx. com. cn/news/20150211/590074－2. shtml.

③ 张宪昌，王来军．后福岛时代的核电新进展［N］．学习时报，2013－09－30.

确立了核电在能源供应中的重要地位，表明法国发展核能的一贯立场。2011年日本福岛核事故的发生对法国核安全提出了更多的要求。出于安全的考虑，2012年10月法国总统奥朗德宣布到2025年，核能发电占法国发电总量的比例将从当前的75%降至50%。其中的差额将由逐步增加的可再生能源补充。在贯彻欧盟可再生能源政策的前提下，2009年8月颁布的《格纳勒格法案一》（Grenelle 1）规定了环境变化和可再生能源发展目标，即到2050年将温室气体排放量降低到当时的1/4，到2020年实现23%的可再生能源利用比例。[①] 2014年，法国国内核电的生产份额仍然高达76.9%。由于可再生能源的迅速发展，2017年这一份额有所下降，降至71.6%，但在电力生产结构中仍然占据主导地位。[②]

2. 德国新能源产业发展的典型政策

德国在新能源产业发展上最显著的特点，是伴随“弃核”的能源转型，飞跃式发展可再生能源。日本福岛核事故发生后，德国总理默克尔决定在2022年前关闭境内全部17座核电站，并成功推动议院，使德国成为首个立法退出核电的工业大国。放弃核电带来的电力缺口，将由可再生能源进行填补。因此，当时德国政府推出了一项大力发展风能、太阳能和生物能以及改造新型智能电网的“能源转型计划”，预计在2022年之前将可再生能源的比重翻倍达到35%左右；到2030年，可再生能源在德国电力供应中的份额要达到50%，2040年达到65%，2050年则要达到80%。

德国在风电、光伏发电和生物燃料发展方面具有雄厚的产业基础。以风电为例，德国在2001—2007年保持风电装机容量世界第一，2008年、2009年才分别被美国和中国超越，到2010年底累计超过25GW。相关的产业发展政策也比较成熟。在并网定价和发电目标方面，1991年1月1日生效的《电力输送法》（StrEG），引入美国首创的固定电价制（Feed-in Tariffs，FITs），并成为此后20多年德国主要的新能源定价政策。该法案规定，电网运营商不仅有义务接纳新能源和可再生能源电力并网，而且按照固定电价收购这一电力。可再生能源上网价格与常规发电技术的成本差价由当地电网承担。为了形成更精确的定价机制，2000年颁布了《可再生能源优先法》（EEG），并分别于2003年、2008年、2011年、2014年和2016年进行了修订。2008年修订的《可再生能源优先法》规定了德国到2020年的可再生能源电力发展目标，在总电力供应的份额至少达到30%。[③] 这一目标已经在2015年实现。需要说明的是《可再生能源法案》的实施，推动

---

① 罗国强，叶泉，郑宇．法国新能源法律与政策及其对中国的启示［J］．天府新论，2011（2）：66.

② 资料来源：国际原子能机构（IAEA）。

③ 杜群，廖建凯．德国与英国可再生能源法之比较及对我国的启示［J］．法学评论，2011（6）：76－77.

了德国固定上网电价政策向市场定价政策的转向，为新能源上网电价市场化奠定了法律基础。

为了弥补到2022年结束核电产业所产生的电力缺口，德国2011年7月通过的《可再生能源法》的修改，提高了可再生能源发展的未来目标，要求到2020年、2030年、2040年和2050年的可再生能源发电份额分别达到35%、50%、65%和80%。为了减少电网运营商的征税损失，该法案提高了可再生能源的征税标准，2012年增至3.592欧分/kWh。在税收激励方面，一是通过采取提高石油、天然气等传统能源的生态税、免征生物燃料生态税的办法，改变二者的相对价格，从反向激励生物燃料的发展；二是对生物燃料进行补贴，从正面鼓励生物燃料技术进步。并随着技术的进步，逐步削减补贴，实行比例配额制（2007年1月1日《生物燃料配额法》正式生效）。2013年5月，德国实施了首年度为2500万欧元的光伏用储能电池系统公共资助补贴计划，这在全球还属于第一次。

2014年德国修订的EEG，严格控制可再生能源发电补贴，极大地推动了光伏发电价格市场化。2016年修订、2017年起实施的EEG，全面引入了EEG2014提出的可再生能源发电招标制度，意味着实施了26年的FITs政府定价机制正式结束，进入了可再生能源发电市场化的崭新阶段。2017年，德国可再生能源发电量达到218.3TWh，约占全国总发电量的33.3%，比2005年提高了23.1个百分点，而核电下降至11.7%。①

3. 英国新能源产业发展的典型政策

英国可能是最早实行配额制的国家。配额制（RPS），简单来说，就是要求电力公司在收购的电力中含有一定比例的可再生能源发电。1989年7月，英国颁布《电力法》，规定了一个类似RPS的非化石能源电力义务。1990年实施的《非化石燃料义务》（Non Fuel Obligation，NFO），也含有类似的要求，建立了投标和补贴制度。这一机制通过投标，促使电力供应商之间展开竞争，从而降低上网价格。以风电为例，1990—1997年，英国风电上网电价从10.0便士/kW·h降低到3.8~4.95便士/kW·h，② 年均下降10.57%~14.81%。

1999年7月，在非化石燃料义务基础上，制定并通过了《可再生能源义务法令》（*Renewables Obligation Order*），2002年4月正式生效。这一法令确立了可再生能源电力义务制度，其实质是对可再生能源的开发利用实行配额制，例如规定2003年可再生能源电力比例达到3%，2010—2011年达到11.1%，2013—

① 资料来源：德国联邦统计局网站（英文版）。

② 国家电力监管委员会办公厅．英国可再生能源有关法律政策［J］．农村电气化2008（2）：57.

2014 年达到 20.6%。这一制度的主要内容还包括，建立可交易绿色证书机制、惩罚制度和工商企业用电征收大气影响税制度，对于完不成任务的供电商将要缴纳最高达其营业额 10% 的罚款。在这一配额制度影响下，尽管英国实际可再生能源发电份额目标并没有如愿以偿，但也出现了大的增长，由 2002 年的 1.8% 增加到 2010 年的 7%。

英国还是最早提出低碳经济的国家，设定了在 1990 年基础上 2020 年减排 34%、2050 年减排 80% 的目标，也是日本福岛核事故出现后坚持发展核电的国家。2011 年 7 月，英国能源与气候变化部发布了“英国可再生能源发展路线图”，确定到 2020 年可再生能源装机容量达到 29GW，满足 15% 的能源需求，同时逐步降低可再生能源成本，提高其市场份额。

2012 年 5 月，英国围绕“电力市场改革”，公布了被称为“20 年来最大变革”的能源改革法案（草案），提出投资 1100 亿英镑扶植包括核电、可再生能源和普及碳捕获与存储技术（CCS）在内的低碳电力，并引入“差价合约”（CfDs）和“碳底价保证机制”以调动低碳电力供应商的生产积极性，增强政府干预电力市场的权力。从 2014 年起实施差价合约政策，并逐步替代 2002 年以来实施的可再生能源义务政策。2017 年 4 月，完全停止了可再生能源义务政策的实施。

2014 年，英国能源净进口依存度为 46.2%，同比下降 0.9 个百分点，[①] 主要源于天气转暖与能源效率提高。2014 年，英国可再生能源发电量有史以来首次超过核电，达到 64.4TWh，发电份额达到 19.2%，高于核电 0.2 个百分点，低于煤电（29%）和天然气发电（30.2%）。在可再生能源电力结构中，2014 年排在第一位的仍然是生物质能，占到可再生能源总发电量的 36%，其次是陆上风电（28%）、海上风电（21%）、水电（9%）等。2017 年英国可再生能源发电量为 99.33TWh，在国内的发电份额达到创纪录的 29.3%。[②]

（四）欧盟新能源产业发展政策简评

从整体上讲，欧盟新能源产业发展政策是比较成功的。其原因在于：首先，确立了明确的新能源产业发展框架。这一框架把全球气候变化和节能减排作为理论基础，把满足能源供应安全作为现实依据，提出了非常明确的发展战略规划和目标，并能够围绕战略目标的实现，实施有效的政策工具。

---

① Department of Energy & Climate Change. DUKES 2015 Chapter 1：Energy [EB/OL]. [2015 - 8 - 22]. https：//www.gov.uk/government/uploads/system/uploads/attachment_data/file/447628/DUKES_2015_Chapter_1.pdf，p17.

② 资料来源：英国统计局。

与美国不同，这一框架坚持把新能源作为替代能源长期发展，发展的方向和基本面只是在内部进行调整，[①] 在外部没有显著变化。这就确保了人们投资新能源的市场收益，建立了连续不断的市场预期和信心，增加了新能源市场份额，不断提升新能源产业国际竞争力，由此造就了欧盟新能源在世界格局的领先地位。

其次，实施了多样、灵活、动态、适宜的新能源产业发展政策工具。例如，固定电价制和配额制是发展新能源的两种办法，二者皆有利弊，存在明显的区别。欧盟虽然整体倾向于采用市场化的配额制，但也允许固定电价制在德国、西班牙等国家存在。实际上，在实践中二者并不是一个完全替代关系，也可以进行互补。

在发展目标的制定上，根据整体状况和各成员国实际情况，尽可能制定可以实现的未来目标。在实施过程中，各国也可以按照自己的情况适度加快发展。在激励措施上，形式多样，既有正向的直接有利于新能源发展的技术研发扶持、税收补贴或减免，又有反向的抑制传统能源发展的直接限制、征收传统燃料税、大气税，等等。在财政补贴上，既确立了补贴的进入制度，又实施了补贴的退出制度。这种退出制度既在立法上明确规定、设定底线，又在实践中赋予了执行的灵活性（区段选择和例外情况），可以根据实际发展情况，进行区段调整。

再次，在配套措施上，欧盟非常重视立法作用、市场规范和民众参与。在重视立法上，欧盟和美国存在一致点，就是用具体的法律条文来明确、规范和约束政府的权力，相应的新能源发展政策具体目标、措施和执行期限均在法律上明确标示。其积极意义在于通过法治，保证公权力和私权利之间及内部运行的平衡，重视民众的意识和参与，确保政策制定的连续性、稳定性和衔接性。

与美国不同的是，欧盟在发展新能源方面具有政治上的统一性，相对较少受到政党之争的消极影响。在市场规范方面，在欧盟成员国和欧盟范围内不断推行的能源市场化改革为新能源产业创造了可持续发展的市场环境。在民众参与方面，积极发挥了非政府组织、民间团体的力量和作用，社会宣传力度较大，民众参与程度较大，新能源概念知识和节能减排、低碳环保、绿色城市意识深入人心。

三、日本新能源产业发展政策

（一）日本新能源产业发展概况

日本是较早重视并开发新能源产业技术的国家之一，也是新能源产业发展相

---

① 例如，德国的“弃核”，没有改变德国发展新能源的立场和决心，大大刺激了德国可再生能源的繁荣。

对成功的国家之一。自20世纪50年代以来，日本就注重发展核电技术。2011年3月福岛核事故发生之前，日本共有55台现役核电机组［含文殊（Monju）原型快堆］，总净装机容量达47.3GWe，位居世界第三，仅次于美国和法国。根据世界核协会和国际原子能机构提供的相关数据，2010年日本核电发电量达到280.3TWh，国内份额为29.2%，约占全球的10.65%。受2011年3月福岛核事故影响，日本核电发电量连续两年负增长，2012年为17.07TWh，仅占国内发电份额的2.07%，2014年下降为零。2017年日本核电发电量有所恢复，仅为29.285TWh，占国内发电份额的3.6%。①

在可再生能源产业发展方面，光伏产业曾经一度辉煌。2000—2006年，日本光伏发电累计装机容量连续多年位居世界首位，直到2007年才被德国超过。日本经济产业省的数据显示，2008年日本的光伏电池产量仍然高于德国，仅低于中国，位居世界第二。EPIA发布的《全球光伏发电市场展望2013—2017》（*Global Market Outlook for Photovoltaic* 2013—2017）显示，2012年日本新增光伏装机容量达2GW，占全球新增装机容量的6.3%；累计容积容量达6.914GW，占全球累计装机容量的7%左右，位居全球第5位。根据日本经济产业省自然资源与能源局发布的数据，2016年年底日本累计光伏装机量突破42GW，超过德国，仅次于中国，位居世界第2位。

日本风力发电协会2013年1月公布的数据显示，2012年日本新增风电装机容量预计为92MW，同比增长8%；累计装机容量约为2.649GW。日本新能源的一大特色是地热利用。日本地热资源丰富，早在1966年就建立了日本第一座商业化运作的（松川）地热发电站，形成了较为成熟的地热发电技术，并积极进行出口。但地热发电比较微弱，2010年仅占总电力的0.2%。②

从日本国内电力构成来看，新能源整体比重依然比较低。2009年核电份额为29%，不含水电的可再生能源发电仅为1%，水电为7%，天然气、煤炭和石油分别为29%、25%和7%。③ 福岛核事故发生后，大部分核反应堆停运检修，由此产生的电力缺口暂时主要依靠火力发电。福岛核事故的发生，对日本的能源多元化供应政策产生了重要影响。这主要表现为，迫使日本政府宣布“去核化”的政策，从而打乱了先前大力发展核电的能源计划，日本政府不得不采取有效措施，加快可再生能源的开发利用进程。2013年，在日本电力结构中，核电不足1%，非水电可再生能源发电份额达到4.7%，化石燃料发电高达88%。2016年，

① 资料来源：国际原子能机构（IAEA）。

② 陆昊．地热或将取代核能得宠日本［N］．中国石化报，2011-04-29.

③ METI Agency for Natural Research and Energy. *Feed-in Tariff Scheme in Japan* ［EB/OL］.［2014-3-19］. http://www.meti.go.jp/english/policy/energy_environment/renewable/pdf/summary201207.pdf.

日本非水电可再生能源发电份额达到7.8%，核电份额提高到1.7%，二者合计达到日本国内发电总量的9.5%。[①]

（二）日本新能源产业发展政策演变分析

1. 日本核电产业发展政策演变分析

由于日本本国能源资源极度匮乏，能源自给率仅为4%左右[②]，日本政府极度重视一切可以开发利用的本国资源，以满足国内庞大的能源需求。日本确立了优先发展核电的国家战略。1955年，日本就颁布了《原子能基本法》。1956年，成立由5人组成的日本原子能委员会，负责推进核能开发相关政策。同年，日本制订《原子能研究、开发及利用长期计划》，确立了日本国家原子能利用的基本方针。这一计划几乎每5年修改一次，2005年更名为《原子能政策大纲》。1966年，日本的第一座核电站——东海核电站正式运营。

中东石油危机发生之后，日本更加重视核电的作用。1974年，日本国会通过"电源三法"，即《电源开发促进税法》《电源开发促进对策特别会计法》《发电用设施周边地域整备法》，规定政府可以对建设核电的地方公共团体给予高于火电和水电2倍的补助金，[③] 加快了核电站的建设步伐。

1975年，日本核电机组由1972年的5台发展到10台，装机容量由1.823GW扩大到5.30GW。这一发展势头即使在美国三里岛核事故发生之后也没有减弱。尽管日本国内一些地方不符合核电站选址条件，比如地震、海啸等自然灾害频发，在建造的过程中遭到了反核运动人士的抵触，到20世纪90年代末，日本还是陆续建成了51座核电站。

2006年7月，日本经济产业省编制的《新国家能源战略》提出核能立国计划，要求以确保安全为前提，继续推进供应稳定、基本不产生温室气体的核电建设，2030年，核电比例从目前的29%提高到30%~40%，争取更高。在政策措施上，把核电作为未来基础电源，在电力消费需求增长低迷情况下，建设新核电站替代退役核电站，维持核电比例稳中有升。积极推进核燃料循环利用，促进快中子增殖反应堆恢复运作，培育核能人才，推进核能技术开发。[④]

2006年8月，日本经济产业省资源能源厅出台《原子能立国计划》，强调核

---

① 资料来源：*Japan's energy* 2017. [EB/OL]. http：//www.enecho.meti.go.jp/en/category/brochures/pdf/japan_energy_2017.pdf.

② 单宝. 日本推进新能源开发利用的举措及启示 [J]. 科学·经济·社会，2008（2）：79.

③ 王伟. 核电争议的日本宿命 [J]. 社会观察，2012（8）：58.

④ 日本《新国家能源战略》出台 [EB/OL]. (2006-07-28). [2014-3-19]. http：//www.sdpc.gov.cn/nyjt/gjdt/t20060728_78143.htm.

能是最能保证稳定供应的替代能源，并且是一种低碳排放的清洁能源。2007 年 4 月，日本政府提出原子能立国战略，要求加大核电开发建设力度，在现有反应堆基础上，在 2020 年以前将增加 16 ~ 18 个新型轻水核反应堆。2008 年 3 月，日本经济产业省资源能源厅制订了《原子能政策的课题和对应——原子能立国计划》，计划重点开发下一代核技术，提高核能发电在日本能源利用中的比重。①

2010 年 6 月，日本经济产业省第二次修订的《日本战略能源计划》，提出到 2030 年，能源自给率和化石燃料自给率将达到目前的 1 倍，分别为 36% 和 52% 左右；能源自主率，将由当前的 38% 提升至 70% 左右。为此，该计划决定到 2012 年新建 9 座核电站，到 2030 年新建 14 座。这意味着，日本 2030 年的核电份额，由 2010 年的 30% 左右将提升至 54% 。② 同月，在日本经济产业省再度推出的重振日本经济和国内产业的白皮书中，核电被列为重点发展和出口企业。

福岛核事故的发生，引起了日本大规模的反核行动。迫于这一压力，2012 年 5 月，野田佳彦内阁暂时关停了国内全部 54 座核电站，在两个月内实现了“零核电”运营状态（7 月份重启关西电力公司大阪核电站 3 号、4 号机组）。同年 9 月，日本民主党推出了到 2030 年实现日本无核化的“零核电”计划。

2012 年 9 月，日本吸取核监管的经验教训，专门成立了独立的原子能规制委员会机构（the Nuclear Regulation Authority），统一负责日本核能安全监管工作。2012 年 12 月，自民党人安倍晋三担任首相后，采取了一些与“零核电”计划不同的做法，比如容许建立新的核电站，积极准备重启核电，并不遗余力地为日本核电产业出口展开游说。这与他的拥核立场有关，也与日本的实际情况相关。

客观地讲，“去核”所带来的庞大电力缺口，一方面增大了经济成本，使安倍晋三 2013 年 6 月抛出的日本产业重振计划难以实现，另一方面也给在短时间内通过培育可再生能源替代核电带来了巨大压力。因此，“去核”在日本短期内是不现实的，在长期也将是困难的。在惨痛的灾难和日本民意面前，“去核”实为一种暂时的无奈选择。

可以预见的是，未来日本会削减核电份额，但不会像德国那样明确“弃核”。2015 年 6 月，日本经济产业省召开探讨该国 2030 年电源构成比例的专家委员会会议，通过了将核电比例定在“20% ~22%”的草案。2015 年 7 月，日本经济产业省提出调整核电计划，在 2030 年将核电在电力供应总量中的比例调整到 20% ~22% 。2015 年 8 月，日本川内核电站 1 号机组重启，由此结束了日本 1 年

---

① 雷鸣．日本节能与新能源发展战略研究［D］．长春：吉林大学，2009：118．

② METI Agency for Natural Resources and Energy. *The Strategic Energy Plan of Japan – Meeting Global Challenges and Securing Energy Futures* [EB/OL]. [2014 – 3 – 19]. http: //www. meti. go. jp/english/press/data/pdf/20100618_08a. pdf.

11 个月以来的“零核电”状态。2017 年，日本核电份额恢复到国内电力生产结构的 3. 6% 。①

2. 日本非水电可再生能源产业发展政策演变分析

日本在大力发展核电的同时，也积极发展节能和可再生能源技术。早在 1951 年日本就实施了《热管理法》。中东石油危机发生之后，日本开始了大规模节能运动，积极开发新能源。1974 年 6 月，通产省工业技术院制订了日本第一个综合新能源技术开发长期规划——“阳光计划”。② 该计划由政府投资 1 万亿日元以上，主要开发太阳能、地热能、煤的液化与气化技术和氢能，目标期限为 2000 年。1978 年，制订并实施了以节能为主要内容的“月光计划”。1979 年，《热管理法》法被《节约能源法》（又称《合理使用能源法》）取代。

1980 年，日本颁布《替代石油能源法》，成立新能源综合开发机构（NEDO），大规模推进核能、太阳能、海洋热能、生物质能发电、燃料电池等替代能源。③ 1989 年，日本又出台了“环境保护技术开发计划”，主要控制温室气体排放。1993 年，日本将上述计划有机融为一体，推出到 2030 年的“能源与环境领域综合技术开发计划”，即“新阳光计划”。其中研究经费高达 1. 6 万亿日元④。财政补贴不仅包括生产者的投资补贴，而且还包括消费者补贴。

1994 年，日本政府公布了到 2000 年的“新能源发展大纲”，确定了太阳能发电等八大重点项目。1996 年日本政府在“新能源大纲”中，规定到 2000 年太阳能发电必须达到 400MW，2010 年达到 4. 6GW，分别为 1996 年的 100 倍、1000 倍。焚烧废弃物发电，2000 年必须达到 2GW，2010 年达到 4GW，分别为 1996 年的 4 倍、8 倍。大纲还要求积极开发利用天然气、酒精和电力的“洁净能源汽车”，大力推广集中供暖系统、燃料电池等。日本政府的执行力是比较强的，这些规定的目标基本上得到了实现。

1997 年 4 月，为了大力推进新能源开发利用，从新能源技术和资金支持等方面进行政策引导，日本制定了《促进新能源利用特别措施法》（又称《新能源法》）。1997 年 12 月，联合国气候变化第 3 次缔约方大会在日本东京召开，签署了《京都议定书》。由于这次会议在日本召开，日本非常重视《京都议定书》的生效，率先垂范，实施大力发展新能源、提高能效等一系列措施，以达到减排目标的实

---

① 资料来源：国际原子能机构（IAEA）。

② 朱真. 日本的“阳光计划”与“月光计划”——面向 21 世纪的日本新能源战略［J］. 计划经济研究，1985（4）：19.

③ 姜雅. 中日两国在新能源及环境保护领域合作的现状与展望［J］. 国土资源情报，2007（5）：16 – 20.

④ 杨泽伟. 发达国家新能源法律与政策研究［M］. 武汉：武汉大学出版社，2011.

现，推动其他国家加入“议定书”。

2001 年 4 月，为了减少、再使用废弃物，发展循环经济，日本实施了《促进资源有效利用法》（也称《再利用法》）。2002 年 6 月，日本引入新能源发电的配额制（RPS），即颁布了《日本电力事业者新能源利用特别措施法》（又称 RPS 法令），规定每年销售的电力中新能源所占的比例。为了配合这一法律实施，2002 年 11 月、12 月又分别颁布了施行令和施行法则。RPS 法令于 2003 年 4 月正式生效，在这一制度的作用下，2009 年可再生能源发电量实现了翻番。①

2004 年 6 月，日本通产省公布了新能源产业化远景构想的远期战略计划。该计划要求在 2030 年以前，把光伏、风能发电等新能源技术扶植成为生产规模达 3 万亿日元的基干产业之一，新能源在能源消耗的比重提升至 20% 左右，相关就业规模将达到 31 万人左右；2010 年，燃料电池的市场规模将达到 8 万亿日元，发展壮大成为日本的支柱产业之一。2006 年 5 月，日本政府再次提出《新国家能源战略》，要求通过大力发展新能源产业，降低对石油的依赖程度，由当前的 50% 降低到 2030 年的 40%；运输部门石油依存度要降低到 2030 年的 80%。

2009 年 2 月，日本针对住宅用太阳能发电引入剩余电力收购制度（the Surplus Electricity Purchase System），这实际上是固定上网电价制度（FIT）的一种表现。从此，住宅用太阳能发电便被排除在 RPS 法适用对象之外。2009 年 11 月，推行家庭、学校等安装的光伏设备发电剩余电力收购新制度，电力公司收购价格为原来的 2 倍，达到 48 日元/kW·h。新制度把原先的收购价格翻倍，还规定电力公司有在 10 年内收购剩余电力的义务。2010 年 6 月，日本经济产业省第二次修订的《日本战略能源计划》②，提出扩大可再生能源固定电价收购制度的施用范围。福岛核事故的发生，推动了日本政府实施加速可再生能源发展的决心。

2011 年 8 月 26 日，日本召开的第 177 届例行国会通过了《电力运营商开展可再生能源电力调度的特别措施法案》，将用于居民的光伏发电和用于产业的光伏、风能、低于 3000kW 的中小水电、地热能和不会对纸浆等现有用途带来影响的生物质能发电纳入固定电价收购制度。③ 并对不同可再生能源和不同的装机容量设立了不同的定价、不同的优惠措施和收购年限（见表 4－6）。

---

① METI Agency for Natural Resources and Energy. *Feed-in Tariff Scheme in Japan* [EB/OL]. [2014－3－19]. http://www.meti.go.jp/english/policy/energy_environment/renewable/pdf/summary201207.

② METI Agency for Natural Resources and Energy. *The Strategic Energy Plan of Japan – Meeting global challenges and securing energy futures* – [EB/OL]. [2014－3－19]. http://www.meti.go.jp/english/press/data/pdf/20100618_08a.

③ METI Agency for Natural Resources and Energy. *Feed-in Tariff Scheme for Renewable Energy – Launched on July 1, 2012* – [EB/OL]. http://www.meti.go.jp/english/policy/energy_environment/renewable/pdf/summary201209.

表 4-6　　2012 年 7 月 1 日日本实施的可再生能源固定电价收购政策

采购类别	能源								
	太阳能		风能		地热能		中小规模水电		
	≥10 kW	<10kW（住户）	≥20 kW	<20 kW	15 MW	<15 MW	1MW～3MW	200kW～1MW	<200 kW
含税价格（日元）	42.00	42.00	23.10	57.75	27.30	42.00	25.20	30.45	35.70
不含税价格（日元）	40	42	22	55	26	40	24	29	34
税前内部收益率（%）（IRR）	6	3.2	8	1.8	13		7		
收购年限	20	10	20	20	15	15	20		

资料来源：译自 2011 年 10 月日本经济产业省发布的《日本固定电价计划》，参见：http：//www.meti.go.jp/english/policy/energy_environment/renewable/pdf/summary201207.pdf. 另外，生物质能的含税价格根据其类别，分为 5 种情况，在 13.65～40.95；税前内部收益率在 1%～8%，收购年限均为 20 年。

固定电价收购制度于 2012 年 7 月 1 日正式生效。该制度通过经济激励，加大了日本光伏产业的繁荣。以一户家庭安装当时价格为 200 万日元的 4kW 太阳能光伏电池板为例，根据经济产业省的计算，月电费会从 7000 日元下降到 3660 日元（含 80 元的附加费，该附加费为固定上网电价制度下的消费者分摊费用，为 0.5 日元/kW·h）；另外，通过出售光伏电池板产生的多余电力，还可以获得 9000 日元的收入。2012 年 7—12 月，约有 4GW 的光伏项目获得这一制度审批。

由于日本国内光伏安装量增速超出预期，日本政府开始削减这一激励标准。2013 年 4 月，日本政府正式批准了将光伏上网电价削减 10% 的提议，从 2013 年 4 月 1 日起，光伏上网含税电价降至 37.8 日元/kW·h，电价收购年限没有改变，其他相关可再生能源标准未发生变化。

2014 年 3 月，日本经济产业省宣布从 4 月 1 日起继续大幅降低光伏上网电价，把 10kW 及以上光伏发电设施上网电价由 36 日元/kW·h 降至 32 日元，把 10kW 以下光伏发电设施上网电价由 38 日元/kW·h 元降至 37 日元/kW·h，收购年限不变。为鼓励海上风力发电，上网电价由 22 日元/kW·h 元降至 36 日元/kW·h①。尽管削减了财政补贴，日本仍然是全球可再生能源补贴最丰厚的国家。2014 年 4 月，日本制定了新的《能源基本规划》，大力推进节能技术、可再生能

① 日本调整可再生能源上网电价新设锂离子电池补贴计划［J］. 华东电力，2014（4）：810.

源发展，提高火电能效。

2015 年 3 月，日本经济产业省在长期能源供求预测小委员会第 4 次会议上宣布，预计 2030 年日本 5 种可再生能源发电比例将达到 21% 左右，其中水电为 9.5%，光伏达到 7%。2015 年 7 月，日本在《日本的承诺（草案）》中，提出日本 2030 年温室气体排放比 2013 年削减 26% 的新目标。[①]

2018 年，日本政府发布了第五期《能源基本规划》，提出 2030 年能源自给率在 2016 年 8% 的基础上提高到 24% 的新目标，要求零排放电力占比为 44%，其中可再生能源在发电结构中的比例要提升至 22% ~24%。

（三）日本新能源产业发展政策立法简评

作为当代世界能源资源最为匮乏的国家之一，日本在节能和开发利用新能源、减少对外能源依赖方面，可谓殚精竭虑、不遗余力，努力将政策的作用发挥到极致。日本的国土面积、地理环境、气候条件，对核电、光伏和陆地风电的发展均为不利。但日本政府对新能源发展的重视程度之高，推进新能源发展的决心之大，制定政策措施的有效性和执行力之强，足以让世界其他国家刮目相看。

日本在发展新能源的过程中，立足于本国实际，逐渐调整完善能源政策目标的思路，由以前的“3E”发展到 2010 年的“4E1R”，即能源安全（Energy Security）、环境保护（Environmental Protection）、高效供给（Efficient Supply）、基于能源之上的经济增长（Energy-based Economic Growth）和能源产业结构改革（Reform of the Energy Industrial Structure）。[②] 这不仅强化了能源安全与环境保护的一致性，而且强调了能源变革与经济增长的同步性，使能源安全、生态文明和经济增长成为日本经济社会发展的一条时代主线。

在环境保护上，日本积极把减缓气候变化战略列为环境各项战略之首。减缓气候变化，就成为日本新能源产业发展政策框架制定的一个理论支点。日本是《联合国气候变化框架公约》的支持者，也是《京都议定书》最早的支持国之一。在 1997 年京都召开的联合国气候变化框架公约参加国环境会议上，日本政府签署了《京都议定书》，承诺在 2008—2012 年，温室气体排放量比 1990 年减少 6%。[③] 2002 年 6 月，日本政府正式批准了《京都议定书》。

---

① 尽管这一目标远远低于美国、欧盟、中国等主要经济体的水平，但对于日本历史上的“倒退”来说，仍然是一次进步。

② METI Agency for Natural Resources and Energy. *The Strategic Energy Plan of Japan – Meeting Global Challenges and Securing Energy Futures* [EB/OL]. [2014 – 3 – 19]. http://www.meti.go.jp/english/press/data/pdf/20100618_08a.pdf.

③ 王乐．日本的能源政策与能源安全［J］. 国际石油经济，2005（2）：18.

2010年6月，在出台的《日本战略能源计划》中，制定了CO_2减排的长期路径，规定在1990年的基础上，到2030年减排30%或更多，到2050年减排80%。减排长期任务的存在和带来的压力，更能促进日本节能技术的世界领先地位和新能源技术的长期发展。2011年福岛核事故的发生，一方面使日本核电陷入困境，给日本温室气体减排带来压力，使日本一度退出《京都议定书》第二承诺期；另一方面加速了国内新能源产业发展和应用。

同时，我们还要看到，福岛核事故发生之后，尽管日本极力扶持可再生能源发展，但是并网问题始终没有得到有效解决。在实施的固定上网电价制度中，缺少针对可再生能源优先并网的强制政策。基于日本电网的现实垄断，电力体制改革和电网系统调控改革已经成为日本新能源发展绕不过去的一道“门槛”。如何改、改向何方是日本政府面临的一道难题。2014年6月，日本国会通过第二阶段电力体系改革法案，推动电力零售企业准入自由化，积极为分布式发电扫除障碍。

四、主要发达国家新能源产业发展政策比较与借鉴

部分发达国家新能源产业发展政策的演变历程表明，在新能源产业发展的早期阶段，由于市场动力的缺陷或不足，必须依靠政府的力量确保新能源发展的投资收益，保障其追求利润的内在驱动力。也就是说，在这一阶段，一国新能源产业的发展必须得到政府政策的有力支持。

在一定程度上，一国重视新能源产业发展的程度大小，直接决定了该国新能源产业发展的规模，影响着该国新能源产业发展技术以及其在国际市场上的地位和排名。一国政府干预强度的大小，决定着短期内该国新能源产业的兴衰更迭。因此，选择、制定一套有效、可持续的政策体系就成为世界各国当前或未来发展新能源产业的重中之重。

（一）充分认识新能源的战略属性，确立新能源产业发展的战略地位

新能源产业发展的战略地位，是由新能源的战略属性决定的。如果说新能源发展早期的政府扶持，是由于发达国家受中东石油危机带动油价持续攀高而不得已而为之的应急之举①，那么进入21世纪之后，特别是2008年全球金融危机爆发之后，加快生产、应用新能源不仅成为各国实现能源革命、保障能源供应安全的战略举措，而且还是引领第三次产业技术革命、带动一国经济增长和提升国际

① 反映在政策表现上，就是新能源政策工具的不稳定性。例如，20世纪八九十年代，美国新能源产业发展的部分政策就出现了时断时续。

市场竞争力的战略体现，更是各国强化环境保护、推动节能减排、建设生态文明的战略保障。美国、欧盟和日本普遍实施了新能源产业发展战略，新能源的战略属性日趋明显。

另外，新能源与传统能源相抗衡的经济优势并不明显，还存在克服自然约束、基础科研攻关、技术改造升级等多项难题。这就决定了，新能源取代传统能源将是一项长期的、艰难的和曲折的历史过程。

在能源供应体系变革中，新能源将依次扮演补充能源、替代能源、主体能源的角色，最后达到主导能源的地位，实现新一轮的能源革命。因此，只有确立新能源产业发展的战略地位，制定新能源产业发展目标，实施有力的技术政策、财税政策、融资政策、人才政策、环保政策等相关扶植工具，才能更好、更快地推进新能源产业发展。

（二）要保持新能源产业发展政策运行的稳定性、持续性和连贯性

保持新能源产业发展政策运行的稳定性、持续性和连贯性，是由新能源产业发展的战略地位决定的。何以为战略？据《辞海》解释，战略指“政党、国家做出的一定历史时期内具有全局性的谋划……在一定历史时期内具有相对稳定性，在达到这一历史时期所规定的主要目标以前基本上是不变的……战略任务必须通过策略手段来完成”①。

进一步来讲，战略是基于对某种存在状态及未来走势的总体把握、系统考量和综合选择而得出的具有全局指导性、长远决定性的判断。② 战略一旦确立，就必须坚定长远信念，克服重重困难，冲破种种阻力，摆脱桎梏藩篱，义无反顾，奋勇前行，绝不能因外部干扰而松懈，更不能调转基本方向，脱离发展轨道。在新能源产业发展的过程中，必须保持政策运行的稳定性、持续性和连贯性，权衡利弊，正视并解决其存在的问题。

例如，核电技术的开发利用，就必须重视安全问题，最大限度地降低安全隐患。当前，核聚变技术利用仍处于开发尝试的试验阶段，核裂变技术在应用领域尚未完全成熟。在特大的或极端型自然灾害面前，核运行安全仍然缺乏充足的经验，安全标准有待进一步提升。核运行日常操作和管理的人因错误率，有待进一步降低。日本福岛核事故的发生，以巨大的代价、惨痛的教训，给当代世界核电发展提供了有益的启示。法国核电政策的成功运行，激励着人类在发展核电上继续前行。保持政策运行的稳定性、持续性和连贯性，还要注意政策工具之间及内

---

① 辞海编辑委员会．辞海［M］.6 版．上海：上海辞书出版社，2009.

② 张宪昌，曹新．中国发展仍处在战略机遇期［N］. 中国青年报，2011－12－26.

部的衔接和过渡，尽量减少由于政策波动带来加剧的作用时滞。

（三）借鉴国外的新能源产业发展政策工具，应遵循资源配置规律，从本国国力和实际情况出发

发达国家新能源产业发展政策的演变表明，新能源产业发展在政策制定和实施上，既要注重发挥政府的整体调控作用，又要强调市场的微观配置功能，还要善于调动全社会人员的积极性、主动性和创造性。这意味着在资源配置机制方面，除了实现“看得见的手”和“看不见的手”二者的有机结合之外，还必须把社会协调纳入到资源配置整体框架内。

在政策工具选择上，一方面，要做到全面系统，从而会触及技术研发支持、财税补贴和税收优惠激励、融资倾斜、立法倾向和社会宣传等诸多方面。另一方面，还要注重灵活实用，从一国国情、国力和新能源需求程度出发。早在20世纪90年代，日本政府投入大量的资金应用于光伏发电研发、生产和推广领域，极大地促进了日本光伏发电技术水平的提高，确立了全球领先地位；而美国虽然也有类似的补贴，但相对规模较小，光伏发电技术未得到足够的重视。

在同一国家不同的发展阶段，政策工具的扶植力度也可以是不一样的。比如，2012年7月以来，日本实行的光伏固定上网电价，不仅高于包括欧盟在内的世界其他地区，也高于日本历史上的平均电价水平。因此，在借鉴国外新能源产业发展政策工具时，应从本国实际情况出发，因时因地制宜，结合本国财力和经济发展的接受程度以及新能源产业发展的进度或阶段，来确定扶植的力度。

（四）形成新能源产业发展政策评估制度，不断调整创新新能源产业发展政策工具

经济学理论表明，市场不是万能的，政府制定的政策也不是尽善尽美的，甚至存在失灵的情形。关于新能源产业发展两大制度——比例配额制和固定电价制的争论，由来已久。我们认为，二者具有各自适用的特定范围，对于二者的优点，完全可以统一在新能源产业发展的实践中。例如，德国的主要模式是固定电价制度，但从2007年开始也对比例配额制进行了积极的尝试。2012年7月以前日本主要实施的可再生能源发展政策是比例配额制，但之后转向固定电价制度。

任何一种制度抑或政策都是实践的产物，是否适合一国实际，必须经过该国的实践来检验。因此，在新能源产业发展政策调整演变过程中，需要形成有效的评估制度。既可以选择对发展成就进行纵向的动态比较分析和横向的静态比较分析，检验政策的执行力和实施效果；还可以选择确立一套关于政策决策、制定和实施的流程体系和标准，从政策本身的角度检验政策形成的科学性、准确性和完

整性。

基于新能源的战略属性，中国在新一轮能源革命和市场竞争中绝不能仅仅是追随者，也不能是拾遗补阙的参与者，而是要发挥主导作用，成为国际新能源市场规则的制定者和铸造者，担负起引领全世界生产、推广并使用新能源的使命。因此，在新能源产业发展政策工具选择上必须有创新、有特色，形成一套适合本国国情的政策体系和标准。

概括来说，选择一套有效的政策体系和框架，对中国新能源规模化、标准化和可持续发展至关重要。这一体系框架，应该包括：

1. 新能源产业发展战略

在能源革命、生态文明、世界经济格局变动、中华民族伟大复兴的时代背景下，发展新能源应是一项国家长期发展战略。从战略内容上，涉及指导方针、遵循原则、发展规划、量化目标。由于战略是基于全局和长远发展的一种综合性判断和决策，一旦做出，必须无条件执行，“不能一个市长一个蓝图”。考虑到当前我国新能源发展基础薄弱，推动能源清洁化是推动我国能源革命的过渡之举。

2. 新能源政策工具设计

在新能源政策工具设计上，既要注重政策的进入，又要强调政策的执行，还要考虑到政策的退出。进入时，要恰当把握政策出台的时机，合理掌控政策支持的力度，通过准确性来体现政策的科学性。执行时，要快、准、狠，最大限度地减少政策时滞，最大化地发挥政策效力。退出时，要注意分阶段、有步骤，通过渐进性来体现政策的稳定性和持续性。

3. 新能源政策工具选择

基于新能源在世界范围内的战略属性和幼稚地位，需要给予有力的扶持、规范和一定的约束。具体的政策工具，包括财税政策、融资政策、技术政策、人才政策、环保政策、国际竞合策略、立法保障、市场规范和社会支持等一系列有助于新能源健康可持续发展的政策。

4. 新能源政策效果评估

新能源政策效果评估应该既有定性分析，又有定量分析。其目的在于考察、估量和评价原有政策的效果，从而进一步改进、调整和完善相应的政策工具，以推动新能源产业稳定快速发展。

第五章

我国新能源产业发展与战略目标选择

在新一轮能源革命兴起、生态文明建设进程加快、世界经济格局变动和中华民族伟大复兴的时代背景下，发展新能源应是一项国家长期发展战略。随着我国新能源开发利用取得良好进展，能源结构向积极的方向转变，为新能源产业发展战略实施打下了良好的现实基础。

第一节　我国能源消费结构变化与新能源开发利用

在我国能源消费总量不断增长的同时，能源消费结构正在发生积极的变化，新能源和清洁能源的消费比重在逐步提高。

一、我国能源消费增长的变化

改革开放以来，我国经济的快速增长产生了巨大的能源需求。从能源消费绝对量指标来看，1978 年，根据发电煤耗计算[①]的我国能源消费总量为 5.71 亿吨标准煤。在此基础上，1993 年翻了一番多，2004 年又翻了一番，2007 年突破 30 亿吨，2012 年突破 40 亿吨，2016 年增加到 43.6 亿吨，是 1978 年的 7.64 倍。[②]从能源消费弹性系数来看，2016 年为 0.21，不足 2010 年的 1/3。从电力消费弹性系数来看，经济增长对电力的需求更加明显。2000—2016 年，有 11 个年份的这一指标超过了 1，2016 年由 2011 年的 1.27 下降为 0.84。[③]

① 本章中，除特殊说明之外，凡涉及我国能源消费、生产的数字，均采用这一标准计算。

② 资料来源：根据《中国统计年鉴 2017》计算。

③ 资料来源：根据《中国能源统计年鉴 2017》计算。

随着我国新能源产业的发展壮大，我国能源消费结构正在发生一定的积极变化，新能源比例有所提升。1993 年，我国能源消费总量为 11.81 亿吨标准煤。其中，传统能源占比高达 99.9%，新能源[①]仅占 0.1%。经过 15 年的发展，2008 年，新能源比重上升为 1%，常规能源占比下降为 99%。

2016 年，我国新能源比重进一步提升至 5%，传统能源占比进一步下降为 95%（如图 5－1 所示）。尽管新能源发展速度较快，但新能源在一次能源消费中的份额仍然较小。如果按照清洁能源标准计算，2016 年，我国非化石能源（包括水电和新能源）占一次能源消费总量的 13.3%，清洁能源占一次能源消费的比重为 19.5%。

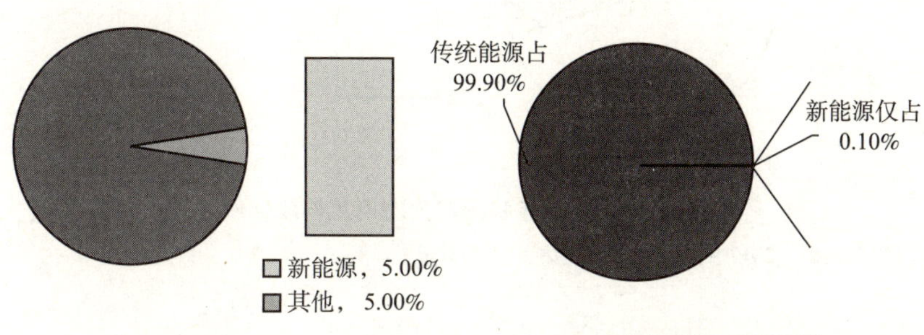

图 5－1　我国能源消费结构变化情况

资料来源：根据《中国能源统计年鉴 2017》计算。

二、我国新能源开发利用情况

1. 我国新能源开发利用的整体情况

2016 年，我国新能源生产量达到 2.18 亿吨标准煤，占国内一次能源生产总量的 6.3%，比 1993 年提高了 6.2 个百分点。从电力构成来看，新能源比重上升较为明显。从装机容量来看，2016 年年底新能源（核电、风电、光电和其他新能源）发电装机容量为 2.575 亿 kW，占全国全口径总发电装机容量的 15.60%，

---

① 根据本文的定义，我国新能源包括核能、风能、太阳能、现代生物质能、页岩气等建立在新技术基础之上的尚未大规模开发利用的一切形式的能源，不包括水能。我国新能源消费情况的相关统计，始于核电开始并网的 1993 年。在数据搜集处理上，本章仅以《中国统计年鉴 2014》《中国能源统计年鉴 2013》提供的“水电、核电、其他能发电”数据为基础进行相关分析，由此计算得出的我国新能源消费总量和相对指标要低于实际利用的水平。

比 1993 年提高了 15.10 个百分点。其中，核电装机容量 0.3364 亿 kW，同比增长 23.8%；并网风电装机容量 1.4747 亿 kW，同比增长 12.8%；并网太阳能发电装机容量 7631 万 kW，同比增长 80.9%。非化石能源发电装机容量占到全国装机总量的 36.6%。从电力供应来看，2016 年我国全口径发电量达到 60228 亿 kW · h。其中，核电 2132 亿 kW · h，同比增长 24.4%；并网风电 2409 亿 kW · h，同比增长 29.8%；并网太阳能发电 665 亿 kWh，同比增长 68.5%。[①] 2016 年，我国新能源发电量占全国总发电量的 9.79%（如图 5 – 2 所示）。

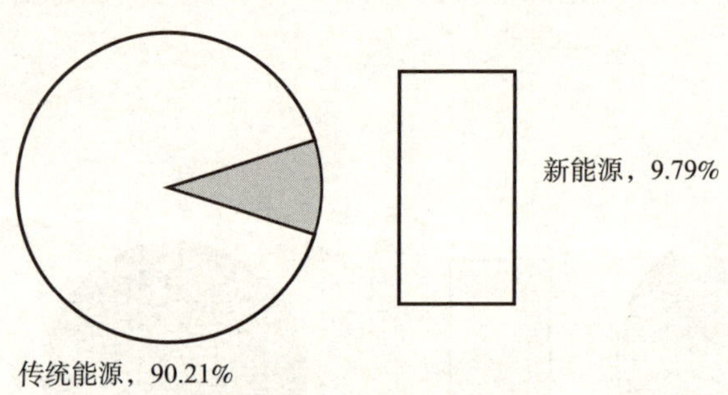

图 5 – 2　2016 年我国电力发电量构成比例

资料来源：根据《2017 中国电力年鉴》相关资料计算。

根据国家能源局发布的《2017 年度全国可再生能源电力发展监测评价报告》计算，2017 年我国非水电可再生能源装机为 3.09 亿 kW，占全国电力装机的 17.40%。其中，风电装机 1.64 亿 kW，光伏发电装机 1.30 亿 kW，生物质发电装机 0.1476 亿 kW。2017 年非水电可再生能源发电量 5034 亿 kWh，占全部发电量的 7.9%。其中，风电发电量 3057 亿 kWh，占全部发电量的 4.8%；光伏发电量 1182 亿 kW · h，占全部发电量的 1.8%；生物质发电量 795 亿 kW · h，占全部发电量的 1.2%[②]。

2. 我国核电开发利用情况

我国核电在 20 世纪 70 年代开始进行技术研发，在世界核电遭遇三里岛核事故、切尔诺贝利核事故的低迷时期逐渐发展起来。作为我国第一座核电站，也是我国自行设计建造和营运的第一座原型核电厂——秦山一期工程核电站，自 1985 年开始建造，1991 年 12 月首次并网发电，1994 年 4 月投入商业运营，开启了我国核电运行的先河。1994 年年底，我国核电装机容量为 210 万 kW，仅占国内总

---

① 《中国电力年鉴》编辑委员会 . 2017 中国电力年鉴 [M]. 北京：中国电力出版社，2017.

② 国家能源局 . 2017 年度全国可再生能源电力发展监测评价报告 [R]. 2018.

装机容量的1.5%；发电量为140.43亿kW·h，占总发电量的1.51%。

经过40多年的发展，通过自主研发和引进、消化吸收再创新，我国已经形成和掌握了较为完整的核电设计软件和技术标准体系，已经具备了30万kW级、60万kW级和100万kW级压水堆核电站的自主设计能力与核岛主设备中压力容器、蒸汽发生器、稳压器等核电主要设备的制造加工能力，建立了比较完整的核燃料循环工业体系。党的十八大以来，我国成功地研发了具有自主知识产权和出口权的"华龙一号"、大型先进压水堆CAP1400三代核电技术和具有四代安全特征的高温气冷堆核电技术,① 实现了中国核电由二代向三代的历史性跨越。

2011年3月，福岛核事故的发生一度给世界核电带来消极影响，但并没有阻断世界核电的前行，美英两国相继重启核电。我国核电在吸取教训、总结经验的基础上，继续稳步前行。2012年10月，我国政府宣布重启核电建设。根据国际原子能机构提供的数据，2012年，我国（含台湾）在运核反应堆有17个，净装机容量达12.86GW（1286万kW），占全球的3.43%；发电量达92.65TWh，占国内发电总量的2.0%。截至2018年10月11日，我国（大陆）在运核反应堆有44个，在建13个，约占全球在建总数的23.65%,② 居全球第1位。

根据2012年10月国务院通过的《核电安全规划（2011—2020年）》和《核电中长期发展规划（2011—2020年）》，到2015年在运核电装机容量将达到4000万kW，在建装机容量将略超过2000万kW。到2020年我国在运核电装机规模将达到5800万kW，在建规模将达到3000万kW以上，总装机规模为8800万kW以上。预计2030年核电装机规模将达到1.6亿~2亿kW，占一次能源消费总量的比重将提高到5%~6%。

3. 我国风能资源及风电开发利用情况

我国风能资源总量丰富。根据有效风能密度和有效风速全年累计小时数计算，我国陆地10m高度层的风能资源总储量（理论可开发总量）为32.26亿kW，陆地实际可开发利用量估算为2.53亿kW。③ 近海风能资源约为陆地的3倍，实际可开发利用量约为7.5亿kW。据此计算，我国风能实际可开发利用量超过10亿kW。

在空间分布上，全国风能资源可分成4个类型：丰富区、较丰富区、可利用区和贫乏区。其中，前三个类型主要分布在西北、华北北部、东北及东南沿海地区。截至2012年年底，"三北"地区风电建设占全国风电并网装机容量的86%。

---

① 能源革命谱新篇　节能降耗见成效——十八大以来我国能源发展状况［EB/OL］. http：//www.stats.gov.cn/tjsj/sjjd/201603/t20160304_1326843.html.

② 资料来源：全球原子能机构（IAEA）.

③ 姚兴佳，刘国喜，朱家玲，等. 可再生能源及其发电技术［M］. 北京：科学出版社，2010.

我国风电自 1958 年开始，进行 5kW 以下的小型风力提水发电装置研制；1986 年，在山东荣城建成了第一个并网风电场。① “九五”期间，我国大型并网风力发电发展迅速，年均增长率约为 50%；到 2000 年年底，累计建成 26 个风电场，实际装机容量达到 34.4 万 kW。到 2005 年年底，全国建成并网风电场 60 多个，总装机容量达到 126 万 kW，并网电量 16 亿 kWh，占全国年总用电量的 0.06%。

2012 年年末，我国风电并网装机容量达到 6266 万 kW（计 62.66GW），超过美国，跃居世界第一；发电量为 1008 亿 kWh，发电量占比超过 2%，超过核电，成为仅次于煤电和水电的第三大电源。海上风电并网装机容量达到 30 万 kW，位于英国（295 万 kW）、丹麦（92 万 kW）之后，居全球第三。

2017 年，我国风电新增和累计装机容量均居世界第 1 位，分别占全球装机总量的 37% 和 35%，遥遥领先其他国家。根据《能源发展战略行动计划（2014—2020 年）》和《“十三五”控制温室气体排放工作方案》，到 2020 年，风电装机达到 2 亿 kW，风电与煤电上网电价相当。

4. 我国太阳能资源及发电利用情况

我国绝大部分国土处于温带和亚热带，具有较为丰富的太阳能资源。据全国 700 多个气象台站长期观察积累的资料表明，我国各地的太阳辐射年总量大致在 $3.35\times10^3\sim8.40\times10^3$ 兆焦每平方米，其平均值约为 5.86×10^3 兆焦每平方米。根据全年的日照时数，可以将我国分成大于 3200、3000～2800、2800～2200、2200～1400 和小于 1400 五类区域，其中前三类是太阳能资源比较丰富的地区，约占全国总面积的 2/3 以上。太阳能利用主要包括太阳热利用和发电。

我国光伏发电始于 20 世纪 70 年代，1982 年以后发展较为迅速。在生产领域，1984 年以前我国太阳能电池产量仅为 200kW，在引进国外 7 条太阳能电池生产线之后，1988 年跃至 4.5MW。经过 20 多年的发展，2007 年我国光伏电池产量首次超过了日本和德国，成为世界光伏电池第一生产大国，并连续 5 年位居全球首位，基本上占据了全球光伏电池产业 50% 的份额。

在销售领域，2012 年以前我国太阳能电池产品 90% 以上出口。随着国家激励政策的实施，光伏发电应用在国内得到进一步推广，销售市场过度依赖出口的这一局面逐步得以扭转。2005 年全国光伏发电装机容量仅仅 70MW，2014 年累计装机容量达到 28.05GW，世界排名仅次于德国。2017 年我国光伏发电累计装机容量达到创历史纪录的 130.25GW，位居世界第一，占到全球总量接近 1/3 的份额。

① 蒋莉萍．2005 年我国风电开发情况综述［J］．电力技术经济，2006（3）：6.

根据2013年7月《国务院关于促进光伏产业健康发展的若干意见》，2013—2015年，我国年均新增光伏发电装机容量1000万kW（计10GW）左右，到2015年总装机容量达到3500万kW（计35GW）以上。根据《能源发展战略行动计划（2014—2020年）》《“十三五”控制温室气体排放工作方案》和《太阳能发展“十三五”规划》，到2020年光伏发电装机达到1.05亿kW以上，光伏发电与电网销售电价相当。2017年这一目标已经提前完成。

5. 我国生物质能资源及发电利用情况

我国生物质能资源十分丰富。据统计，我国生物质能理论资源总量接近15亿吨标准煤，可作为能源利用的生物质资源总量每年约4.6亿吨标准煤。目前，已利用量约0.2亿吨标准煤，还有约4.4亿吨可作为能源利用，发展潜力巨大。我国生物质能主要来源于农业废弃物（秸秆、稻壳和蔗渣等）、林业废弃物、工业废弃物（加工废料）、生活垃圾、有机废水（人畜粪便、城市污水和工业有机废水等）、能源作物（甘蔗、木薯、油菜和甜高粱等）和能源植物（如速生林、芒草等）。[①] 我国生物质资源主要分布在东部和华南地区。生物质能用途广泛，既可以直接产热，也可以发电，还可以生产气态、液态和固态燃料。

我国生物质发电产业发展迅速。2005年年底，全国生物质发电总量总装机容量约200万kW。其中，蔗渣发电约170万kW，垃圾发电约为20万kW，其余为稻壳等农林废弃物气化发电和沼气发电等。2010年年底，我国生物质发电装机容量达到550万kW，约为2005年年底的2.25倍。其中，农林生物质发电190万kW，垃圾发电170万kW，蔗渣发电170万kW，沼气等其他生物质发电20万kW。生物质发电已形成一定规模，年发电量超过200亿kW·h，相应年消耗农林剩余物约1000万吨。根据2012年国家能源局发布的《生物质能发展“十二五”规划》，到2015年，生物质发电装机容量达到1300万kW，年发电量约为780亿kWh。根据2016年国家能源局发布的《生物质能发展“十三五”规划》，到2020年生物质能年利用量约5800万吨标准煤。其中，生物质发电总装机容量达到1500万kW，年发电量900亿kW·h。

第二节 部分新能源消费与我国经济增长关系的VAR模型解释

能源消费与经济增长的关系是学术界研究的一个热点问题。国外代表性学者

① 马隆龙．生物质能利用技术的研究及发展［J］．化学工业，2007（8）：9.

如 Kraft J.、Kraft A.（1978），Erol 和 Yu（1987）、Yu 和 Jin（1992），国内代表性学者如韩智勇、魏一鸣（2004），赵进文、范继涛（2007），齐韶州、云波、李锴（2009）等发表了有价值的学术成果。在新能源消费与经济增长的关系上，林琳（2012）、郭四代（2012）[①] 进行了积极的尝试，得出了新能源消费与经济增长呈现正向因果关系的结论。方国昌、田立新、傅敏等（2013）从非线性动力学入手，借助李雅普诺夫指数、分岔图和神经网络，也得出了类似的结论。[②] 为了更好地观察新能源消费对我国经济增长的影响，本书选取"资本""劳动力""新能源""传统能源"作为经济增长波动的参数，以 VAR 模型作为分析工具，对它们间的关系做进一步分析[③]。

VAR 模型并不是一种经济理论模型，它不是以严格的经济学理论为基础，而是通过建立多个自回归方程，并结合脉冲效应和方差分解结果，来显示冲击变量和响应变量之间的经济关系。由于该模型很好地避免了结构模型中的内生性假定，各冲击变量对响应变量的脉冲响应曲线和方差分解的贡献率也就有了一定的经济意义。

一、VAR 模型与指标选取

建立经济增长与各参数之间的多变量 VAR 模型，进而利用数据本身来确定模型的动态结构，这是目前研究序列间动态关系的一种可靠的技术手段。一般而言，含有 N 个变量滞后 k 期的 VAR 模型可以表示如下：

$$Y_t = \mu + \prod{}_1 Y_{t-1} + \prod{}_2 Y_{t-2} + \cdots + \prod{}_k Y_{t-k} + u_t,\ u_t \sim \mathrm{II}D(0,\ \Omega) \tag{5-1}$$

其中，

$$Y_t = (y_{1,t} y_{2,t} \cdots y_{N,t})',\ \mu = (\mu_1 \mu_2 \cdots \mu_N)'$$

$$\prod{}_t = \begin{bmatrix} \pi_{11.j} & \pi_{12.j} & \cdots & \pi_{1N.j} \\ \pi_{21.j} & \pi_{22.j} & \cdots & \pi_{2N.j} \\ \vdots & \vdots & \ddots & \vdots \\ \pi_{N1.j} & \pi_{N2.j} & \cdots & \pi_{NN.j} \end{bmatrix},\ j = 1,\ 2,\ \cdots,\ k$$

$$u_t = (u_{1t} u_{2,t} \cdots u_{Nt})'$$

---

① 郭四代．中国新能源消费与经济增长关系的实证研究［D］．北京：中国地质大学，2012.

② 方国昌，田立新，傅敏，等．新能源发展对能源强度和经济增长的影响［J］．系统工程理论与实践，2013，33（11）：2795－2803.

③ 这里选取的"资本、劳动"已经构成经济增长的要素，已被前人证明，不再论证。

Y_t 为 K 维随机向量，$\prod$ 为 $K \times K$ 维系数矩阵，u_t 为 $K \times 1$ 维的白噪声信息过程。在 VAR 模型的具体操作中，滞后期数的选择是非常重要的，滞后期越长越能全面地反映整个结构信息，但较长的滞后期，也就意味着需要估计的参数会成倍增加，因而自由度会大幅度减少，这就需要在滞后期数和自由度之间做有效的权衡。在实际操作中，通常做法是按照 *AIC* 和 *SC* 准则取值最小的原则来确定滞后期数。本书在运用 VAR 模型进行分析时，首先对选择的资本、劳动力、新能源、传统能源和经济增长进行平稳性检验，然后在测算各序列平稳阶数的基础上构建多变量 VAR 模型，确定模型的滞后阶数，进而通过脉冲响应曲线和方差分解结果观察各参数冲击在经济增长的动态变化中的相对重要性。

本书将经济增长率（*Y*）作为响应变量，将实际资本存量变动率（*K*）、劳动力人数变动率（*L*）、新能源消费变动率（*N*）、传统能源消费变动率（*M*）作为冲击变量。

二、数据来源与处理

（一）数据的收集

本模型名义经济数据采用《中国统计年鉴 2012》的相关数据，能源数据来源于《中国统计年鉴 2012》和《中国能源统计年鉴 2012》，为消除价格因素的影响，对数据进行了若干处理。消除通货膨胀之后的具体经济数据如表 5－1 所示；相关传统能源和新能源数据如表 5－2 所示。

表 5－1　　1991—2011 年实际 GDP、就业人数和实际资本存量

年份	名义 GDP /亿元	CPI（上年 = %）	定基 CPI	实际 GDP /亿元	名义固定资产投资 /亿元	固定价格指数/（%）	定基价格指数	实际固定资产投资 /亿元	实际资本存量/亿元	就业人数/万人
1978	3645.2	100	1	3645.2	816.6	100	1	816.6	9878	40152
1991	21781.5	103.4	2.349	9272.7	5594.5	109.5	2.487	2249.5	21972.13	66091
1992	26923.5	106.4	2.4993	10772.26	8080.1	115.3	2.8675	2817.81	23691.33	66152
1993	35333.9	114.7	2.8667	12325.47	13072.3	126.6	3.6303	3600.918	26107.68	66808
1994	48197.9	124.1	3.5576	13547.78	17042.9	110.4	4.0078	4252.415	29054.71	67455
1995	60793.7	117.1	4.166	14592.91	20019.3	105.9	4.2443	4716.774	32318.75	68065
1996	71176.6	108.3	4.5118	15775.82	22913.5	104.0	4.414	5191.039	35893.85	68950

续表

年份	名义GDP/亿元	CPI（上年=%）	定基CPI	实际GDP/亿元	名义固定资产投资/亿元	固定价格指数/（%）	定基价格指数	实际固定资产投资/亿元	实际资本存量/亿元	就业人数/万人
1997	78973.0	102.8	4.6381	17027.09	24941.1	101.7	4.4891	5555.939	39655.1	69820
1998	84402.3	99.2	4.601	18344.43	28406.2	99.8	4.4801	6340.514	44012.86	70637
1999	89677.1	98.6	4.5366	19767.63	29854.7	99.6	4.4622	6690.594	48502.81	71394
2000	99214.6	100.4	4.5547	21782.86	32917.7	101.1	4.5113	7296.764	53374.43	72085
2001	109655.2	100.7	4.5866	23907.77	37213.5	100.4	4.5293	8216.137	58921.85	72797
2002	120332.7	99.2	4.5499	26447.33	43499.9	100.2	4.5384	9584.902	65560.66	73280
2003	135822.8	101.2	4.6045	29497.85	55566.6	102.2	4.6382	11980.15	74262.78	73736
2004	159878.3	103.9	4.7841	33418.87	70477.4	105.6	4.898	14389.13	84938.77	74264
2005	184937.4	101.8	4.8702	37973.37	88773.6	101.6	4.9763	17839.17	98531	74647
2006	216314.4	101.5	4.9432	43759.65	109998.2	101.5	5.051	21777.62	115382.1	74978
2007	265810.3	104.8	5.1805	51309.63	137323.9	103.9	5.248	26167.09	135780.1	75321
2008	314045.4	105.9	5.4862	57243.15	172828.4	108.9	5.715	30241.03	159232.1	75564
2009	340902.8	99.3	5.4478	62576.67	224598.8	97.6	5.5779	40266.05	191536.5	75828
2010	401512.8	103.3	5.6275	71347.86	251683.8	103.6	5.7787	43553.91	225513.6	76105
2011	473104.0	105.4	5.9314	79762.28	311485.1	106.6	6.1601	50565.22	264803.1	76420

注：本表列举1978年的经济数据，是由于以1978年为基期。

表5-2　　1993—2011年我国能源消费、传统能源和新能源消费量

年份	能源消费总量/万吨	占能源消费总量的比重/（%）					新能源消费总量/万吨	传统能源消费总量（含水电）/万吨
		煤炭	石油	天然气	水电	新能源		
1978	57144	70.7	22.7	3.2	3.4	0	0	57144
1991	103783	76.1	17.1	2	4.8	0	0	103783
1992	109170	75.7	17.5	1.9	4.9	0.0	0	109170
1993	115993	74.7	18.2	1.9	5.1	0.1	115.99	115877.01
1994	122737	75.0	17.4	1.9	5.2	0.5	613.69	122123.32
1995	131176	74.6	17.5	1.8	5.7	0.4	524.7	130651.3
1996	135192	73.5	18.7	1.8	5.6	0.4	540.77	134651.23
1997	135909	71.4	20.4	1.8	5.9	0.4	543.64	135365.36

续表

年份	能源消费总量/万吨	占能源消费总量的比重/(%)					新能源消费总量/万吨	传统能源消费总量（含水电)/万吨
		煤炭	石油	天然气	水电	新能源		
1998	136184	70.9	20.8	1.8	6.1	0.4	544.74	135639.26
1999	140569	70.6	21.5	2.0	5.5	0.4	562.28	140006.72
2000	145531	69.2	22.2	2.2	5.9	0.5	727.66	144803.35
2001	150406	68.3	21.8	2.4	7.1	0.4	601.62	149804.38
2002	159431	68.0	22.3	2.4	6.8	0.5	797.16	158633.85
2003	183792	69.8	21.2	2.5	5.7	0.8	1470.34	182321.66
2004	213456	69.5	21.3	2.5	5.9	0.8	1707.65	211748.35
2005	235997	70.8	19.8	2.6	5.9	0.9	2123.97	233873.03
2006	258676	71.1	19.3	2.9	5.9	0.8	2069.41	256606.59
2007	280508	71.1	18.8	3.3	5.9	0.9	2524.57	277983.43
2008	291448	70.3	18.3	3.7	6.7	1	2914.48	288533.52
2009	306647	70.4	17.9	3.9	6.5	1.2	3679.76	302967.24
2010	324939	68.0	19.0	4.4	7.1	1.5	4874.09	320064.92
2011	348002	68.4	18.6	5.0	6.4	1.6	5568.03	342433.97

注：本表 1993 年之前的新能源消费根据《我国能源统计年鉴 2012》相关数据计算所得。

（二）实际经济数据处理的说明

1. 实际 GDP 的计算

为了剔除通货膨胀因素的影响，本书以 1978 年的消费者物价指数 CPI 为基准（即 1978 年 CPI 为 1），2012 年《我国统计年鉴》公布的按当年价格计算的国内生产总值（GDP）为名义指标，各年以 1978 年为基期的 CPI 和实际 GDP 的计算遵循以下公式：

$$CPI_t(1978=1)=CPI_{t-1}(1978=1)\times CPI_t(\text{上年}=1) \tag{5-2}$$

$$\text{实际 } GDP_t=\frac{\text{名义 } GDP_t}{CPI_t(1978=1)} \tag{5-3}$$

其中，消费者物价指数 CPI（上年 =1）数据来源于 1989 年、1996 年和 2013 年的《我国统计年鉴》。

2. 实际资本存量的计算

对于实际资本存量的计算，本书采用全社会固定资本净存量作为模型中资本的总投入量。全社会固定资本净存量则采用 OECD 国家所广泛使用的永续盘存法计算，该方法由 Goldsmith 于 1951 年率先开创，其基本公式为：

$$K_t = K_{t-1} + I_t - D_{t-1} \quad (5-4)$$

其中，K_t 为当年固定资本净存量，K_{t-1}为上一年固定资产净存量，I_t 为当年固定资产投资额，D_{t-1}为上一年年固定资产折旧额。为消除通货膨胀因素对固定投资额的影响，则 1991 年以前的实际固定资产投资额做以下处理：

$$当年实际投资额\ I_t = \frac{当年名义投资额}{CPI_t\ (1978=1)} \quad (t<1991) \quad (5-5)$$

由于 1991 年开始公布官方固定资产投资价格指数，1991 年（含 1991）以后年份的实际固定资产投资额作以下处理：

$$当年实际投资额\ I_t = \frac{当年名义投资额}{固定资产投资价格指数_t} \quad (t\geqslant 1991) \quad (5-6)$$

关于 1978 年的固定资产存量，本书取郭四代（2012）估算的 9878 亿元。关于固定资产折旧率的计算问题，学术界一直以来存在着一定争议，本书亦采用了大多数学者选择的 5% 的资本折旧率值①。

（三）计算所得的各种增长变动率数值

本书将经济增长率（Y）作为响应变量，将劳动力人数变动率（L）、实际资本存量变动率（K）、新能源消费变动率（N）和传统能源消费变动率（M）作为冲击参数变量，通过计算，其具体数值如表 5－3 所示。

表 5－3　1994—2011 年的 *Y*、*L*、*K*、*N*、*M* 变动情况　单位：%

年份	Y	L	K	N	M
1994	9.907816	0.968446893	11.29084027	429.0887145	5.390465287
1995	7.7208	0.904306575	11.23426674	-14.5008066	6.983088897
1996	8.098748	1.300227723	11.06132509	3.062702497	3.061530961
1997	7.938676	1.261783901	10.47835363	0.530724707	0.530355348
1998	7.73452	1.170151819	10.98880926	0.202339784	0.202341278
1999	7.74872	1.071676317	10.20149854	3.219884716	3.219908454
2000	10.19809	0.967868448	10.04426978	29.4123924	3.425999838
2001	9.752068	0.987722827	10.39377947	-17.32127642	3.453670098

① 岳书敬，刘超明．人力资本与区域全要素生产率分析［J］．经济研究，2006（4）：92.

续表

年份	*Y*	*L*	*K*	*N*	*M*
2002	10.6299	0.66348888	11.23552602	32.50224394	5.893999895
2003	11.52433	0.622270742	13.24316655	84.44728787	14.93238045
2004	13.3057	0.716068135	14.3499818	16.1398044	16.13998578
2005	13.63074	0.515727674	15.97695719	24.3797031	10.44857256
2006	15.23855	0.443420365	17.07949194	-2.568774512	9.720470975
2007	17.2582	0.457467524	17.66125965	21.99467481	8.33058886
2008	11.55521	0.32261919	17.2581293	15.44461037	3.795222615
2009	9.309372	0.349372717	20.27744076	26.25785732	5.002441311
2010	14.03193	0.365300417	17.7286919	32.45673631	5.643408839
2011	12.35825	0.413901846	17.41801813	14.2373243	6.98891025

注：根据 excel 2003 软件进行运算。

三、模型实证分析

首先对各数据序列进行单位根检验，检验结果如表 5-4 所示。

表 5-4　　各变量数据单位根检验表

变量		经济增长	劳动力	资本	新能源	传统能源
0 阶单整	ADF 值	-4.272	-4.222	-4.188	-15.111	-3.027
	P 值	0.006	0.006	0.006	0.000	0.054
	显著性	1%：-3.959；5%：-3.081；10%：-2.681	1%：-3.920；5%：-3.066；10%：-2.673			

由表 5-4 可以看出，各变量序列在 10% 的显著性水平下满足 0 阶单整。因而本书可以根据各变量序列数据为基础建立多变量 VAR 模型。

一般而言，在确定各序列平稳后，我们还需对序列数据之间的因果关系做格兰杰因果检验，以便更好地筛选变量。基于资本、劳动力、能源消费与经济增长的关系，无论在理论上还是实践上都存在着互相交错的因果关系。即便在数据实证上，我们发现前面三者并不是后者的格兰杰成因，也不能就此消除该因素。另外，VAR 模型真正要关注的并不是二者的因果关系和协整关系，而是观察响应变量对冲击变量的反应情况，因而本书在这里不再进行格兰杰因果关系检验。

接下来要确定 VAR 模型的滞后阶数，具体选择结果可参考表 5 – 5。

表 5 – 5 VAR 模型滞后阶数的确定

Lag	LogL	LR	FPE	AIC	SC	HQ
0	– 170. 424	NA *	2297. 258 *	21. 92804 *	22. 16948 *	21. 94040 *
1	– 147. 319	28. 88197	3525. 388	22. 16484	23. 61345	22. 23902

注：lag2，lag3 均不显示。

表 5 – 5 中的“ * ”表示每一列标准中应该选择的滞后阶数，结合 AIC 和 SC 最小准则，我们可以发现 AIC、SC 在当期是最小的。由于 VAR 模型的滞后期是从滞后 1 期开始的，因而本书放弃 SC 最小准则，选择 VAR 模型的最优滞后阶数为 1 阶。

在确定最优滞后阶数以后，本书需要对 VAR 模型本身进行平稳性检验，这是进行脉冲响应分析和方差分解的基础。确定 VAR 模型是否稳定的条件是判断各序列矩阵所有特质值的倒数是否均在单位圆内。通过图 5 – 3 的 AR 单位根检验，我们发现该模型的所有序列特征值均在单位圆内，由此可以判定该模型是平稳的。

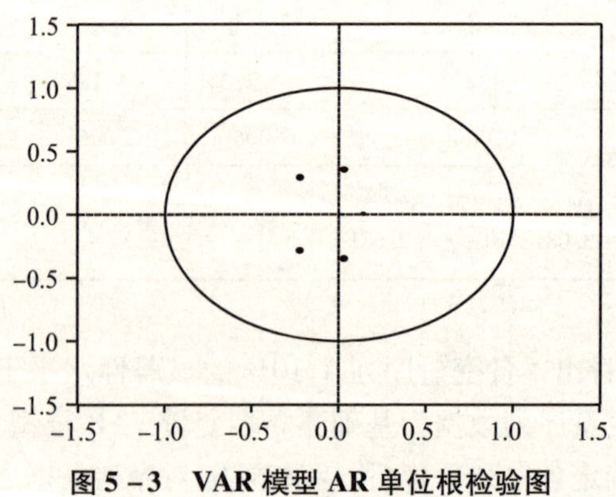

图 5 – 3 VAR 模型 AR 单位根检验图

在此基础上，本书将结合脉冲响应函数和方差分解来判断经济增长率对各冲击变量的响应程度。关于经济增长率的脉冲响应函数如图 5 – 4 所示。

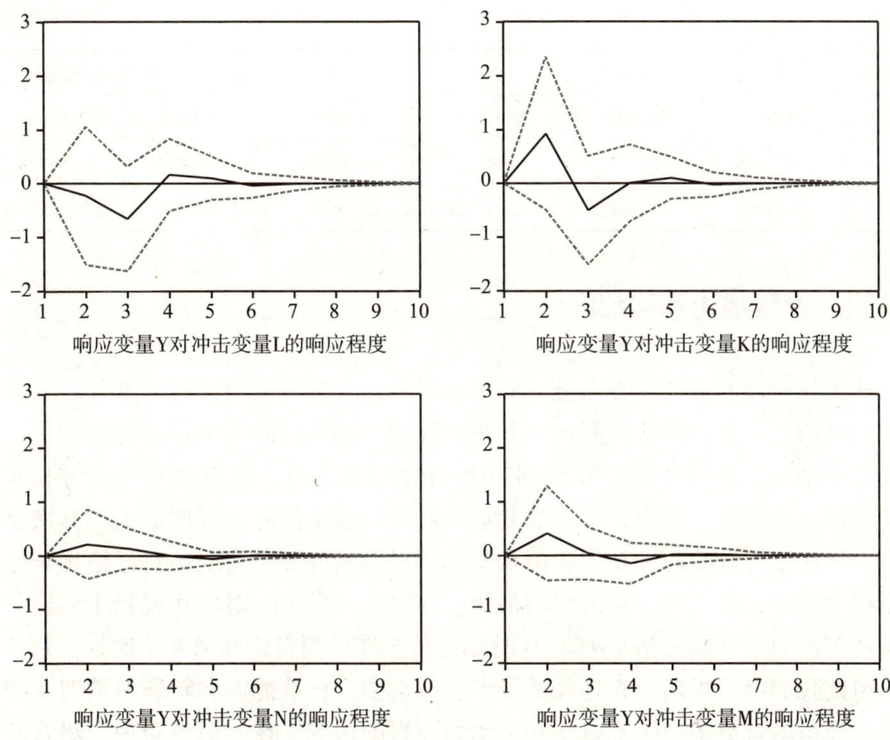

图 5-4 经济增长率 Y 的脉冲响应函数

经济增长率对各变量冲击的脉冲响应函数以实线表示，虚线则表示响应函数加减两倍标准差的置信带。为了更好地观察各参数变化对经济增长率的影响程度，我们将进行 VAR 模型的方差分解，具体结果如表 5-6 所示。

表 5-6 方差分解结果

时期	标准误	经济增长	劳动	资本	新能源消费	传统能源消费
1	2.309054	100	0	0	0	0
2	2.572739	82.87543	0.770018	13.07612	0.678738	2.599695
3	2.708957	75.06357	6.511525	15.20763	0.856334	2.360947
4	2.720711	74.61247	6.819217	15.07701	0.848979	2.642324
5	2.725155	74.3874	6.928711	15.15941	0.888098	2.636382
6	2.725635	74.36125	6.947268	15.16284	0.888812	2.639826
7	2.72566	74.36035	6.947414	15.16282	0.889426	2.639981

续表

时期	标准误	经济增长	劳动	资本	新能源消费	传统能源消费
8	2.725665	74.36012	6.947542	15.16288	0.889476	2.639981
9	2.725665	74.36012	6.947542	15.16288	0.889477	2.639982
10	2.725665	74.36012	6.947542	15.16288	0.889477	2.639982

四、模型结论和建议

从上述脉冲响应图和方差分解结果可以看出：除劳动力波动因素外，其他因素对经济增长率的冲击从一开始都是正向反应。随着时间的推移，这种冲击力量逐渐趋于稳定。从脉冲响应图 5－4 中的冲击幅度来看，各参数对经济增长率的影响程度是不同的。其中，资本的变动对经济增长率的冲击程度最大，其次是劳动力，再次是传统能源和新能源消费变动。尽管新能源消费变动对经济增长率的冲击程度最弱，但达到趋稳的时间最短，在第 7～第 8 时期之间就趋于稳定。而资本和劳动力变动则在第 9～第 10 时期，传统能源消费则在第 8 个时期之后。

由此我们可以推断，在选择的资本、劳动力、传统能源和新能源消费 4 个参数中，经济增长更多地受到资本和劳动力因素的影响。在能源消费中，尽管新能源消费增长很快，但传统能源消费依然对经济增长发挥着较大的作用。这说明，新能源产业作为战略性新兴产业，要成为替代传统能源的支柱产业，还有很长的路要走。

从表 5－6 的方差分解结果来看，我国经济增长率的变动在很大程度上是由于自身引起的，在逐渐趋稳后，其自身贡献率在 74.36% 左右。自身因素应主要归结于由于技术进步带来的生产效率提高等。相对于其他三个参数，资本变动的贡献率在趋稳后高达 15.16%，说明投资在经济增长中发挥着极其重要的作用。劳动力、传统能源消费的贡献率在趋稳后分别达到 6.95%、2.64%。新能源消费对经济增长的贡献率在趋稳后达到了 0.889%，接近于 1%，说明新能源产业已经成为我国新的经济增长点之一，但规模依然较小，需要进一步扶持发展。

通过对 VAR 模型脉冲响应函数和方差分解的分析，本书认为：

（1）我国经济增长率的波动主要是自身原因引起的。这一自身原因应归结于技术进步、经济体制转型和经济发展方式转变。资本投资在经济增长的作用依然重要，在经济增长率的贡献中位居第二。

（2）新能源消费已经对我国经济增长产生积极影响。这意味着把新能源产业发展作为我国新的经济增长点的需要是切实可行的。这是实施我国新能源产业发展战略的客观依据之一。

（3）新能源消费在拉动经济增长的贡献中还比较小，需要进一步扶持新能源产业发展，推进新能源消费。这一扶持发展应是长期的，直至新能源消费在拉动经济增长中的作用超过了传统能源的贡献份额。

第三节　我国新能源产业发展战略构建

基于新一轮能源革命和培育新的经济增长点的需要，在世界各国竞相实施新能源发展战略、市场竞争日趋激烈的形势下，立足于国内新能源发展相对于传统能源依然薄弱的现实基点，我国必须构建并实施新能源产业发展战略。

一、我国新能源产业发展战略的方向定位

根据我国转型期不断增长的能源总量需求和国家能源发展战略的总体要求，发展新能源是实现我国科学、绿色、低碳和可持续发展的重要内容。立足于我国经济发展已经处于世界第二大经济体的新阶段和新任务，发展新能源是转变经济发展方式、保障能源供应安全、提升国际竞争力的必然要求，是应对气候变化、实现经济社会环境协调发展、建设生态文明的重要举措，是转变改善能源结构、提升能源效率、推动实现能源革命的有效途径。① 进一步来讲，我国新能源产业发展战略的方向定位，应遵循以下原则。

1. 保障能源供应

我国新能源产业发展战略的首要目的，是切实保障国家能源供应安全，为到2020年全面建成小康社会，到21世纪中期基本实现四个现代化和中华民族的伟大复兴提供稳定、清洁、经济、安全和可持续的能源保障。从能源供应的区域层面来看，通过新能源产业的发展，不仅要解决偏僻和边远地区的用能用电问题，而且还要满足高耗电城镇不断增加的能源需求，并对传统常规能源产生替代作用，逐步减少经济社会发展对传统能源的依赖，增加国内能源供应渠道，进而降低我国石油、煤炭进口依存度和外部依赖风险，实现新一轮的能源革命和国家能源基本自给。

2. 保护生态环境

我国新能源产业发展战略的第二个目的，在于实现能源的清洁利用，保护生

① 中央党校课题组．中国新能源发展战略问题研究［J］．经济研究参考，2011（52）：12.

态环境。传统能源包括水电的开采使用，不可避免地对原生态大自然造成一定程度的损害，甚至对人类赖以生存的生物圈构成直接威胁。而人类对破坏生态环境所带来的消极影响以及如何进行恢复治理、生态还原的认识，还停留在比较浅显的水平上，对生物圈的危害机理和最终恶果尚未做出明确的论断。目前可以明确的是，新能源具有清洁、低碳、绿色的特点，保护生态环境就成为我国新能源产业发展的一项要义。另外，发展新能源产业，也可以通过市场竞争机制，推动促进传统能源的清洁化利用。发展新能源产业不仅要在使用中注意清洁、低碳甚至零排放，而且在生产过程也要注意环境保护，尽量减少对生态环境的损害。

3. 提高能源效率

能源的开发和利用效率是衡量一个国家科学技术水平和国际竞争力的重要标志。包括美日在内的发达国家都把提高能效、节约能源列入其能源发展战略。实施我国新能源产业发展战略，推动新能源产业发展，必须依靠技术创新，提升能源效率，降低能源成本。以此为突破口，打破经济发展的能源“瓶颈”，使能效成为满足能源需求安全的又一渠道。同时，不断缩小与发达国家的能效差距，使我国的新能源产品赢得更多的国际市场份额。

4. 改善能源结构

第三章中马克思的结构优化思想，不仅适用于产业发展、经济增长，而且也适用于能源结构和能源总量生产扩大。构建多元化的能源供应结构，不仅是实施能源发展战略确保能源安全的必然要求，也是新能源产业发展壮大的必由之路。各种新式能源，只有因地制宜、因时制宜，充分展现自身优势，不断挖掘发展潜力，突破技术发展困境，形成竞相迸发、相互协调、相辅相成、相得益彰的发展局面，才能不断提高新能源生产比重，拓展改善能源结构，化解“鸡蛋集中放在一个篮子”的风险，从而更好地实现能源供应安全。

5. 推进科学发展

新能源产业发展本身就是经济增长的中观体现。新能源产业技术密集型和人才密集型的特点，赋予了新时期转变经济发展方式的当代要求。建构我国新能源产业发展战略，就是要以此为契机，使新能源发展成为转变经济发展方式的产业典范。在实现良性发展的同时，统筹兼顾，正确处理经济增长与自然环境的关系，做到能源增长与区域经济的稳步发展相协调、与生态环境的承受能力相匹配，推进国民经济社会又好又快发展。

二、我国新能源产业发展战略的目标层次

从资源利用潜力来看，根据已有的资源评估结果，我国具有大规模发展新能

源的资源基础。风能、太阳能、生物质能等都具有每年数十亿吨标准煤的资源保障潜力，核能也存在较大的利用和发展空间，可以满足它们成为未来主流甚至主导能源的资源需求。

随着新能源技术的不断进步，常规能源由于稀缺性带来的开发成本和节能减排导致的使用成本增加，新能源开发相对成本趋于下降，市场竞争力不断增强。目前，新能源在我国能源消费的份额还比较低，尚属于快速成长的补充能源。展望未来，新能源将依次扮演有效补充能源、替代能源、主体能源和主导能源等角色。

1. 有效补充能源

到2015年左右，新能源成为能源供应体系中的有效补充能源。根据《“十二五”国家战略性新兴产业发展规划》，2015年新能源占全国一次能源消费总量的比例将提高到4.5%，减少二氧化碳年排放量4亿吨以上。这一目标已经实现。

2. 替代能源

到2020年左右，新能源将成为能源供应体系中的替代能源。2020年，非化石能源将达到全国一次能源消费总量的15%。届时，新能源消费份额将达到7%左右。

3. 主体能源

到2030年左右，新能源将成为能源供应体系中的主体能源。新能源消费份额将超过10%，有望达到15%左右。2030年非化石能源将达到全国一次能源消费总量的20%。非水电可再生能源可以满足3.2亿~6.4亿吨标准煤的能源需求，占全国能源需求的7%~14%。①

4. 主导能源

到2050年左右，新能源将成为能源供应体系中的主导能源。新能源消费份额将超过20%。非水电可再生能源可以满足7.2亿~14亿吨标准煤的能源需求，占全国能源需求的14%~28%。②

三、我国新能源产业发展战略的内涵体现

新时期，将新能源产业发展提升到战略的高度，意味着新能源产业在国家层面得到高度重视。单就从战略的内涵来讲，与具体的特定的战术不同，战略的地位和特点决定了我国新能源产业发展面临着史无前例的新机遇。我国新能源产业

①② 中国能源中长期发展战略研究项目组. 中国能源中长期（2030、2050）发展战略研究可再生能源卷［M］. 北京：科学出版社，2011.

发展战略的内涵体现在以下 5 个方面。

1. 高度重视

我国政府对新能源产业发展的考虑，最初是解决农村和偏远山区的用能问题。我国核电的引入和规模发展是为了满足东南部和东部高耗能城市的电力需求，平衡电力供求的缺口。近年来，随着我国部分新能源产品主要是太阳能电池、风电设备走向国际市场，新能源产业国际竞争力凸显。基于新能源对能源供应、环境保护和经济增长的积极作用，借鉴国外的普遍做法和经验，站在全球的高度，以世界眼光进行审视，发展并壮大新能源生产和应用是一项国家发展战略和时代战略，必须予以高度重视。

2. 优先发展

从经济结构来看，作为经济活动的能量和动力来源，能源产业需要优先发展。能源是国民经济发展的基础产业之一。基础不牢，地动山摇。我们党和政府历来重视能源产业的建设和发展。从能源结构来看，新能源产业需要优先发展。在不影响常规能源存量，也就是已有装机高负荷运转的情形下，优先加大新能源投入力度，逐步推广分散式发电并网，不断增加新能源发电份额，使之在满足能源需求增量方面扮演越来越重要的角色。

3. 长期扶持

与战术不同，战略在一定历史时期内具有相对稳定性。这决定了对新能源产业的扶持，具有长期性、稳定性和可持续性的特点。因此，政府在政策制定上，应遵循稳定、有效和可持续的方针。无论政府财税政策的实施力度加大，还是补贴退出机制的引入，都要注意有序性和渐进性，使新能源产业发展步入良性轨道。既要防止一哄而上、盲目发展的空间布局，又要防止停滞不前的市场困境。

4. 依靠创新

创新是一个民族进步的灵魂，是一个国家兴旺发达的不竭动力，是一个政党永葆生机的源泉。自主创新能力是国家竞争力的核心体现。技术创新和自主创新伴随着新能源产业产生、成长、发展和壮大的全过程。技术创新的速度和质量，决定着新能源产业的培育程度。只有加强原始创新、集成创新、引进消化吸收再创新，不断增强新能源产业自主创新能力，才能不断提高新能源产业的整体技术实力，增强国际市场竞争力。未来要引领世界新能源技术发展潮流，必须依靠、依赖原始创新。

5. 市场决定

2013 年 11 月 12 日，党的第十八届中央委员会第三次全体会议通过的《中共中央关于全面深化改革若干重大问题的决定》，明确提出“使市场在资源配置中起决定性作用”这一重大理论观点。这是对政府和市场关系的进一步界定。市场机制发挥资源配置的主导作用，将成为经济发展的新常态。推进电力市场价格改革，实行负面清单之外的统一平等的市场准入制度，鼓励和支持社会资本进入新能源领域，让国有企业、民营经济同台唱戏、平等竞争。健全优胜劣汰机制，规范市场退出壁垒，完善企业破产制度，使新能源产业永葆青春和活力。

第六章

我国新能源产业发展的财税政策

在我国新能源产业发展过程中，财税政策发挥了极其重要的扶持作用。从产业生命周期来看，我国新能源总体发展大致进入成长期和技术发展的降低成本阶段，换句话说，可以称之为规模化和标准化兴起阶段。但相对于成熟的传统能源产业来看，新能源发展基础依然薄弱。这个基本面的存在，决定着我国新能源财税激励政策的存在将是一个长期的过程。

第一节 财税政策对新能源产业发展的扶持作用

财税扶植政策工具的实施，具有阶段性、多样性的特点。在新能源产业发展的不同阶段，各种财税工具对新能源产业发展的扶持效力和力度是不同的。

一、财税政策的一般界定

（一）财税政策的主要内容

严格来讲，财税政策并不是一个合乎规范的学术性范畴。从字面意义来讲，财税政策包含财政和税收两种含义，而财政和税收属于两个不同层面的范畴。财税政策能够成为当前约定俗成的一个概念，其原因在于这一概念突出强调了税收的重要性，并且简单明了。

本书认为，财税政策可以看作财政支出政策和税收政策的简称，是财政政策的主要组成部分。而财政政策覆盖面较广，内容包括预算收支政策、税收政策、支出政策（主要包括政府购买、财政补贴和投资政策）和国债政策等，是“国家制定的指导财政工作的行动准则，反映国家处理财政分配关系的原则，包括财政支出政策和财政收入政策，其实施是财政政策目标和手段的有机统一”①。一般来讲，财税政策应主要包括以下两个方面的内容②。

1. 税收政策

主要通过税种、税率来确定和保证国家财政收入，调节社会经济的分配关系，以满足国家履行政治经济职能的财力需要，促进经济稳定协调发展和社会的公平分配。税收具有强制性、无偿性和固定性等特点。当前，我国税收主要分为流转税、所得税、资源税、财产税、行为税五大类，共18种。

（1）流转税指以纳税人商品生产、流通环节的流转额或者数量以及非商品交易的营业额为征税对象的一类税收，包括增值税、消费税、营业税、关税、证券交易税等。

（2）所得税指国家对法人、自然人和其他经济组织在一定时期内的各种所得征收的一类税收，通常以纯所得为征税对象。

（3）资源税是以各种应税自然资源为课税对象，为了调节资源级差收入并体现国有资源有偿使用而征收的一种税。

（4）财产税是以纳税人所有或属其支配的财产为课税对象的一类税收，主要包括房产税和契税等。

（5）行为税是国家为了对某些特定行为进行限制或开辟某些财源而课征的一类税收，包括印花税、屠宰税、车船使用税等。

一国政府在征收正税的基础上，为了某些特殊需要还可以实施鼓励性措施或惩罚性措施，称为税收优惠与税收惩罚。税收的优惠性措施主要包括减税、免税、宽限、加速折旧以及建立保税区等。与税收优惠措施相反的是税收的惩罚性措施，如报复性关税、双重征税、税收加成、征收滞纳金等。

2. 支出政策

支出政策主要包括消费性支出和生产性支出。前者又称公共支出或经常项目支出，主要指政府满足纯公共需要的一般性支出，包括政府购买和转移性支付两大部分。后者主要指政府投资。

（1）政府购买是指各级政府购买物品和劳务的支出，是一种政府的直接消费支出，用于提供国家和社会的公共服务。

（2）转移性支出是指政府通过“财政收入→国库→财政支付”过程，把一部分财政资金无偿地、单方面转移给居民和其他收益者的支出，以达到经济稳定协调发展和社会安定的目的。转移性支出主要由社会保障支出和财政补贴组成。

---

① 辞海［M］.6版.上海：上海辞书出版社，2009.

② 陈共.财政学（第七版）［M］.北京：中国人民大学出版社，2012.

财政补贴具有双重性，合理适宜的补贴能够推动技术进步，形成新的经济增长点，熨平经济结构调整带来的摩擦；但过多的补贴反而容易产生激励的惰性，加重财政的负担。

(3) 政府投资是指财政用于资本项目的建设支出，它最终将形成各种类型的固定资产。在市场经济条件下，政府投资的项目主要是指那些具有自然垄断特征、外部效应大、产业关联度高、具有示范和诱导作用的公共设施、基础性产业以及新兴的高科技主导产业。政府的投资能力与投资方向对经济结构的调整起关键性作用。

（二）财税政策的职能与目标

哈维·S. 罗森（Harvey S. Rosen）、特德·盖亚（Ted Gayer）在其合著的《财政学》（第八版）的第一章导论中，曾提到政府的微观经济职能，即政府影响资源配置和收入分配的方式，[①] 这也构成了财政学的研究对象之一[②]。同样，作为财政政策的主要组成部分，财税政策也具有资源配置和收入分配两种职能。

由于存在公共物品、外部性等市场失灵状态，市场自发形成的配置不可能实现最优的效率状态，因而需要政府介入和干预，从而赋予了财税政策的资源配置职能。财政政策的特点和作用是，通过本身的收支活动为政府提供公共物品，鼓励正外部性生产提供经费和资金，引导资源的合理流向，弥补市场的失灵和缺陷，最终实现全社会资源配置的“帕累托”最优效率状态。

财税政策的收入分配职能在于通过划清市场分配与财政分配的界限和范围，规范工资制度、税收、包含政府补贴在内的转移性支出等方式调节国民收入分配，使现阶段社会各阶层收入差距维持在一个能接受的合理范围内。在此基础上，经济稳定与发展就成为财税政策的第三个职能，比如缩小区域发展差距，引导扶植新兴产业发展，推动经济结构调整，转变经济发展方式等。

财税政策本身既不直接生产也不直接提供公共物品，而是通过征税和收费为政府各部门组织公共生产和提供公共物品筹集经费和资金。财税政策的目标，是最终满足社会公共需要，同时又通过税收优惠、政府购买、财政补贴和政府投资等手段调控经济运行。

二、新能源产业财税政策的主要内容

基于新能源产业发展战略和目标的要求，需要实施有利于新能源产业规模化

---

①② ［美］哈维·S. 罗森，特德·盖亚. 财政学［M］. 8版. 郭庆旺，赵志耘，译. 北京：中国人民大学出版社，2009.

发展的财税政策。这主要包括直接投资、税收优惠、政府补贴、政府优先购买等政策工具。

（一）直接投资

直接投资是指在新能源产业发展的过程中，通过直接使用政府性资金进行固定资产投资活动，以克服新能源产业发展资金不足和公共基础设施“瓶颈”的难题，推进新能源科技进步和高新技术产业化。直接投资往往发生在新能源产业发展生命周期的投入期和成长期，一方面为新能源产业发展提供最直接的动力，刺激新能源产业的成长和产品的推广；另一方面作为示范，诱导带动更多的社会资金进入新能源产业，形成固定资产投资的主要资金来源渠道。

（二）税收优惠

税收优惠政策可以分为两大类。

1. 正面激励政策

对新能源产业实施的正面激励政策，主要包括减免增值税、减免营业税、减免关税和所得税（企业所得税和个人所得税）。企业所得税优惠又可以分为直接优惠方式和间接优惠方式两种。

（1）直接优惠方式包括税收减免、优惠税率、再投资退税等。

（2）间接优惠方式主要以税收扣除、加速折旧、准备金制度、税收抵免、盈亏相抵和延期纳税等。①

2. 反向激励政策

实施反向激励政策，即对传统常规能源产业征收强制性环境税，包括二氧化碳税（简称碳税）和二氧化硫税等。一方面，有利于限制传统能源的消耗，推动传统能源企业技术创新，减少环境污染的负外部性；另一方面，有利于助推新能源产业进一步开发利用，实现低碳乃至零排放。

（三）财政补贴

财政补贴主要包括生产者补贴和消费者补贴。

1. 生产者补贴

生产者补贴又主要包括投资补贴和产品补贴。投资补贴是指对新能源项目开发投资者进行直接补贴，常常与价格补贴互补。产品补贴是指对新能源企业生产

---

① 杜伟杰，陈钢，高宇．新能源产业补贴：作用机理、现状与改进思路［J］．经济论坛，2011（5）：184.

的产品数量和价格进行补贴。实施生产者补贴，有利于调动新能源企业的投资积极性，降低企业生产成本，扩大生产规模，增加产量，减少影响利润的市场不确定性风险。

2. 消费者补贴

消费者补贴是指对新能源主要是可再生能源分布式设备安装和应用进行补贴。实施消费者补贴，有利于扩大市场有效需求，普及推广新能源设备和产品应用。

（四）政府优先购买

政府优先购买是指政府在采购活动中，应当优先购买新能源产业的产品，以此来示范并带动全社会对新能源产品的消费热潮，提高人们对新能源产品的认识程度，从而起到扩大新能源市场需求、推动产业发展的目的。例如，国家在电网建设时优先考虑智能电网，满足风力、光伏和光热发电的特点；在电力供应上，根据本地的实际情况，优先合理选择购买应用分布式可再生能源，比如光伏发电设备，以满足办公需要；在办公用汽车上，优先购买新能源汽车，等等。

三、财税政策扶持新能源产业发展的机理分析

（一）财税政策扶持新能源产业发展的机理作用

1. 培育形成完整的产业链和新市场

作为幼稚产业，新能源产业链是不完整的，存在一定的残缺和不足，即要么存在供给的不足，要么存在需求的不足，甚至双方都是空白。

从供给的角度来看，上游的资源勘探存在不确定性，资源潜力有待进一步挖掘，比如铀矿资源的勘探、风力和太阳能资源的有效评估。中游的整机装备制造能力和关键零部件技术研发水平亟须进一步提升，存在发展的空白和盲点；市场竞争压力加剧，企业重组带来的规模效应和带动效应不明显。

从需求的角度来看，下游的电厂建设、管理与并网应用由于价格昂贵、成本较大、资金困难，给规模化应用带来阻力。例如，我国光伏产业多年存在的“原料、技术和出口三头在外”的情形就是新能源产业链不健全的一个缩影。

通过实施满足供求的激励性财税政策，建立一个完整的、独立的、不依赖外部主体的、可以实现自我循环的产业链，才能形成新的消费市场，实现该产业的可持续发展。

2. 扶持新能源产业规模化发展

现代规模经济理论认为，在一特定时期内，当企业产品绝对量增加时，其单

位成本会下降，即扩大经营规模可以降低平均成本，从而提高利润水平。马克思早在《资本论》（第一卷）中对此做了很好的说明。

马克思指出，社会劳动生产力的发展只有在以大规模的协作为前提下，“才能组织劳动的分工和结合，才能使生产资料由于大规模积聚而得到节约，才能产生那些按其物质属性来说只适于共同使用的劳动资料，如机器体系，等等，才能使巨大的自然力为生产服务，才能使生产过程转化为科学在工艺上的应用”①。通过实施综合性的财税政策，将这种“协作”变为现实，一方面直接刺激新能源产业规模的扩大；另一方面通过调动激发人、财、物、土地等生产要素进入新能源产业，间接推动规模化发展。

3. 推动新能源产业技术不断进步

科学技术在当今经济社会发展至关重要。邓小平同志最早提出“科学技术是生产力，而且是第一生产力”② 的鲜明论断。对于新能源产业主体来讲，技术进步程度直接决定着企业生产成本和利润的大小，决定着新能源产品的数量、使用效率和市场占有率，是新能源企业和产业发展的生命线。

财税政策对新能源产业技术进步的支持，贯穿于新能源产业发展生命周期的全过程，是一项长期的战略支持。无论是在新能源产业发展的投入期，还是在衰退期（被未来的新能源所代替），财税政策在支持技术更新上，扮演着不可替代的作用。

（二）财税工具实施力度的产业生命周期图示分析

1. 财税工具实施力度的一种整体性分析

从整体上来讲，包括政府直接投资、税收优惠、政府补贴、政府优先购买等在内的财税政策工具的实施力度，会随着新能源产业发展的规模化成熟发展与应用出现一种先增加、后下降的总体趋势，但不会减少为零（如图6－1所示）。

在新能源产业发展生命周期的投入期和成长期，财税政策工具的实施力度会逐步加大。随着新能源产业进入规模化发展阶段，达到成熟期，财税政策工具的实施力度达到峰点，为最大值，如图6－2中的 M_1 点所示。过了这一点之后，或者保持一段平稳的时期之后，财税政策会表现出逐步退出的趋势。

---

① 中共中央马克思恩格斯列宁斯大林著作编译局．马克思恩格斯选集（第四十四卷）［M］．北京：人民出版社，2001.

② 中共中央文献研究室．十三大以来重要文献选编（下）［M］．北京：人民出版社，1993.

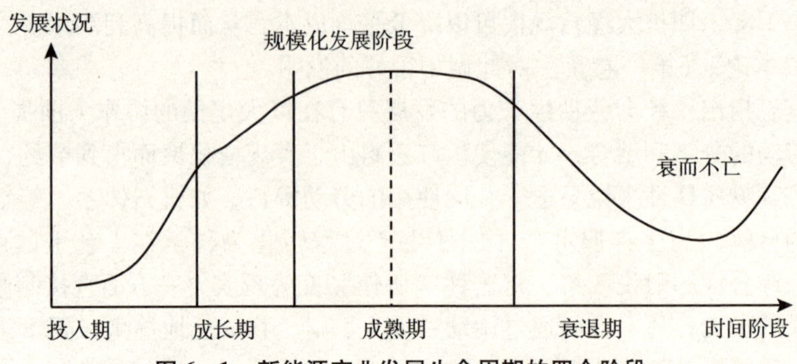

图6-1　新能源产业发展生命周期的四个阶段

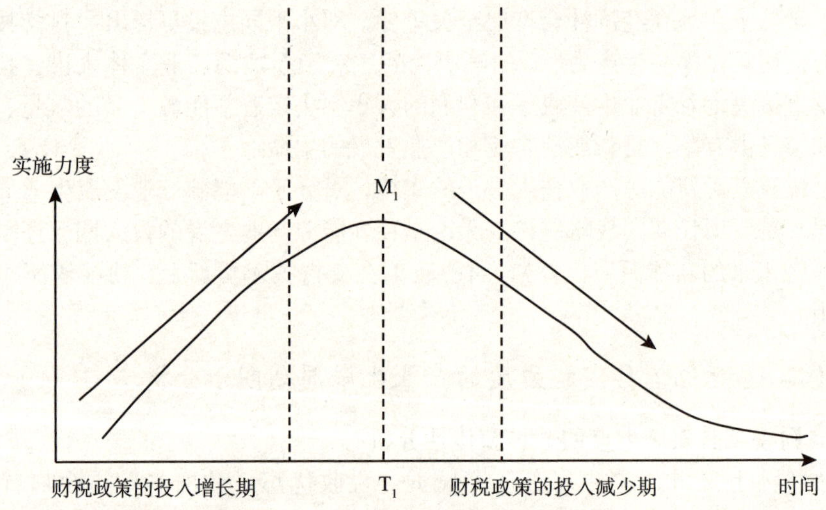

图6-2　财税政策的总体实施力度变化

其原因在于，生产市场和消费市场已经充分建立起来，企业已经能够实现规模效益，并对未来发展有了充分的预期，可以充分发挥市场主体的作用。消费者不仅对新能源产品能够普遍认识并接受，而且还能够有效选择产品并进行信息反馈。在新能源产业衰退期（此时的新能源有可能面临更新的能源竞争），财税政策的实施力度逐步降低。但财税政策不会彻底退出，其原因在于对技术创新（包括对传统技术改造升级）的支持使得财税政策的实施力度可以保持在一个较低但比较固定平稳的水平。

2. 实施力度和有效性的一种比较分析

根据实施力度的大小，各种财税政策工具可以进行以下排序：直接投资 > 财政补贴 > 税收优惠 > 政府优先购买，这正好可以与新能源产业发展生命周期相对应。

具体来看，投入期，技术研发需要政府拨款和直接投资；成长期，企业生产成本逐步降低，可能财政补贴、税收优惠和政府采购的效果更好一些（如图6-3所示）。

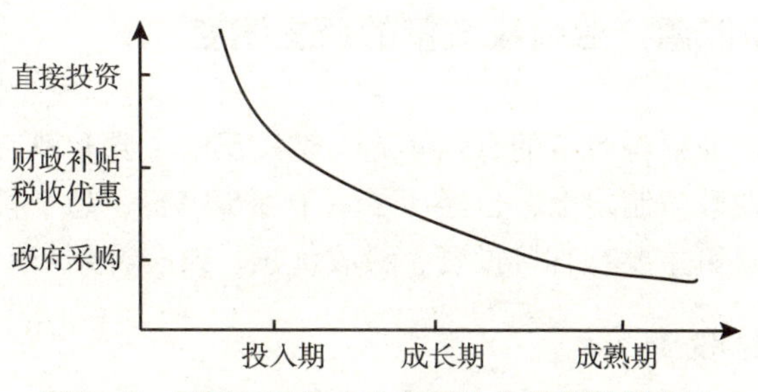

图6-3　财税工具与产业发展生命周期阶段关系

从技术生命周期来看，也是如此。新能源产业技术生命周期一般包括研究开发阶段、技术示范和商业化示范阶段、规模化降低成本阶段和大面积推广阶段。各种财税政策工具适用于技术发展不同阶段的效果是不同的，其政策可行性也是不同的，[①] 存在最优和次优选择组合（见表6-1）。

表6-1　财税政策工具适用不同技术发展阶段的有效性与可行性

财税政策工具		新能源产业技术发展阶段			
		研发阶段	示范阶段	降低成本阶段	规模化商业推广阶段
直接投资		★★★	★★★	★	★
财政补贴		★★	★★	★★★	★★
税收优惠	正向激励	★	★★	★★★	★★
	反向激励	★	★	★★	★★★
政府优先（强制）采购		★	★★	★★★	★★

注："★"代表有效性程度，有效性越强，可行性越高。这里的新能源不包括核电。

第二节　我国新能源产业财税政策的历史演变与未来选择

在历史演变上，我国新能源产业财税政策经历了一个逐步完善、趋于科学的

① 朱志刚．加快迈向新能源时代——构建有利于新能源发展的财税制度研究［M］．北京：中国环境科学出版社，2008.

过程。在未来选择上，我国新能源产业财税政策必须保持持续性、稳定性和连贯性，具体工具选择需要进行动态的适应性调整。

一、我国新能源产业财税政策的历史演变

我国新能源产业财税政策的有效实施，切实反映了党和政府对新能源产业发展的高度重视。在政策制定上，也经历了一个逐步完善、趋于科学的过程。我国新能源产业财税政策主要有直接投资、税收优惠、投资补贴与上网定价等形式。[①]

（一）直接投资

作为新生产业，由于市场发育不成熟，生产投资成本一般较大，市场收益和风险均不确定，政府参与、直接投资的比例较大。[②]

（1）核电具有投入规模大、建设周期强、技术密度高、安全运行严、产业关联强和能够作为基荷电源使用的特点，其特点决定了我国核电建设一般由国家投入，属于政府投资项目。例如，我国第一座核电站——秦山核电站，由国家财政出资，主要股东是中国核工业集团。2012 年 9 月，经国务院同意，中广核股权关系调整为国务院国资委持股 82%、广东省政府持股 10%、中国核工业集团持股 8%。

（2）风电投资主体仍以国有企业为主，主要是中央企业和部分风能资源丰富的地方国有发电投资企业。例如，2010 年度，国有企业投资建设的风电容量达到 2992 万 kW，占全国总建设容量的 78%。2017—2018 年，国内风电投资主体仍然保持了较为单一的格局。

（3）生物质能发电产业由于投资成本和燃料成本较高，国有企业占据了 50% 以上的总装机容量份额。

（4）新能源产业中，仅有光伏发电投资建设主体呈现为多元化景象。

（二）税收优惠

我国新能源产业税收优惠主要包括关税、进口环节增值税、电力销售增值税、所得税和消费税优惠等。

---

① 如不做特殊说明，本书主要研究我国国家的新能源产业政策如财税政策、融资政策、技术政策等，不含地方政府。

② 2010 年国务院法制办发布的《政府投资条例〈征求意见稿〉》提出，“需要政府投资占主导地位的，可以采用直接投资的方式”。

1. 关税和进口环节增值税免征

根据《国务院关于调整进口设备税收政策的通知》，自1998年1月1日起，核能（中方控股或占主导地位）、太阳能、风能、磁能、地热能、潮汐能、生物质能等电站的建设和经营属于《外商投资产业指导目录》（鼓励类），相关产业、技术属于《当前国家重点鼓励发展的产业、产品和技术目录》之内，“在投资总额内进口的自用设备，免征关税和进口环节增值税”。

随着我国新能源产业技术进步，新能源产业关税和进口环节增值税逐步调整。根据《进口不予免税的重大技术装备和产品目录（2012年修订）》，单机额定功率≤3MW的风力发电机组整机，不予免税，这一政策维持到现在。根据财政部、工业和信息化部、海关总署、国家税务总局发布的《关于调整重大技术装备进口税收政策有关目录的通知》，自2013年4月1日起，仅仅对生产太阳能电池设备而确有必要进口的部分关键零部件、原材料，免征关税和进口环节增值税。

（1）在同一新能源产业，为鼓励自主创新和国产化，对进口部分关键配套部件、原材料与整机和成套设备采取不同的税收优惠。例如，2000年国家将风力发电列入《当前国家重点鼓励发展的产业、产品和技术目录（2000年修订）》，规定进口自用设备可以免征关税和进口环节增值税。同时，又在《国内投资项目不予免税的进口商品目录（2000年修订）》中列入“风力发电机整机，所有规格”，从而排除了风力发电机整机进口税收优惠。

再如，2006年6月，国务院在《国务院关于加快振兴装备制造业的若干意见》中，提出对列入国家发展重点的重大技术装备和产品（包括百万kW级核电机组、大功率风电机组）在条件成熟时制定专项进口税收政策，对部分关键配套部件和原材料进口给予免征进口关税或实行先征后返、进口环节增值税实行先征后返的政策。同时，取消相应整机和成套设备的进口免税政策。

（2）对待同一性质的产品，由于发电功率的差异采取不同的进口税收优惠政策，并不断调整。根据《财政部 国家发展改革委 海关总署 国家税务总局关于落实国务院加快振兴装备制造业的若干意见有关进口税收政策的通知》和财政部《关于调整大功率风力发电机组及其关键零部件、原材料进口税收政策的通知》，自2008年1月1日起，“对国内企业为开发、制造1.2MW以上的大功率风力发电机组而进口部分关键零部件、原材料所缴纳的进口关税和进口环节增值税实行先征后退政策”。“对进口单机功率不小于1.5MW的风电机组配套的关键零部件和原材料，免征关税和进口环节增值税。所退税款作为国家投资处理，转为国家资本金，主要用于企业新产品的研制生产以及自主创新能力建设。”自2008年5月1日起，“对新批准的内、外资投资项目进口单机额定功率不大于2.5MW

的风力发电机组一律停止执行进口免税政策”。

2. 电力销售增值税优惠

（1）核电销售增值税优惠。早在 1998 年 12 月，财政部、国家税务总局发布《财政部、国家税务总局关于广东大亚湾核电站有关税收政策问题的通知》（已废止），对大亚湾核电站销售的电力免征增值税①。这对大亚湾核电站偿还贷款是一个积极利好。

2008 年 4 月，为支持核电产业的发展，统一核电行业税收政策，财政部、国家税务总局发布《财政部　国家税务总局关于核电行业税收政策有关问题的通知》。这一通知规定，对于核能发电企业生产销售的电力产品，自正式商业投产次月起 15 个年度内，按照核电机组计算法，统一实行增值税先征后退政策，返还比例以每 5 个年度为阶段依次递减，具体返还比例分别为已入库税款的 75%、70% 和 55%。

满 15 个年度以后，不再实行增值税先征后退政策。同时规定，自 2008 年 1 月 1 日起，“核力发电企业取得的增值税退税款，专项用于还本付息，不征收企业所得税。大亚湾核电站销售给广东核电投资有限公司的电力在 2014 年 12 月 31 日前继续执行免征增值税的政策”。

（2）风电销售的增值税优惠。《财政部　国家税务总局关于部分资源综合利用及其他产品增值税政策问题的通知》（已废止）规定，自 2001 年 1 月 1 日起，对利用煤矸石、煤泥、油母页岩和风力生产的电力实行按增值税应纳税额减半征收的政策。2008 年下半年，延续了这一政策。根据《财政部　国家税务总局关于资源综合利用及其他产品增值税政策的通知》，自 2008 年 7 月 1 日起，对纳税人利用风力生产电力的销售增值税实行即征即退 50% 的政策。基于对风力发电产业的鼓励和支持，这一风电销售的增值税政策持续至今。

（3）光伏发电销售增值税优惠。为鼓励利用太阳能发电，针对 2012 年以来光伏产业发展出现的困境，促进光伏产业健康发展，财政部、国家税务总局于 2013 年 9 月发布《关于光伏发电增值税政策的通知》，规定自 2013 年 10 月 1 日至 2015 年 12 月 31 日，对“纳税人销售自产的利用太阳能生产的电力产品，实行增值税即征即退 50% 的政策”。基于对光伏发电产业的鼓励和支持，这一光伏发电销售的增值税政策持续至今。

（4）生物质能发电销售增值税和消费税优惠。《财政部　国家税务总局关于部分资源综合利用及其他产品增值税政策问题的通知》（已废止）规定自 2001 年 1

① 《财政部、国家税务总局关于广东大亚湾核电站有关税收政策问题的通知》，1998 年 12 月 15 日，已失效。

月 1 日起，利用城市生活垃圾生产的电力，实行增值税即征即退的政策。《财政部　国家税务总局关于部分资源综合利用产品增值税政策的补充通知》（已废止）进一步规定，城市生活垃圾用量（重量）占发电燃料的比重必须达到 80% 以上（含 80%），才能享受此优惠。《财政部　国家税务总局关于资源综合利用及其他产品增值税政策的通知》延续了这一政策。《财政部　国家税务总局关于印发〈资源综合利用产品和劳务增值税优惠目录〉的通知》规定，对 80% 原料来自餐厨垃圾、畜禽粪便、稻壳、花生壳、玉米芯、油茶壳、棉籽壳、三剩物、次小薪材、农作物秸秆、蔗渣生产的符合相关排放标准的生物质压块、沼气等燃料和电力、热力实行 100% 的增值税免除。

财税〔2008〕156 号增加了对销售自产的综合利用生物柴油实行增值税先征后退政策，对综合利用生物柴油进行了规定：该生物柴油是指以废弃的动物油和植物油为原料生产的柴油，其原料比重不低于 70%。财税〔2015〕78 号明确了对生物柴油实行 70% 的增值税比例免除政策。

《财政部　国家税务总局关于变性燃料乙醇定点生产企业有关税收政策问题的通知》（已废止）规定，“对吉林燃料乙醇有限责任公司、河南天冠集团、安徽丰原生物化学股份有限公司和黑龙江华润酒精有限公司生产用于调配车用乙醇汽油的变性燃料乙醇免征消费税，以前年度已征的消费税退还给企业；该四个企业生产用于调配车用乙醇汽油的变性燃料乙醇，增值税实行先征后退办法”。此项税收优惠政策虽然仅适用于定点企业，但对车用乙醇汽油扩大试点工作起到了很好的示范、推动作用。

2011 年 10 月，调整了变性燃料乙醇定点生产企业的增值税、消费税的政策。《财政部　国家税务总局关于调整变性燃料乙醇定点生产企业税收政策的通知》文件规定，“以粮食为原料生产用于调配车用乙醇汽油的变性燃料乙醇，实行增值税先征后退政策”。其中 2011 年 10 月 1 日—12 月 31 日、2012 年、2013 年、2014 年退税比例分别为 80%、60%、40% 和 20%，自 2015 年 1 月 1 日起，取消增值税先征后退政策。

自 2011 年 10 月 1 日起，以粮食为原料生产用于调配车用乙醇汽油的变性燃料乙醇恢复征收消费税，税率为 5%。其中 2011 年 10 月 1 日—12 月 31 日、2012 年、2013 年、2014 年分别减按 1%、2%、3% 和 4% 征收，自 2015 年 1 月 1 日起，按 5% 征收。

2014 年，财政部、国家税务总局对销售以木薯为原料生产的燃料乙醇实施增值税先征后退及消费税免税的政策。另外，需要说明的是，2009 年我国进行了增值税改革。改革方案规定，自该年 1 月 1 日起，在维持现行增值税税率不变的前提下，允许企业抵扣其新购进设备所含的进项税额，未抵扣完的进项税额结转下期继续抵扣。

3. 所得税优惠

（1）核电、风电、太阳能发电、地热发电和海洋能发电所得税优惠。《财政部　国家税务总局　国家发展改革委关于公布公共基础设施项目企业所得税优惠目录（2008年版）的通知》规定，自2008年1月1日起，将由国务院核准的核电站、由省级以上政府投资主管部门核准的海洋能发电以及由政府投资主管部门核准的风力发电、太阳能发电、地热发电新建项目纳入到企业所得税优惠目录中。

新能源发电项目主体认定为属于国家需要重点扶持的高新技术企业类型的，适用15%的企业所得税税率。在此基础上，根据企业所得税法，实行“三免三减半”的优惠政策，即“自项目取得第一笔生产经营收入所属纳税年度起，第一年至第三年免征企业所得税，第四年至第六年减半征收企业所得税”。对符合国家优惠目录的新能源发电项目购置专用设备，实行投资额10%的抵免政策，并规定了允许5年期限的结转抵免。

（2）生物质能所得税优惠。《财政部　国家税务总局关于执行资源综合利用企业所得税优惠目录有关问题的通知》规定，企业自2008年1月1日起以《资源综合利用企业所得税优惠目录（2008年版）》（下面简称《目录》）中所列资源为主要原材料，生产《目录》内符合国家或行业相关标准的产品取得的收入，在计算应纳税所得额时，减按90%计入当年收入总额。其中要求，用以生产生物柴油及工业油料的废生物质油、废弃润滑油原料比重为100%，生产电力、热力及燃气的农作物秸秆及壳皮（包括粮食作物秸秆、农业经济作物秸秆、粮食壳皮、玉米芯）比重为70%以上。

（三）投资补贴

在新能源产业发展过程中，我国实施了有力的投资补贴政策。2009年3月，财政部、住房和城乡建设部公布《关于加快推进太阳能光电建筑应用的实施意见》，即“太阳屋顶计划”，这是国内首次大范围对太阳能行业进行补助，对具备装机容量不小于50kW等条件的光电建筑项目实行20元/W的补助。

2009年7月，财政部、科技部、国家能源局联合印发了《关于实施金太阳示范工程的通知》，决定“综合采取财政补助、科技支持和市场拉动方式，扶持单个项目装机容量不低于300kWp，并计划在2～3年内，采取财政补助方式支持不低于500MB的光伏发电示范项目”，以此来加快国内光伏发电的产业化和规模化发展。

《金太阳示范工程财政补助资金管理暂行办法》规定，“并网光伏发电项目原则上按光伏发电系统及其配套输配电工程总投资的50%给予补助，偏远无电地区的独立光伏发电系统按总投资的70%给予补助；光伏发电关键技术产业化和产业基础能力建设项目，给予适当贴息或补助。”

核电投资补贴，主要是技术研发补贴。例如，《财政部　工信部关于组织推荐2011年国家重大科技成果转化项目的通知》将核电装备所需核级阀门技术列入2011年国家重大科技成果转化项目。

根据《财政部　工业和信息化部关于下达2011年科技成果转化项目补助资金的通知》和《江苏省财政厅　江苏省经济和信息化委员会关于下达2011年科技成果转化项目补助资金的通知》，江苏神通阀门股份有限公司实施的“AP1000第三代核电站用核级阀门产业化项目”，获得项目补助资金1100万元。

（四）上网定价和价格补贴

1. 上网电价的一般规定

根据《国务院办公厅关于印发电价改革方案的通知》，我国电力“上网电价改革的方向是全面引入竞争机制，价格由供需各方竞争形成……电量电价的形成机制，既要促进有效竞争，也要避免价格的非正常涨落”。据此，《国家发展改革委关于印发电价改革实施办法的通知》提出，“常规水力发电企业及燃煤、燃油、燃气发电企业（包括热电联产电厂）、新建和现已具备条件的核电企业参与市场竞争；风电、地热等新能源和可再生能源企业暂不参与市场竞争，电量由电网企业按政府定价或招标价格优先购买，适时由政府规定供电企业售电量中新能源和可再生能源电量的比例，建立专门的竞争性新能源和可再生能源市场。”这是首次提出，部分核电定价要引入市场化机制，由市场竞争形成；并规定了可再生能源电力定价暂不参与市场竞争。

2. 核电上网定价和补贴

自从我国发展核电以来，核电上网定价全部是政府定价。《国家发展改革委关于完善核电上网电价机制有关问题的通知》对核电上网电价机制进一步完善，既表现出统一的标杆定价，又有具体的个别规定。这一通知规定，对2013年1月1日以来投产的新建核电机组实行0.43元/kW·h的标杆上网电价政策，并保持该电价的相对稳定。

为推进核电经济性，同燃煤火电相竞争，对于全国核电标杆上网电价高于核电机组所在地燃煤机组标杆上网电价（含脱硫、脱硝加价）的地区，新建核电机组投产后执行当地燃煤机组标杆上网电价。相反，如果前者低于后者，承担核电技术引进、自主创新、重大专项设备国产化任务的首台或首批核电机组或示范工程，其上网电价可在全国核电标杆电价基础上适当提高。

从最新发展来看，新投入商业运行的核电机组经济性大大增强，含税上网电价已低于全国规定的标杆上网电价。根据《福建省物价局关于调整核电上网电价的通知》，2016 年先后投入商业运行的宁德 4 号机组、福清 3 号机组含税上网电价为 0. 3717 元/kW・h。根据《江苏省物价局关于江苏田湾核电站 3 号机组上网电价的通知》，2018 年 2 月投入商业运行的江苏核电 3 号机组含税上网电价为 0. 401 元/kW・h。

3. 可再生能源上网定价和补贴

在可再生能源上网定价调整历程中，具有里程碑意义的是，国家发展改革委 2006 年制定的《可再生能源发电价格和费用分摊管理试行办法》。该办法规定了可再生能源上网定价的确立办法、电价补贴内容、费用分摊办法。其中，可再生能源电价补贴，包括“可再生能源发电项目上网电价高于当地脱硫燃煤机组标杆上网电价的部分、国家投资或补贴建设的公共可再生能源独立电力系统运行维护费用高于当地省级电网平均销售电价的部分，以及可再生能源发电项目接网费用”。费用分摊办法指出“可再生能源电价补贴通过向电力用户征收电价附加的方式解决”。

具体来看，“生物质发电项目上网电价实行政府定价的，由国务院价格主管部门分地区制定标杆电价，电价标准由各省（自治区、直辖市）2005 年脱硫燃煤机组标杆上网电价加补贴电价组成。补贴电价标准为 0. 25 元/kW・h。发电项目自投产之日起，15 年内享受补贴电价；运行满 15 年后，取消补贴电价”。

“自 2010 年起，每年新批准和核准建设的发电项目的补贴电价比上一年新批准和核准建设项目的补贴电价递减 2%。发电消耗热量中常规能源超过 20% 的混燃发电项目，视同常规能源发电项目，执行当地燃煤电厂的标杆电价，不享受补贴电价。通过招标确定投资人的生物质发电项目，上网电价实行政府指导价，即按中标确定的价格执行，但不得高于所在地区的标杆电价。”

“风力发电项目的上网电价实行政府指导价，电价标准由国务院价格主管部门按照招标形成的价格确定。”① “太阳能发电、海洋能发电和地热能发电项目上网电价实行政府定价，其电价标准由国务院价格主管部门按照合理成本加合理利润的原则制定。”

总而言之，可再生能源上网定价主要包括政府定价和政府指导价两种。其中，政府指导价较之于政府定价是接近市场化的一种模式，也是政府鼓励的一种

① 我国风电上网电价大体经历以下阶段：第一阶段（1990 年初—1998 年左右），完全竞争上网阶段，上网电价低于 0. 3 元/kWh；第二阶段（1998 年左右—2003 年），审批电价阶段，最高电价达 1. 2 元/kWh；第三阶段（2003—2005 年），招标和审批并存阶段；第四阶段（2006—2009 年），招标和核准阶段；第五阶段（2009 年至今），标杆上网电价阶段。

形式。但政府指导价或者特许权招标的缺陷在于，在执行过程中，投标价格往往被作为企业中标与否的参照标准甚至是唯一标准，以致最低者价格以及后来的折中的平均价格中标，没有充分考虑到项目的实际运行能力和相关配套建设。这一缺陷在以前五期的光伏电站招标中暴露无遗。我国非水电可再生能源上网电价经历了一个从标杆定价向市场化定价不断调整的发展过程。〔2016〕2729 号文件，明确提出鼓励通过招标等市场化方式确定光伏发电、陆上风电、海上风电等新能源电价。

（1）风电上网电价调整。为规范风电价格管理，促进风力发电产业健康持续发展，国家发展改革委于 2009 年 7 月发布《关于完善风力发电上网电价政策的通知》。自 2009 年 8 月 1 日起，按风能资源状况和工程建设条件，将全国分为 4 类风能资源区，相应制定分别为 0.51 元/kW · h、0.54 元/kW · h、0.58 元/kW · h 和 0.61 元/kW · h 的风电标杆上网电价。风电上网电价在当地脱硫燃煤机组标杆上网电价以内的部分，由当地省级电网负担；高出部分，通过全国征收的可再生能源电价附加分摊解决。

为提高补贴资金使用效率，推动风电装备技术进步，2014 年 11 月，国家发展改革委发布通知，自 2015 年起（核准项目）和 2016 年起（投运项目），将第Ⅰ、第Ⅱ和第Ⅲ类资源区风电标杆上网电价每 kW · h 下调两分钱，调整后的标杆上网电价分别为 0.49 元/kW · h、0.52 元/kW · h、0.56 元/kW · h；第Ⅳ类资源区风电标杆上网电价维持不变。2015 年《国家发展改革委关于完善陆上风电光伏发电上网标杆电价政策的通知》、2016 年《国家发展改革委关于调整光伏发电陆上风电标杆上网电价的通知发改价格》对风电上网电价进行了下调（见表 6-2）。

表 6-2　2009—2018 年全国风力发电上网标杆电价表　单位：元/kW · h（含税）

陆上风电标杆上网电价					海上风电标杆电价		
资源区	2009 年	2015 年	2016—2017 年	2018 年	类型	—2017 年	2017—2018 年
Ⅰ类资源区	0.51	0.49	0.47	（0.44↓）0.40	近海	0.85	0.85
Ⅱ类资源区	0.54	0.52	0.50	（0.47↓）0.45	潮见带	0.75	0.75
Ⅲ类资源区	0.58	0.56	0.54	（0.51↓）0.49			
Ⅳ类资源区	0.61	0.61	0.60	（0.58↓）0.57			

注：↓表示“下调”。

为了鼓励海上风电发展，2014 年 6 月国家发展改革委确定 2017 年以前（不含 2017 年）投运的近海风电项目上网电价为 0.85 元/kW · h，潮间带风电项目上网电价为 0.75 元/kW · h（含税）；并明确规定，招标电价不得高于非招标的同类项目上网电价（见表6－2）。

2018年5月，国家能源局发布《关于2018年度风电建设管理有关要求的通知》，将消纳工作作为建设的首要条件，并引入竞争方式。该文件指出，“从2019年起，各省（自治区、直辖市）新增核准的集中式陆上风电项目和海上风电项目应全部通过竞争方式配置和确定上网电价。”① 这意味着实行了10年的风电标杆上网电价政策将退出历史舞台，一个市场化的定价时代已经走来。从风电价格预期来看，《能源发展战略行动计划（2014—2020）》提出的，到2020年风电与煤电上网电价相当的目标将提前到来。

（2）光伏发电上网电价调整。我国在2011年7月以前，光伏发电定价实行的是特许权招标定价。2011年《国家发展改革委关于完善太阳能光伏发电上网电价政策的通知》规定了对非招标太阳能光伏发电项目实行全国统一的标杆上网电价②。但这一标杆定价显然没有区分各地太阳能资源条件和建设成本，表现出“一刀切”的特征。

2013年《国家发展改革委关于发挥价格杠杆作用促进光伏产业健康发展的通知》的发布，是对上一政策的改进。该通知规定，三类太阳能资源区光伏电站标杆上网电价分别为0.9元/kW·h、0.95元/kW·h和1元/kW·h（见表6－3）。

表6－3　2013—2018年全国光伏电站标杆上网表　单位：元/kW·h（含税）

资源区	标杆上网电价					各资源区所包括的地区
	2013.09—2015.12	2016年	2017年	2018.01.01—2018.05.31	2018.05.31*—	
Ⅰ类资源区	0.90	0.80	0.65	0.55	0.5	宁夏，青海海西，甘肃嘉峪关、武威、张掖、酒泉、敦煌、金昌，新疆哈密、塔城、阿勒泰、克拉玛依，内蒙古除赤峰、通辽、兴安盟、呼伦贝尔以外地区

① 国家能源局印发《关于2018年度风电建设管理有关要求的通知》[J]. 能源研究与利用，2018（4）：9.

② 2011年7月1日以前核准建设、2011年12月31日建成投产、国家发展改革委尚未核定价格的太阳能光伏发电项目，上网电价统一核定为1.15元/kW·h（含税，下同）；2011年7月1日及以后核准的太阳能光伏发电项目，以及2011年7月1日之前核准但截至2011年12月31日仍未建成投产的太阳能光伏发电项目，除西藏仍执行1.15元/kW·h的上网电价外，其余省（区、市）上网电价均按1元/kW·h执行。太阳能光伏发电项目上网电价高于当地脱硫燃煤机组标杆上网电价的部分，仍按《可再生能源发电价格和费用分摊管理试行办法》有关规定，通过全国征收的可再生能源电价附加解决。

续表

资源区	标杆上网电价					各资源区所包括的地区
	2013.09—2015.12	2016 年	2017 年	2018.01.01—2018.05.31	2018.05.31 * —	
Ⅱ类资源区	0.95	0.88	0.75	0.65	0.6	北京，天津，黑龙江，吉林，辽宁，四川，云南，内蒙古赤峰、通辽、兴安盟、呼伦贝尔，河北承德、张家口、唐山、秦皇岛，山西大同、朔州、忻州，陕西榆林、延安，青海、甘肃、新疆除Ⅰ类外其他地区
Ⅲ类资源区	1.0	0.98	0.85	0.75	0.7	除Ⅰ类、Ⅱ类资源区以外的其他地区

注：西藏自治区光伏电站标杆另行制定。* 表示“暂不安排 2018 年普通光伏电站建设规模”。

随着新能源发电技术进步、规模扩大和成本下降，国家逐步实施上网标杆电价逐年下降的政策。2016 年《国家发展改革委关于完善陆上风电光伏发电上网标杆电价政策的通知》、2017 年《国家发展改革委关于调整光伏发电陆上风电标杆上网电价的通知发改价格》、2018 年《国家发展改革委关于 2018 年光伏发电项目价格政策的通知》和《国家发展改革委　财政部　国家能源局关于 2018 年光伏发电有关事项的通知》的相继实施，不断调整光伏电站上网定价，推动光伏发电定价走向市场化。

为鼓励分布式光伏发电应用，实行按照全电量补贴政策和剩余电量上网制度。“电价补贴标准为 0.42 元/kW·h（含税，下同），通过可再生能源发展基金予以支付，由电网企业转付”。对于剩余上网电量，由电网企业按照当地燃煤机组标杆上网电价收购。对于自发自用电量免收随电价征收的各类基金和附加，以及系统备用容量费和其他相关并网服务费。

作为前者的光伏标杆电站上网电价政策，“适用于 2013 年 9 月 1 日后备案（核准），以及 2013 年 9 月 1 日前备案（核准）但于 2014 年 1 月 1 日及以后投运的光伏电站项目”。作为后者的分布式光伏发电电价补贴标准，“适用于除享受中央财政投资补贴之外的分布式光伏发电项目”。

2017 年 12 月发布的《国家发展改革委关于 2018 年光伏发电项目价格政策的通知》，下调了分布式光伏发电项目（不包括光伏扶贫项目）的补贴标准，对“自发自用、余电上网”模式由以前的 0.42 元/kW·h 下调至 0.37 元/kW·h，下调了 0.05 元/kW·h；对“全额上网”模式遵循所在资源区光伏电站上网电价标准。2018 年的“531”新政，对此又进行了 0.05 元/kW · h 的下调，“自发自用、余电上网”模式下调至 0.32 元/kW · h。《能源发展战略行动计划（2014—2020）》提出的“到 2020 年光伏发电与电网销售电价相当”的目标有可能提前实现。

（3）生物质能上网电价调整。为促进农林生物质发电产业健康发展，进一步完善农林生物质发电价格政策，《国家发展改革委关于完善农林生物质发电价格政策的通知》进一步规定，自 2010 年 7 月 1 日起，对农林生物质发电项目实行标杆上网电价政策。“未采用招标确定投资人的新建农林生物质发电项目，统一执行标杆上网电价每 kW · h0.75 元（含税）。通过招标确定投资人的，上网电价按中标确定的价格执行，但不得高于全国农林生物质发电标杆上网电价。”这一政策延续至今。

国家发展改革委、国家电监会在“关于 2007 年 1—9 月、2007 年 10 月—2008 年 6 月、2008 年 7—12 月、2009 年 1—6 月、2009 年 7—12 月和 2010 年 1—9 月可再生能源电价附加补贴和配额交易方案的通知”中，对于秸秆直燃发电亏损项目按上网电量给予临时电价补贴，补贴标准为每 kW · h0.1 元。

根据《国家发展改革委关于完善垃圾焚烧发电价格政策的通知》，自 2006 年 1 月 1 日起，以生活垃圾为原料的垃圾焚烧发电项目，均先按其入厂垃圾处理量折算成上网电量进行结算，每吨生活垃圾折算上网电量暂定为 280kW · h，并执行全国统一垃圾发电标杆电价每 kW · h0.65 元（含税，下同）；其余上网电量执行当地同类燃煤发电机组上网电价。全国统一垃圾发电标杆电价这一政策延续至今。

《关于调整生物燃料乙醇财政补助政策的通知》规定，2012 年以粮食为原料的燃料乙醇，补助标准为 500 元/吨；以木薯等非粮作物为原料的燃料乙醇，补助标准为 750 元/吨。其中，以玉米为原料的燃料乙醇补助标准，较 2011 年燃料乙醇平均补助标准下调了 776 元/吨。

（五）可再生能源电价附加补助调配和征收

1. 可再生能源电价附加补助调配

根据《中华人民共和国可再生能源法》和《可再生能源发电价格和费用分摊管理试行办法》，2007 年 1 月国家发展改革委制定了《可再生能源电价附加收入调配暂行办法》①。该办法规定，“可再生能源发电项目接网费用是指专为可再生能源发电项目上网而发生的输变电投资和运行维护费。接网费用标准按线路长度制定：50 公里以内为 1 分钱/kW · h，50 ~ 100 公里为 2 分钱/kW · h，100 公里及以上为每 3 分钱/kW · h。”这一政策延续至今。

① 国家发展改革委关于印发《可再生能源电价附加收入调配暂行办法》的通知。

根据2012年3月《关于印发〈可再生能源电价附加补助资金管理暂行办法〉的通知》，"国家投资或者补贴建设的公共可再生能源独立电力系统的销售电价，执行同一地区分类销售电价，其合理的运行和管理费用超出销售电价的部分，通过可再生能源电价附加给予适当补助，补助标准暂定为每kW每年0.4万元。"这一规定弥补了对离网发电系统进行电价补贴政策的缺失。

2. 可再生能源电价附加补助征收

自2006年国家发展改革委实施《可再生能源发电价格和费用分摊管理试行办法》以来，已经调整5次可再生能源电价附加补助（见表6－4）。

表6－4　我国可再生能源电价附加补助征收调整情况

实施时间	文件名称	调整内容
2015.12.27	国家发展改革委关于降低燃煤发电上网电价和一般工商业用电价格的通知	将居民生活和农业生产以外其他用电征收的可再生能源电价附加征收标准，提高到1.9分钱/kW·h
2013.9.25	国家发展改革委关于调整可再生能源电价附加标准与环保电价有关事项的通知	向除居民生活和农业生产以外的其他用电征收的可再生能源电价附加标准由0.8分钱/kW·h提高至1.5分钱/kW·h
2011.12.1	国家发展改革委关于调整华北电网、东北电网、西北电网、华东电网、华中电网、南方电网电价的通知	向除居民生活和农业生产以外的其他用电征收的可再生能源电价附加标准提高至0.8分钱/kW·h
2009.11.20	国家发展改革委关于调整华北电网、东北电网、西北电网、华东电网、华中电网、南方电网电价的通知	将可再生能源电价附加标准提高到0.4分钱/kW·h
2006.11.20	国家发展改革委关于调整华北电网、东北电网、西北电网、华东电网、华中电网、南方电网电价的通知	向除农业生产用电（含贫困县农业排灌用电）外的全部销售电量、自备电厂用户和向发电厂直接购电的大用户收取0.1分钱/kW·h的可再生能源电价附加

二、我国新能源财税政策演变的总体评价

（一）从政策有效性来讲，我国新能源产业发展取得了重大成就

我国新能源产业财税政策的实施，保障了新能源的投资收益和利润动力，大大激活了各地新能源的投资热情，刺激了生产应用规模的扩大。截至2017年年底，我国核电在建规模世界第一，风电累计装机容量自2010年起连续8年位居

世界第一，光伏累计装机容量自2015年连续3年位居世界第一，太阳能电池产量自2007年始连续11年位居世界第一。

其中，风电、光伏发电已经提前完成“十二五”规划的装机目标，正朝着更大的目标奔进。通过典型示范、资金引导等多种方式，建立了广大的国内新能源应用市场。单就光伏发电装机一项，2014年新增10.6GW，约占当年太阳能电池产量的22.38%，太阳能电池“三头在面”的局面大大改观。

在新能源规模化初步发展的同时，新能源产业技术出现整体性进步，技术装备国产化率大大提升，企业自主创新能力明显增强。例如，2014年8月“华龙一号”的推出，标志着我国三代核电自主创新技术进入了一个新的里程碑。具有实践意义的是，2015年5月，“华龙一号”首堆示范工程——中核集团福清核电站5号机组开工建设；8月，采用“华龙一号”技术的巴基斯坦卡拉奇核电项目二号机组开工建设，计划2020年发电。

（二）从政策衔接的连续性来看，总体表现出稳定的倾向

在政府的决策中，发展新能源达成长期共识，并一以贯之。无论是前期的市场培育，还是后期的产业壮大，决策部门对之始终是重视的。不同的是，随着新能源产业由“星星之火”到“燎原发展”，决策部门的重视程度越来越高，并提升至国家能源战略的高度。从财税政策执行的角度来看，与政府决策存在一定的时滞。

例如，根据电力工业部发布的《风力发电场并网运行管理规定（试行）》文件，我国早在1994年就对风电并网、（全部）电量收购、电价计算、增值税（价外）计征和费用分摊，做了明确的说明。20年过去了，我国可再生能源并网工作还没有全部落实到位，分布式发电电量收购才刚刚起步，电价计算还没有完全走向市场。

其原因在于，①行政效率较低，未能充分发挥财税政策的调控职能；②新能源产业本身市场机制不健全，这在客观上使财税政策的效力打了折扣；③财税政策在内容制定上，存在“重生产制造、轻消费应用”的偏好和倾向，这是我国新能源产品出口遭遇“反倾销、反补贴”调查的原因之一。随着我国增值税改革实现由“生产型”向“消费型”转变，财政补贴由“生产者”向“消费者”过渡，这一状况会得到逐步改观。

（三）从政策透明性来看，财税政策信息存在进一步公开的空间

尽管政府透明度在增强，但与民众的要求还存在一定的差距。比如，在新能源财政补贴信息发布上，仅有2006年度发布了可再生能源电价补贴总额，2007

年以来就不再公布各类可再生能源电价补贴总额，至于其他补贴，更难于通过常规渠道获得。核电更是如此，从什么时候开始补贴，补贴多少，已经不得而知。这带来的弊端，①难以计量财政补贴的实施效力，从而使财政补贴成为“头痛医头，脚痛医脚”的工具，给进一步调整改善财政补贴工具带来困难。②保持了政策制定和实施的“神秘感”，缺乏社会监督，影响国际声誉、党和政府在人民群众中的公信力。③难以普及新能源科学知识，提升人们使用新能源的意识。

三、我国新能源产业财税政策的未来选择

（一）实施稳健的新能源财税政策，确保政策的持续性、稳定性和连贯性

注重政策的持续性、稳定性和连贯性，引导人们对新能源产业发展树立科学的市场预期，充分发挥财政政策的调控职能，使经济社会资源得到最优配置。

在政府决策上，在保持长期目标一致性的基础上，力求避免因新能源国内外市场随机因素的干扰，做出不利于长期发展的短期决策。

在政策执行上，明确分工，责任到人，创新工作方式方法，提升工作效率，消除政策决策与执行之间的时滞，做到无缝衔接；建立有效奖惩和责任追究制度，确保政令畅通，做到令行禁止。

在部门配合上，建立完善多部门联动协作机制，增进各部门之间的联结，注意各部门相关政策的协调，努力做到统筹兼顾，发挥最大优势，形成工作合力，克服“九龙治水”现象的困境。

在对外宣传上，进一步提升政府工作透明度，使权力在阳光下运行。加强推进信息公开力度，减少统计信息发布时滞，形成良好市场预期。

（二）遵循产业发展规律和政策机制运行规律，适时调整财税政策工具

财税政策工具的选择应符合新能源产业发展的生命周期和技术发展阶段，注重通过引导、发挥市场机制配置资源的决定性作用而发挥作用。当前，我国新能源产业总体进入产业生命周期的成长期和技术发展的降低成本阶段，换句话说，可以称之为规模化、产业化和标准化的兴起阶段。在资源配置上，应建立新能源产业发展的权利清单、责任清单和负面清单。对于政府来讲，法无授权不可为，法定职责必须为。对于企业来说，法无禁止皆可为。

1. 实施投资主体多元化策略，引导民间资本进入新能源领域

加大引入民间资本力度，加强风险投资引入，积极引入国际资本。在负面清

单之外，逐步缩减政府投资的范围和力度，降低国有企业的市场份额，形成民营企业、国有企业和外资企业平等竞争、相互促进、三足鼎立的市场格局。在市场竞争比较充分的光伏领域，建立有效的市场退出机制，严格执行《中华人民共和国企业破产法》，鼓励兼并重组，充分发挥市场优胜劣汰的竞争机制，减少以财税政策为代表的针对某些企业的具体调控，使新能源企业自主经营、自负盈亏成为市场经济活动的常态。

2. 完善环境税，实施反向激励的税收优惠措施，助力新能源产业发展

征收环境税是发达国家进行环境保护、推动清洁能源发展的普遍做法。我国从1994年1月1日起，开征资源税，对生产的原油、天然气和煤炭分别按照8～30元/吨、2～15元/千立方米和0.3～5元/吨进行从量定额计征。2011年9月，资源税从价计征改革扩至全国。2009年1月1日，燃油税费改革正式实施，按价内征收的汽油、柴油消费税单位税额每升分别提高到1元、0.8元。

2011年10月21日，国务院发布关于加强环境保护重点工作的意见，将环境税费改革，开征环境保护税正式提上议程。党的十八届三中全会通过的《关于全面深化改革若干重大问题的决定》中，对于环境税改革的定位是“推动环境保护费改税”。通过对传统能源征收合理的二氧化碳税、二氧化硫税等，将改变传统能源与新能源的相对市场价格，使新能源变得更有市场竞争力。

2018年1月1日，《中华人民共和国环境保护税法》正式实施，对新能源发展是一大利好。但征税对象较为狭窄，税额标准较为宽松，还需要进一步完善。

3. 在新能源成为主导能源之前，保持必要的财税支持

在新能源消费比重偏低、关键技术受制于人的现实特点下，必须给予稳定、持续、合理的财税支持，使新能源产业的发展既不能过度依赖财税支持，又不能因为缺少财税支持，而丧失进一步发展、提升竞争力[①]的机会。在对待新能源价格补贴退出上，必须根据本国的发展战略和实际情况，认真研究国外新能源补贴退出的原因和进展情况。

在具备健全的国内市场机制、掌握新能源产业关键技术、能够制定国际新能源产业行业标准和具有较强的国际市场竞争力与话语权等条件下，可以适时退出新能源产业价格补贴。新能源价格补贴的最终退出，取决于相对传统能源的竞争力。这两种竞争力统一于一国新能源产业发展的技术水平和对传统能源的依赖程度。因此，一国新能源产业价格补贴是否退出，取决于该国的新能源技术水平、能源禀赋和市场发展状况。

---

① 这里的竞争力包含两个层面的含义：一是相对于其他国家的产业竞争力，即国际竞争力；二是相对于传统能源的竞争力。

4. 加大政府采购力度，推动生产者补贴向税收优惠转变

我国已经成为新能源生产大国，尤其是太阳能电池的生产占据了全球半壁江山；通过自主创新，朝着制造强国的方向越来越近。而在应用上，与之相对的是国内市场份额较小。这与我国长期单一的“重投资、轻消费”的传统发展模式密切相关。为转变经济发展方式，调整改善能源结构，必须调整财政支持的对象，由生产市场转向消费市场，发掘国内市场，形成完整的产业链，替代传统能源，保护国内环境，实现发展新能源的真正目的。

第七章

我国新能源产业发展的融资政策

与财税政策相比，融资政策在我国新能源产业发展中更加倾向于通过市场机制作用的发挥以行使调控经济的职能。相对于新能源产业财税政策工具的公益性、无偿性和短暂性，融资政策工具表现为私利性、有偿性和永久性，具有明显的市场特征。

第一节　融资政策对新能源产业发展的推动作用

与新能源产业财税政策工具侧重于扶植新能源产业发展不同，融资政策工具的作用更倾向于推动新能源产业向规模化和标准化方向发展。

一、融资政策的一般规定

1. 融资政策的定义

根据《新帕尔格雷夫经济学大辞典》的解释，融资是指“为支付超过现金的购货款而采取的货币交易手段或为取得资产而集资所采取的货币手段”①。在现代市场经济中，融资问题不仅仅涉及个人或者企业，而且还涉及一个国家。其中一部分内容，是关于国家为了实现经济社会发展特定的目标，针对市场经济活动中的资金供求双方融资方式、融资规模和利率大小等制定的一系列规章、制度和规范，本书称之为融资政策。

---

① 约翰·伊特韦尔，默里·米尔盖特，彼得·纽曼．新帕尔格雷夫经济学大辞典（第二卷：E－J）[M]．北京：经济科学出版社，1996.

2. 融资政策的分类

按照政府干预程度的大小，融资政策可以分为两大类。

第一类是政策性融资。政策性融资是指依据国家或国家之间的政策，以政府信用为担保，政策性银行或其他银行针对特定的项目提供的金融支持。一般来说，政策性融资利率较低，甚至是采取无息贷款的形式。由于有政府信用担保，对于贷款银行来说，风险较小；对于借款者来说，适用面较窄，手续烦琐，审批周期长，交易成本相对较高。政策性融资从融资方式来看，主要有政策性银行贷款（包括国际转贷①）、政策性担保、财政贴息②、专项扶持基金等。从融资企业的角度来讲，国家直接投资不能看作政策性融资，除非这一企业隶属于国有企业系列。

第二类是市场性融资。市场性融资是指按照正常的市场规则和交易制度，获得一定的资金，并为资金的获得付出相应的成本，一般是以利息、股息的方式偿还给对方。市场性融资能够有效发挥作用，需要政府确立并维护市场交易主体的平等性、制度的公平性和公正性。

从融资方式来看，无论是政府性融资，还是市场性融资，又可以分为直接融资和间接融资两种。直接融资是指资金不经过任何金融中介机构，而由资金充足方流向资金短缺方的一种资金融通行为，如发行企业债券、股票、进行内部融资等。间接融资是指资金需要经过金融中介机构为媒介的一种资金融通行为，如银行信贷、非银行金融机构信贷、委托贷款、融资租赁、项目融资贷款等。

直接融资方式的优点是资金流动比较快，交易成本较低；缺点是对融资双方筹资与投资技能要求高，资金短缺方具有一定的经济实力和市场信誉，投资者具有良好的判断市场风险的能力。相对于直接融资方式来说，间接融资方式的优点是市场风险较小，缺点是手续较多，包括时间在内的交易成本较高。

3. 融资政策的功能

作为国家宏观调控的工具之一，与财税政策相比，融资政策同样具有资源配置和收入分配两种职能。与税收政策的强制性、固定性相比，融资政策相对来说，倾向于通过调节市场利率而影响货币流动和资金融通，因而更加灵活、更加便捷。

---

① 转贷是指对符合国民经济和社会发展战略、促进经济社会协调发展和城乡区域协调发展的项目，可以采用转贷方式使用国家主权外债资金。

② 对于需要政府扶持的经营性项目，可以采用贴息的方式，支持项目使用银行贷款。

二、主要新能源产业融资政策工具和主要模式

新能源产业融资政策工具和主要模式主要有银行贷款、发行债券、上市融资、融资租赁、CDM 下的碳交易等。在发达的市场经济中，直接融资在新能源产业发展中占据主导地位。

1. 银行贷款

银行贷款是指商业银行或政策性银行根据国家政策以一定的利率将资金贷放给新能源企业或个人，并约定期限归还的一种经济行为。在新能源产业发展的投入期，为鼓励支持新能源产业或项目的应用推广，银行贷款通常和财政贴息①搭配，以降低新能源企业或个人的融资成本。

2. 发行债券

公司债券是指由新能源公司发行并承诺在一定时间内还本付息的债权债务凭证。公司债券和银行贷款统称为债券融资。与银行贷款的区别是，公司债券直接面向资金供给者，属于直接融资，可以公开进行交易。

3. 上市融资

上市融资是将经营公司的全部资本等额划分，表现为股票形式，经批准后上市流通，公开发行。相对于发行债券来讲，上市融资优点是预期收益高，流转快，不需要偿还，降低了财务风险发生率；缺点是发行费用高，容易发生企业控制权转移。

4. 融资租赁

融资租赁是指租赁公司购买承租人所自主选定的租赁物，然后将该租赁物出租给该承租人使用，承租人按期支付租金的业务，可以分为直接融资租赁、经营租赁和售后回租三种。与直接融资租赁不同的是，售后回租是一种间接融资行为。前者增加新的固定资产，后者使存量资产变现，即盘活存量资产。

5. CDM 下的碳交易

清洁发展机制（Clean Development Mechanism，CDM），是 1997 年在日本京都召开的《联合国气候变化框架公约》第三次缔约方大会上制定的《京都议定书》中引入的三个灵活履约机制之一，即附件一缔约方（发达国家）在境外实现部分减排承诺的一种履约机制。CDM 允许发达国家与发展中国家进行项目级的减排量抵消额的转让与获得。

---

① 财政贴息，从政府的角度来讲，是政府投资的一种行为；从企业的角度来讲，是一种减少融资成本的一种行为。本节是从企业的角度来讲，因此把它划分到融资政策系列。严格来讲，投融资政策密不可分。

在这一过程中，发达国家提供资金和技术，在发展中国家开展温室气体减排项目，并据此获得“经核证的减排量”（Certified Emission Reductions，CERs），以履行《京都议定书》规定的减排义务（在2008—2012年承诺期内，温室气体排放量在1990年的基础上平均减少5.2%），同时大幅度降低其在国内实现减排所需的费用，也就是“资金+技术”换取温室气体的“排放权”（指标）[①]。

对于发展中国家来讲，参与清洁发展机制项目合作，出售CERs，可以获得额外的资金和先进的技术，这对新能源产业发展来说是一大利好，也有利于本国节能减排，推动可持续发展。对于世界来讲，可以使全球在共同实现减排目标的前提下，降低总的减排成本。因此，通过CDM，出售CERs就成为发展中国家新能源产业的融资渠道之一。

三、融资政策推动新能源产业发展的机理分析

新能源企业或个人进行外部融资，是一种市场行为，一般要支付一定的利息或租金作为代价，以获得外部资金的使用。与绝大多数财税政策工具不同，主要的融资政策工具贯穿了产业发展的整个过程，一般不会退出。因此，从特点上来看，相对于新能源产业财税政策工具的公益性、无偿性和暂时性，融资政策工具表现为私利性、有偿性和永久性，具有明显的市场性特征。

与新能源产业财税政策工具侧重于扶植新能源产业发展不同，融资政策工具的作用更倾向于推动新能源产业向规模化和标准化方向发展。无论是直接融资，还是间接融资，都会要求新能源产业企业具有一定标准的社会信誉、经营规模和财务状况，以及抵御市场风险的能力。也就是说，外部融资建立在企业一定的规模和标准化之上。规模越大，标准化管理和利润越高的企业，越容易实现外部融资。这就推动着企业朝着规模经济和标准化方向做大做强。

借鉴第六章第一节各种财税政策工具效应的分析框架，随着新能源产业的发展壮大，各融资政策工具的实施效力和作用效果是不同的。具体来看，在成熟的市场经济体中，投入期，资金不足需要通过财政贴息、银行优惠贷款、融资租赁降低融资成本；成长期和成熟期，企业生产规模迅速扩大，可能上市融资发行股票和公司债券的效果更好一些。CDM则适用于存在碳交易市场的任何阶段。

---

① 盛玮. 清洁发展机制（CDM）[J]. 求是，2010（7）：64.

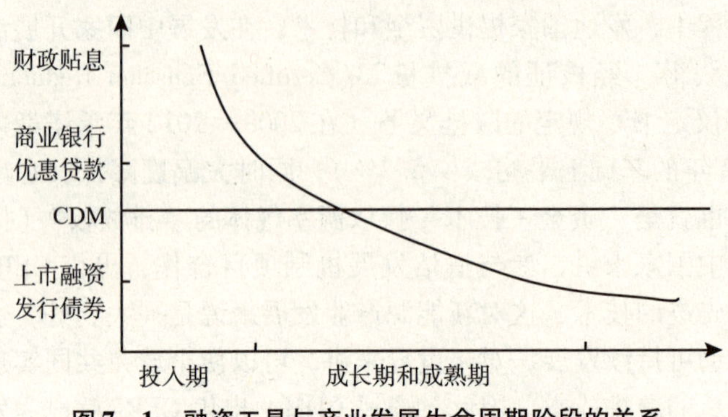

图 7－1　融资工具与产业发展生命周期阶段的关系

从技术生命周期来看，也是如此。各种融资政策工具适用于技术发展不同阶段的效果是不同的，其政策可行性也是不同的，存在最优和次优选择组合（见表 7－1）。

表 7－1　　融资政策工具适用于不同技术发展阶段的有效性与可行性

融资政策工具	新能源产业技术发展阶段			
	侧重于政府的作用		侧重于市场的作用	
	研发阶段	示范阶段	降低成本阶段	规模化商业推广阶段
财政贴息	★★★	★★★	★★	★
银行优惠贷款	★★★	★★★	★★	★
上市融资发行债券	★	★	★★★	★★★
	★	★	★★★	★★★
CDM	★★	★★	★★★	★★★

注：“★”代表有效性程度，有效性越强，可行性越高。

第二节　我国新能源产业融资政策的历史演变与未来选择

我国新能源产业的发展，离不开融资政策的支持与推动。其历史演变伴随着市场体系的确立与不断完善，市场化特征日趋明显。在未来的政策选择上，健全资本市场体系、规范市场秩序、发挥直接融资渠道的作用尤为重要。

一、我国新能源产业融资政策的历史演变

我国新能源产业融资政策工具和主要模式主要有财政贴息、银行贷款、CDM项目下的碳交易、上市融资与发行债券、融资租赁和外国援助等。

1. 财政贴息

财政贴息是政府为了鼓励支持某一类产业或项目的应用推广，利用财政专项资金对承贷企业或个人的银行贷款利息给予适当补贴的一种行为。财政贴息是国内频繁使用的一种财政工具。随着我国新能源产业的良性发展，这一政策工具越来越完善。

（1）从1987年起，我国政府就设立了农村能源专项贴息贷款，主要用于大中型沼气工程、小风电机、光伏发电、并网风力发电、太阳能热水器和蔗渣发电等可再生能源的产业化和商业化活动，前后总共500多个发展项目。1996年贷款额度由1987年的6000万元上升到1.2亿~1.3亿元。中央财政对于这一贷款进行贴息补助，即按商业银行利率的50%补贴企业。

（2）1999年1月《国家计委、科技部关于进一步支持可再生能源发展有关问题的通知》文件规定：①可再生能源贷款优先安排。可再生能源发电项目可由银行优先安排基本建设贷款。②贷款银行以国家开发银行[①]为主，也鼓励商业银行积极参与。③贴息利率和办法。由国家审批建设规模达3000kW以上的大中型可再生能源发电项目给予2%财政贴息，贴息一律实行“先付后贴”的办法，即先向银行付息，然后申请财政贴息。④支持国产化设备使用。对利用国产化可再生能源发电设备的建设项目，国家计委、有关银行将优先安排贴息贷款，还贷期限经银行同意可适当宽限，并确立了差异性的投资利润率原则，“利用国外发电设备的可再生能源并网发电项目在还款人的投资利润率以不超过‘当时相应贷款期贷款利率+3%’为原则……而利用国产化发电设备的这一投资利润率，以不低于‘当时相应贷款期贷款利率+5%’为原则”。

（3）进入21世纪，依据《中央财政资金贴息管理暂行办法》，制定《基本建设贷款中央财政贴息资金管理办法》。在此基础上，为更好地发挥财政贴息贷款政策的扶持引导作用，财建〔2011〕356号、财建〔2012〕95号文件相继做了修订。财建〔2007〕416号、财建〔2011〕356号、财建〔2012〕95号文件均将核电项目（优先考虑国内设计和制造的堆型）列入贴息对象。在贴息率上，除

---

① 作为政策性银行之一，国家开发银行于1994年成立，其定位是为关系国家经济社会发展命脉的基础设施、基础产业、支柱产业、高新技术产业的发展和重大项目的建设发挥融资领域的主力银行作用。

国务院有明确规定的项目外，原则上不高于3%。在年限上，对项目建设期大于3年的，除特大型项目外，均按不超过5年进行贴息。

(4) 在进口贴息上，依据《关于发布鼓励进口技术和产品目录的通知》《关于发布鼓励进口技术和产品目录（2009年版）的通知》和《关于发布鼓励进口技术和产品目录（2011年版）的通知》，进口“鼓励引进的先进技术、鼓励进口的重要装备、鼓励发展的重点行业（符合国家产业政策和专项规划的投资类项目下进口生产性设备、零部件〈不予减免税清单中产品除外〉）和资源性产品、原材料”，给予贴息支持。

同时，根据新能源产业发展技术变化情况，具体贴息项目予以相应的调整。例如，对于鼓励引进的新能源方面的先进技术，鼓励进口技术和产品目录（2009年版）仅保留了2007版的“风电用变流器设计制造技术、核电设备设计制造技术、核电锻件制造技术、核材料及装置的设计制造技术、太阳能热发电设备的设计制造技术和可再生能源、氢能等新能源领域关键设备的设计制造技术”，剔除了“2兆瓦以上风力发电设备设计制造技术”，增加了“风力发电用及环保型环氧树脂生产技术”。

除了以上贴息外，国家还曾进行过技术改造贷款贴息。例如2009年5月6日，国务院常务会议决定以贷款贴息为主的方式，安排200亿元技术改造专项资金，用于核电关键设备、关键组件与风电机组机关键零部件。

2. 银行贷款

银行贷款是我国新能源产业最主要的融资渠道，占据了融资总额的绝大部分。

(1) 在核电站基建领域，长期以来，银行或银团贷款是融资的主要模式。尽管没有完整的统计数据，我们可以从一些基建贷款额度上进行判断。我国第二座核电站，也是首座大型商用核电站——大亚湾核电站的建设就是银行贷款产生的结晶。区别于秦山核电站的政府直接投资模式，大亚湾核电站当时从一开始就采取“借贷建设、售电还钱”的融资模式，向英法两国银行贷款40亿美元，接近投资总额的90%，已于2008年7月完成全部基建贷款本息还款56.74亿美元。2008年在签署的面向广东阳江核电站和广东台山核电站的银团贷款包销协议中，两个核电站总贷款金额超过1000亿元，由国家开发银行、我国银行作为联合牵头银行为两个项目提供贷款包销。还可以从授信额度来看，仅中广核一家企业，截至2010年3月底，在银行取得的总授信额度高达3439.90亿元。通过“以核养核，滚动发展”的中广核在2012年年底总资产也没超过3000亿元。

(2) 在风电场和光伏发电基建领域，提供贷款的主要银行是国家开发银行。截至2013年8月底，国家开发银行风力发电贷款余额为1545.6亿元，光伏贷款余额为410.5亿元，其他新能源发电贷款余额是226.5亿元。据媒体报道，不管是分布式，还是电站，国内有60%的项目贷款来自国家开发银行。截至2013年8月底，国开行累计发放光伏发电贷款481亿元。国开行贷款支持的国内光伏发电装机容量占国内大型并网光伏装机总容量的60%以上。

2013年8月22日，我国国家能源局联合我国国家开发银行股份有限公司出台了《支持分布式光伏发电金融服务的意见》。该意见提出，国家开发银行积极为各类分布式光伏发电项目投资主体提供信贷支持，以提供中长期贷款为主、短期贷款和流动资金贷款为辅，贷款期限最长可达15年，可实行差异化定价。除了国家开发银行之外，也有其他商业银行参与提供贷款。例如，2012年5月，中国银行湛江分行为中电投重大项目——徐闻和安风电场项目建设提供3.6亿元的贷款支持。

除此之外，还积极尝试开拓使用世界银行、欧洲投资银行和亚洲开发银行等国际金融组织贷款。①

（1）获得世界银行的贷款支持。例如，2005年8月，我国首个利用世界银行贷款的风电项目——总装机容量2.1万kW的上海崇明、南汇风力发电场并网发电。该项目获得世界银行1300万美元的贷款，贷款利率为6.5%，还贷期20年，宽限期为5年。

（2）获得欧洲投资银行的贷款支持。2007年11月，作为2007年中欧领导人峰会的成果之一，财政部与欧洲投资银行于签署了《气候变化框架贷款一期协定》，贷款一期金额为5亿欧元，涉及新能源的项目有风力发电、小水电、太阳能利用、营造碳汇林、生物质能源林等。其中，2009年3月，河南省信阳风电场项目获得了欧洲投资银行6000万欧元（折合人民币6.3亿元）的贷款计划。2010年12月签署《气候变化框架贷款二期协定》，贷款金额5亿欧元，主要用于可再生能源、清洁能源及提高能效、节能减排等领域。

（3）获得亚洲开发银行的贷款支持。例如，2011年1月，亚洲开发银行与我国风电集团有限公司在北京签署了总额达2.4亿美元的贷款协议，支持私营部门参与我国北方风电场项目开发。这是亚洲开发银行为我国风力发电提供的首个多项目融资贷款。再如，2012年3月，经国家发展改革委和财政部批准，青海德令哈太阳能热发电项目列入了《亚洲开发银行贷款2012—2014年备选项目规划新补充项目清单》，可使用亚行1.5亿美元25年低息贷款。

3. CDM项目下的碳交易

根据2005年国家发展改革委发布的《清洁发展机制项目运行管理办法》，CDM项目因转让温室气体减排量获得的收益归我国政府和实施项目的企业所有。

---

① 此类贷款具有金额大、期限长、利率低的特点。

UNFCCC 公布的最新数据显示，截至 2015 年 7 月 14 日，在 CDM 执行理事会成功注册的我国 CDM 项目数达 3807 个[①]，比 2013 年年底增加 32 个，占全球总数的一半左右。截至 2015 年 8 月 16 日，已获得 CERs 签发的中国 CDM 项目共 1456 个。其中新能源和可再生能源项目达 1182 个，占项目总数的比为 81.18%；签发年减排量达到 166324732 吨，占总量的 48.46%。

自 2008 年金融危机爆发以来，欧洲经济低迷，碳排放量减少，二级市场 CDM 项目产生的 CER 交易价格从一度 20 欧元，跌至 2013 年 4 月的 2.46 欧元，在欧盟通过减少碳排许可法案进行救市的情况下，2014 年欧洲碳价将从每吨 4.76 欧元增至 7.75 欧元。[②] 在此背景下，2011 年下半年我国超过一半的 CDM 项目面临外方毁约的情形，国家发展改革委为了保证国内 CDM 项目产生的 CER 不被贱卖，对不同项目设置了每吨 8 ~ 10 欧元的最低限价，作为项目核准时的指导价格。如果按照每吨 8 欧元计算，我国新能源和可再生能源融资额约为 21.9 亿欧元。

为推进国内碳市场的建立，《国家发展改革委办公厅关于开展碳排放权交易试点工作的通知》《国务院关于印发"十二五"控制温室气体排放工作方案的通知》《国家发展改革委关于印发〈温室气体自愿减排交易管理暂行办法〉的通知》《国家发展改革委办公厅关于印发〈温室气体自愿减排项目审定与核证指南〉的通知》等文件相继发布。

2013 年，北京市、天津市、上海市、重庆市、湖北省、广东省及深圳市正式开展碳排放权交易试点。截至 2014 年 1 月 19 日，深圳市场有效交易日高达 102 天，上海市场 38 天，北京市场 17 天，天津市场 16 天，广东市场 2 天。5 个市场，线上交易成交总量 482421 吨，约为配额总量的万分之五。其中北京市碳排放权交易，成交均价约为每吨 50.2 元。

2014 年 12 月，为推动全国碳排放权交易市场建立，国家发展和改革委员会发布了《碳排放权交易管理暂行办法》，实施配额管理和排放交易，确定核查与配额清缴办法。截至 2016 年年底，又新增了福建和四川两个碳排放权交易试点，全国累计碳交易成交额为 24.8 亿元。[③] 2017 年 12 月 19 日，国家发展改革委正式宣布启动全国统一碳市场，印发了《全国碳排放权交易市场建设方案（发电行业）》，标志着我国碳排放权交易进入了一个新的里程碑。2018 年 6 月，深圳排

---

① 资料来源：中国清洁发展机制网，在 CDM 执行理事会成功注册的中国 CDM 项目（3805 个），截至 2015 年 7 月 14 日（2015-08-24 访问），详见：http://cdm.ccchina.gov.cn/newitemall1.aspx? page=7.

② 王晓苏．欧洲碳价有望绝地反弹［N］．中国能源报，2014-01-13.

③ 2017 全国碳市场启动之年　政府和企业需各尽其责［EB/OL］.（2017-03-17）.［2018-10-14］. http://www.tanpaifang.com/tanjiaoyi/2017/0317/58792.html.

放权交易所二级市场配额成交额突破10亿元大关。

4. 上市融资和发行债券

我国核电、风电、光伏和生物质能发电产业均有一些企业通过上市融资和发行企业债券进行融资。例如，我国广东核电集团有限公司曾分别于2002年、2010年发行过15年的40亿元人民币债券、5年期的57亿元中票及365天期的57亿元短融券；新疆金风科技股份有限公司于2012年发行过30亿元的公司债券（第一期）；晶科能源有限公司于2013年发行过6年期的8亿元公司债券。

为了更好地发挥企业债券融资在我国经济“稳增长、调结构、转方式”中的导向作用，《国家发展改革委办公厅关于进一步改进企业债券发行审核工作的通知》，将关系全局的重点结构调整或促进区域协调发展的太阳能光伏和风电应用项目，列入“加快和简化审核类”情况进行管理。

5. 融资租赁

作为创新的现代融资工具之一，融资租赁的具体表现形式在我国新能源领域主要是售后回租业务。如我国风电于2012年2月公布，旗下与上海申华合资的内蒙古风电场出售该电场若干机器和设备予上海融联租赁，取得2.5亿元人民币，并租回上述风电场，总租赁价约3.14亿人民币，为期3年。售后回租实际上涉嫌抵押贷款。2012年2月，我国央行和银监会已把售后回租纳入调控和监管范围。

6. 外国援助

外国援助也是行之有效的融资渠道之一。例如，2002—2009年的中德财政合作太阳能光伏电站项目，由德国政府提供赠款2600万欧元，中方配套资金1.04亿元人民币，用于解决偏远地区农牧民的用电问题。该项目在云南、新疆、青海、甘肃4省区实施，共建成太阳能光伏电站180个，解决了约4万人的用电问题。

再如，2006—2009年的青海省中日合作300kWp光伏并网电站项目。该项目投资全部由日本新能源产业技术综合开发机构（NEDO）无偿援助。电站安装太阳能电池组件300kWp，年发电量约45万kW·h，并直接并入城市高压电网，这在全国尚属首次。随着我国新能源产业发展壮大，新能源领域得到的外国援助越来越少。

二、我国新能源产业融资面临的现实困境

随着我国新能源产业的发展，企业的融资压力越来越大。以光伏产业为例，根据最新发展规划，“十二五”末全国要完成总计35GW的装机容量，大概需要

约3500亿元的初始资金。即便扣除项目法定的启动资金部分，每年融资缺口仍将高达600亿元。在经营方面，受国际“双反”调查、国内信贷紧张和竞争加剧影响，光伏企业普遍面临资金不足的问题。其中，一些企业在资金链断裂的情形下，被迫走向破产之路。2013年3月，我国最大的光伏生产企业无锡尚德太阳能电力有限公司由于无力偿还工行、农行、中行等9家银行71亿元人民币的贷款（还有其他借款）债务，被法院宣布实施破产重整。仅仅依靠过去的融资做法，新能源产业规模化、持续化发展难以为继。这需要对原有的融资政策进行反思，原有的融资方式在政策安排上，存在以下几个方面的问题。

1. 差异化利率优惠较少，银行惜贷时有发生

除了作为政策性银行的国家开发银行之外，商业银行较少设计差异化的量身定做的融资产品。在差异化利率设计上，把国有企业与民营企业、大企业与中小企业区别分割开来。国有企业和大企业可以享有较长时期、较低利率的优惠贷款，而民营企业尤其是中小民营企业不仅贷款“门槛”高，而且条件较为苛刻。商业银行追逐利润和控制风险的本性，决定了商业银行往往扮演“锦上添花”，而不是“雪中送炭”的市场角色，甚至有时是“釜底抽薪”。

以代表性的光伏产业为例，2008年美国金融危机发生后，欧洲各国被迫削减光伏补贴，而我国的光伏产业正享受政府的补贴和银行的大量贷款。据国外清洁能源咨询公司Mercom Capital Group的研究显示，2010年1月—2011年9月，我国国有银行与我国太阳能龙头企业达成了410亿美元的贷款协议。① 2013年以来，由于国内需求不足和国外出口受阻，光伏产业出现整体低迷，企业经营资金出现问题。曾经的“吸金”大户，如今却被银行列为“高危企业”，较少有企业可以从商业银行获得资金支持。不确定的未来收益，是商业银行惜贷的主要原因，也是光伏产业发展面临的困境。

2. 资本市场尚未成熟，直接融资渠道不畅

我国已经基本上建立起主板（1990）、中小板（2004）、创业板（2009）、三板（含新三板，2006）市场、产权交易市场、股权交易市场等多种交易平台的多层次资本市场，但还不够健全和完善。这主要表现为：

（1）进入“门槛”依然较高。主板市场对发行人的营业期限、股本大小、盈利水平、最低市值等方面的要求标准较高，上市企业多为大型成熟企业，并且多为国有企业。中小板市场是相对于主板市场而言的，但对发行人的股本大小、盈利水平等要求接近于主板市场。处于成长期的企业由于资本金率偏低，被拒之门外。

（2）由于是新兴的证券市场，相关法律法规不健全，融资者缺乏合理的融资

---

① 罗靖．发债难解中国光伏融资困境［J］．中国石化，2013（10）：59.

理念，重融资轻回报；投资者缺乏科学的投资行为，投机现象严重。股票市场沦为“圈钱”和“投机”之地，加剧了投资者的不信任感，行业发展亟待规范。

（3）社会信用体系不健全，再加上信息沟通渠道不畅，增加了融资双方和中介机构的道德风险和逆向选择，诱发诚信危机，甚至发生欺诈和不正当竞争行为，损害投资者的利益。

3. 整体融资成本较高，各类债务风险较大

由于融资渠道过度依赖银行信贷，而银行贷款利率一般要高于债券利率，新能源企业融资成本较高。由于银行融资困难，一些新能源企业转向民间借贷。虽然手续简化，但民间利率大大高于贷款利率，财务风险显著增大，这对于新能源产业的发展是非常不利的。在光伏债券市场领域，即使与其他行业的企业处于同等评级，由于面临较大的经营风险，往往光伏企业发行的债券利率较高。2013年2月，光伏制造企业晶科能源全资子公司江西晶科成功发行8亿元6年期企业券，而票面年利率为8.99%。

即便如此，每个光伏企业进行发债融资，未必就能成功。例如，赛维LDK公司曾计划以10%的高额债息在香港发债融资，但未能成行。2012年，58家A股光伏上市公司，负债从2010年的2550亿元增加到3251亿元。根据工信部统计数据显示，2013年上半年，我国前十大光伏企业负债总额仍超过1000亿元，全行业负债则超过3000亿元。

这些问题的出现，不仅是新能源产业面临的问题，而且也从一个侧面反映出我国融资渠道的单一、资本市场的残缺。这充分说明，我国关于融资的市场经济体制还没有充分完全建立，在政策安排上还存在较大的完善空间。从根本上讲，还是要减少政府直接参与干预经济活动的做法，真正简政放权，让市场充分发挥资源配置的决定性作用。需要政府做的是，发现、设计并确立一套行之有效、不失公平正义的市场制度，并使之长期运转下去。

三、我国新能源产业融资政策的未来选择

新能源产业融资政策工具的合理设计，不仅关系到新能源产业的有效融资和新能源产业的健康可持续发展，而且也关系到整个国民经济融资体系的运行。因此，我们必须将之纳入我国融资体系的整体框架内，提出以下建议。

1. 降低银行业行政进入“门槛”，建立同业间的充分竞争机制，实施差别性信贷

改革开放40年，传统的存贷业务利差依然是我国商业银行主要的利润来源。在行长躺着睡觉也能挣钱的现实逻辑下，商业银行的竞争机制难以充分实现。在

地盘划定、区域垄断的情况下，金融创新动力不足，差异化产品和服务较少。建议引进民间资本，推进由具备条件的民间资本依法发起设立中小型银行、消费金融公司、金融租赁公司等金融机构，加大同业竞争力度，降低存贷利差，增加差异化供给产品。

商业银行应着眼长远，认真研究新能源产业的发展规律和企业的成长过程，在“互联网+”发展的时代背景下，针对新能源企业的特点，开发金融产品，创新供应链金融模式①，制订差别性的信贷计划，缓解新能源产业的融资压力；对于产业链中辐射拉动作用强，又需要巨额资金支持的符合条件的重点新能源企业，商业银行可采取银团贷款模式给予信贷支持。

2. 组建新型政策性金融组织，为战略性新兴产业提供融资服务

作为战略性新兴产业之一，新能源产业一般具有建设投入大、还本周期长的融资特点，需要政策融资支持。一般商业银行主要办理5年期以下的信贷业务，这与新能源企业获得利润的经营运行周期是不相匹配的。当前，为战略性新兴产业提供融资服务的政策性银行较少，主要是国家开发银行和我国进出口银行。党的十八届三中全会通过的《中共中央关于全面深化改革若干重大问题的决定》提出，推进政策性金融机构改革。建议建立专为七大战略性新兴产业发展提供资金的政策性金融组织，开展中长期信贷。这将有助于节约新能源企业融资的交易成本，坚定市场预期，树立发展信心，增强发展后劲。2015年1月，李克强总理召开国务院常务会议，决定设立400亿元的国家新兴产业创业投资引导基金。据估算，这一基金可直接带动社会民间投入1800亿元，间接带动1万亿元规模的银行贷款、机构投资等各项资金，② 对新能源融资是一大政策利好。

3. 建立完善的多元、多层次资本市场体系，使直接融资逐步成为企业融资的主要渠道

建立完善的多元、多层次资本市场体系，有助于完善资本市场结构，丰富资本市场产品，使资本市场更好地发挥直接融资的作用。①坚持市场化导向改革，转变主板市场上传统的政策性导向为主的发展模式，引入平等的竞争机制，增加民营企业的进入比例。推进二三板市场建设，使二三板市场真正成为中小型企业、创业型企业和科技型企业融资的平台。积极稳妥发展债券市场，大力发行包括可转换债券在内的各类企业债券，积极探索资产证券化，开辟新的融资渠道。②健全法律法规，形成科学合理的股票和债券发行理念，要把股票发行看作一种

① 徐鹏杰，吴盛汉．基于“互联网+”背景的供应链金融模式创新与发展研究［J］．经济体制改革，2018（5）：133.

② 顾阳．创投基金培育更多“阿里巴巴”［N］．经济日报，2015-01-26.

具有合理回报的市场交易行为，使投资股票具有投资价值，矫正整个市场的投机心理。③建立健全社会信用体系。信用不仅是一种融资体现，更是一种行为体现。要降低融资中的各种信息不对称性，就必须把信用建设全面纳入到企业、消费者、政府和中介组织中去，做到无缝衔接、全覆盖。建立有效的信用奖惩机制，让守信者处处受益，让失信者寸步难行。加大违约成本，使每一个经济主体严格遵守信用，不敢违约，不能违约。

第八章

我国新能源产业发展的技术政策

研究表明，一国产业的国际竞争力主要取决于该国的技术创新水平，从根本上来讲，取决于该国产业技术的原始创新能力。因此，要坚持正确的产业技术创新方向，必须充分发挥技术政策对我国新能源产业发展的引领作用。

第一节　技术政策对我国新能源产业发展的引领作用

从生产者的角度来讲，技术创新具有公共物品的特质，容易产生外溢效应。[①]如果缺乏合理的利润保障，由市场自动生产往往产生供给不足的缺口。这就需要引入政策机制，稳定技术创新动力机制，发挥技术政策对我国新能源产业发展的引领作用，确立技术发展导向目标，推动传统技术改造升级，加快新技术推广应用和实施知识产权保护等。

一、产业技术政策的一般规定

1. 产业技术政策的定义

苏东水（2000）在其主编的《产业经济学》提出，产业技术政策是指国家对产业技术发展实施指导、选择、促进与控制的政策的总和。[②] 在此基础上，王可强（2012）在其博士论文《基于低碳经济的产业结构优化研究》中将产业技术政策定义为，“国家制定的用以引导、促进和干预产业技术进步的政策的总和”[③]。

---

① 从社会、自然界的角度来看，技术进步是一把“双刃剑”。

② 苏东水．产业经济学［M］．北京：高等教育出版社，2000.

③ 王可强．基于低碳经济的产业结构优化研究［D］．长春：吉林大学，2012.

技术进步，在《新帕尔格雷夫经济学大辞典》（1996）中做了如此解释：按照传统割裂的方法研究，技术进步的分析可以分为三个分支，即“创造新产品和新工艺的发明，把发明转化为商业应用的创新，以及把革新普及到经济社会的扩散”[①]。一般来说，产业技术政策以产业技术为直接的政策对象，是保障产业技术进步、推动技术创新和提升产业竞争力的重要手段。它与科技政策既有联系，又有区别，区别在于产业技术政策更侧重于商业化应用。

2. 产业技术政策的内容

一般而言，产业技术政策应当包括两个方面的内容：①确定产业技术的发展目标，制定具体的发展规划，确立未来发展的技术标准和知识产权保护战略，并根据实际发展的具体形势，予以有效调整。②具体的技术进步促进工具，包括技术引进、技术扩散和技术扶植开发原始创新等。技术引进是通过直接引进别国的先进[②]技术，来直接提高产业竞争力。但这不足以摆脱落后状态，唯有消化吸收再创新，以发挥后发优势，才能迎头赶上。技术扩散亦是如此。

原始创新能力是决定产业核心竞争力的关键因素，主导着一国产业技术的国际地位和发展态势。在21世纪成熟的市场经济体中，产业技术政策主要是通过产业、产品和技术指导目录等的公布，实施税收优惠、融资便利等，进行间接干预。也有一些以“禁止”字样为代表的行政直接干预，其比例在当代社会越来越少。

二、产业技术政策对新能源产业发展的引领作用

1. 实施产业技术政策的必要性

实施产业技术政策的根本原因，在于由市场自动生产或供给技术存在不足的缺陷，需要通过政策干预，以满足产业发展对技术进步的需要。具体来看，由于技术成果具有公共物品的特质和正外部效应，外溢效益十分明显，以致技术开发的成本与收益之间存在不对称关系[③]，开发的社会成本几乎由个人来承担，而个人收益率总是低于社会收益率。

因此，在没有实施知识产权保护的情况下，私人缺乏动力投资于技术研发。在技术开发过程中，正如《新帕尔格雷夫经济学大辞典》（1996）所提到的，技

---

① 约翰·伊特韦尔，默里·米尔盖特，彼得·纽曼．新帕尔格雷夫经济学大辞典（第四卷：Q－Z）［M］．北京：经济科学出版社，1996.

② 本书认为，“先进”是相对于本国来讲的，在国外未必就是最先进的。因此，引进的技术，相对于国内来说比较先进，但在国外可能是已经落后的技术。

③ 苏东水．产业经济学［M］．北京：高等教育出版社，2000.

术进步一般是在一条明显前进的道路上来回变动，存在迂回性和曲折性。由于面临着技术与商业双重风险，技术开发的难度越来越大。因此，单纯依靠市场力量，尤其是在不成熟的市场经济体中，投资技术开发，存在较大困难，需要政府介入干预。

2. 实施产业技术政策的重要性

政府干预技术研发，具有连续、高效、大规模和系统性的组织优势。政府可以制定并依据一定的发展目标和规划，分阶段有步骤地通过公共财力进行可持续的投入，形成规模优势和系统优势，避免重复式研发，从而节约研发成本，实现技术资源的有效开发和最优配置①。在竞争日趋激烈的现代市场经济中，连续、高效、大规模和有组织的技术创新越来越发挥着重要的作用。

一国产业技术政策的实施目标，最终是要提高该国的产业竞争力和国际竞争力。因此，从这个意义上讲，产业技术政策的制定与实施也是一国国家竞争力的重要体现。为了确保产业的国际竞争力处于有利地位，需要国家实施一定的产业技术政策对技术开发及推广应用进行有效的指导、组织、扶持和协调。

3. 产业技术政策对新能源产业发展的引领作用分析

产业技术政策对产业发展的引领，是通过对技术发展的引导、控制和一定的投入发挥作用的。而技术对于产业发展的作用，至关重要。经过前文第二章、第四章、第六章的若干分析，产业技术在产业发展、产业增长的作用和贡献是居于决定性意义的。从市场竞争的角度而言，产业技术是核心竞争力的基本要素体现，并关系着竞争力可持续的能力。

在影响竞争力的其他因素方面，其作用的发挥必须与一定的技术相结合。例如，由规模经济带来的成本优势，需要建立在一定的技术标准和体系之上的。对于新能源产业来说，技术是处于第一位的生产要素。技术进步的状况决定着生产成本的大小和利润率的高低，关系着企业的生死存亡。相对于传统能源产业，新能源技术变革处于上升期，革新速度较快。只有那些最先掌握了新能源最新技术的企业，才能成为产业领域发展的弄潮儿。

正是由于技术进步，新能源产业的发电成本呈现下降趋势，经济性逐渐接近于传统火电。首先是核电，根据国家发展改革委发布的《核电上网电价机制有关问题的通知》，2013 年 1 月 1 日后投产的核电机组，上网电价全国统一为 0.43 元/kW · h，低于大部分地区的脱硫脱硝燃煤机组电价。这一电价已经把发生核事故的安全费用添加进去。其次是风电，2018 年，陆上风电标杆上网电价最低为 0.40 元/kW · h（含税，以下同），最高为 0.57 元。再次是光伏发电，2018 年

① 现实中，往往达不到最优配置，更多的是一种次优选择。

5 月底，三类太阳能资源区光伏电站标杆上网电价为 0.5 ~0.7 元。最后是垃圾发电，2006 年以来执行的标杆电价为 0.65 元；农林生物质发电，2010 年 7 月起，上网电价为 0.75 元 1kW · h。

产业技术政策的引领作用，主要表现在以下两个方面。

（1）确立技术发展导向目标。有了导向和目标，产业技术发展才有蓝图和归宿。通过建立长期的技术发展规划、短期的产业技术发展指导目录，配套实施一定的奖惩激励措施，引导企业和科研院所研发、引入较为先进的技术，鼓励自主创新能力培养；限制并逐步淘汰落后、过时的产业技术，推动研发主体不断进行技术创新。产业技术政策的最终导向是提升一国产业的自主创新能力，打造产业的核心竞争力。

（2）推动传统技术改造升级和加快新技术推广应用。通过实施具有示范效应的项目工程，结合资金投入，支持鼓励传统技术改造升级，带动新技术普及应用。通过确立行业标准、国家标准、国际标准等多层次的产业技术标准体系，规范市场竞争秩序，提高管理效率，提升技术发展层次。

作为新能源产业的技术政策，其目标有二：①通过政策干预，克服新能源技术的脆弱性和不稳定性，使之能够与传统能源技术相竞争，从而为新能源能够成为未来的替代能源、主体能源和主导能源做好技术准备；②通过自主创新能力的提高，提高本国新能源产业技术水平，使之能够代表未来全球新能源发展的技术趋向，率先实现能源革命，不断提升国际竞争力和话语权。

第二节　我国新能源产业技术政策的历史演变与未来选择

从我国新能源产业技术政策历史演变的轨道上看，“技术引进 + 国产化”是一条主线。这一思路基本达到了“在技术较为落后的情况下，实施赶超策略，接近或达到国际领先水平”的目标。但是，要引领世界新能源产业技术前进潮流，成为产业发展的领袖者之一，必须注重原始自主创新能力的培养和提升。

一、我国新能源产业技术政策的历史演变

从整体上来讲，我国实施了鼓励新能源产业技术发展的政策，积极引用外资和国外技术，推进技术设备国产化和自主创新能力建设。早在 1995 年 6 月，国家计划委员会、国家经济贸易委员会、对外贸易经济合作部发布的《外商投资产

业指导目录》，将包括核电站的建设、经营（由国有资产占控股或主导地位）以及太阳能、风能、磁能、地热能、潮汐能等新能源电站的建设、经营列入鼓励类外商投资产业目录；对 60 万 kW 及以上核电机组制造（不允许外商独资经营）列入限制类外商投资产业目录。

此后历经 1997 年、2002 年、2004 年、2007 年和 2011 年多次修订，始终把新能源电站建设、经营列入鼓励类目录。其中，2011 年的修订，鼓励外商投资产业目录提高了风电装备标准，要求风力发电机组轴承达到 2 兆瓦、风力发电设备要求 2.5MW 及以上。

1997 年第一次推出了《当前国家重点鼓励发展的产业、产品和技术目录》，囊括了太阳能、地热能、海洋能、垃圾、生物质能发电及大型风力发电以及百万 kW 级压水堆核电站、低温核供热堆、快中子增殖堆、聚变堆、先进的铀矿采冶、高性能核燃料元件、乏燃料后处理等 7 项关于核能的利用项目。对于这些项目且不属于《国内投资项目不予免税的进口商品目录》之列的，免征进口关税和进口环节增值税。

前一目录在经过 2000 年修订之后，2005 年并入到《产业结构调整指导目录（2005）》，对新能源项目做了进一步修订。为了更好地引导可再生能源相关研究机构和企业的技术研发、项目示范和投资建设方向，国家发展改革委于 2005 年 10 月专门印发了《可再生能源产业发展指导目录》，涵盖了 88 项可再生能源开发利用和系统设备/装备制造项目。

与 2005 年本相比较，《产业结构调整指导目录（2011）》更加注重战略性新兴产业发展和自主创新，将新能源从鼓励电力类项目独立出来专列一类，分成十小项；在鼓励核能类，删除“核分析、核探测仪器仪表制造”项目，增加“核设施退役及放射性废物治理”与“核电站延寿及退役技术和设备”两小项。

《产业结构调整指导目录（2011）》（2013 年修正）在鼓励类“五、新能源”增加“海上风电机组技术开发与设备制造”与“海上风电场建设与设备制造”，在鼓励类“六、核能”增加“核电站应急抢险技术和设备”。这反映了我国新能源技术进步较快，发展日新月异，取得了可喜可贺的成绩。

1. 核电产业技术政策的演变

在核电技术决策上，早在 20 世纪 70 年代初，国家领导人就做出了“要和平利用核能，搞核电站”的指示。1983 年，国家计委、国家科委联合召开我国核能发展技术政策论证会（回龙观会议），制定了经国务院批准颁布实施的《核能发展技术政策要点》，确立了核电主要采用压水堆、主要发展单机百万 kW 级机组和技贸结合的方针。

在技术路线上，主要走的是“引进技术设备 + 国产化”的路子。我国核电经历了“三轮引进”之路。20世纪80年代，第一轮发展中主要是引进了法国M 310机组设备建造两台90万kW发电机组的广东大亚湾核电站，自主研发、设计、制造、建造和运营秦山一期30万kW机组。

20世纪90年代的第二轮引进，以纯粹购买发电装机容量为目的，相继购买了加拿大的重水堆（秦山三期）、俄罗斯的压水堆（田湾）、法国的压水堆（岭澳—大亚湾后续项目），开工建设了自主设计的秦山二期核电站。2002年末至2003年初确定的新一轮技术路线，是直接引进国外最先进的第三代核电站技术，最终美国西屋公司的AP 1000技术中标。

但在实践中，AP 1000技术属于设计先进但尚未投产、未经检验、尚不成熟的技术。2006年以来，将“一步跨越”调整为“两步走”，批准了我国自主设计建造的二代改进型核电项目建设，如岭澳核电站扩建工程、秦山二期扩建工程、辽宁红沿河核电工程以及福建宁德核电站等。在第三代核电技术国产化上，形成了中广核集团的ACPR 1000 +（2012年12月通过鉴定）、中核集团的ACP 1000（2013年4月通过鉴定）、国家核电技术公司的CAP 1400（2014年1月通过鉴定）以及中核集团与中广核集团合作研发的“华龙一号”（2014年8月通过设计方案）。

技术国产化带来的直接受益是核电站建造成本下降。例如，我国第一个全面实现“自主设计、自主制造、自主建设、自主运营”的百万kW级核电工程——岭澳二期，两台机组设备国产化率分别达到55%和73%，单位造价1.23万元/kW，在全球同级别造价中处于最低位①。

另外，我国积极自主研发的也是世界上第一座具有第四代核能系统安全特征的20万kW级的石岛湾高温气冷堆核电站示范工程已于2012年12月21日在荣成开工建设。从技术系列上看，我国二、三代核电技术都属于热堆技术，无论如何改进，只能做到“概率安全”的提升，不能实现“固有安全”。而高温气冷堆采用全新的第四代核安全技术，使用氦气作为冷却介质，具有固有安全性、发电效率高的特点。在安全上，不会发生堆芯熔化的事故，能够达到“固有安全”。在发电效率上，可达40%以上，显著高于三代技术30%的平均水平。

2. 非核电新能源产业技术政策演变——以风电为例

从发展历程来看，非核电新能源早期发展比较薄弱，基本上走的也是“引进技术设备+国产化”的路子。在1995年以前，大部分风电场使用的设备来自国外进口，国内主要研发关键零部件，相继研制了18kW、55kW、200kW等系列的

① 刘传书．中广核岭澳核电站二期工程获中国核能行业2013年度科学技术最高奖［N］．科技日报，2013－12－16.

风电机组[①]。随着国家科技攻关计划[②]、“国家重点基础研究发展计划”（“973 计划”）、“乘风计划”（1996 年提出）、“双加工程”（1996 年启动）[③]、“我国光明工程”（1996 年提出）[④]、“863 科技攻关项目‘MW 级风力发电机组及其关键部件研制’”（2001 年提出）等多项政策实施，我国风电向国产化和规模化方向发展。

（1）围绕国产化，除了在研发上下工夫之外，支持鼓励风电场使用国产设备。《关于进一步促进风力发电发展的若干意见》（国家经贸委，1999）允许使用国产设备的风电场“优先立项和上网”。《关于加快风力发电技术装备国产化的指导意见》（国家经贸委，2000）对使用国产设备的风电场予以政策和资金支持。“国债风电项目”（2000 年提出）建立了 8 万 kW 国产风电机组示范风电场。“送电到乡”项目（2002 年实施）加速西部风电应用。“风电特许权项目”（2002 年批复）对机组本地化率有着明确要求[⑤]。

《加快风电设备本地化有关意见》（国家发展改革委，2005）重点扶持金风科技和大连重工起重机械厂两个企业的发展、以风电的规模化建设带动风电设备的本地化。《国家发改委关于风电建设管理有关要求的通知》（2005）要求建设的风电场风电设备国产化率要达到 70% 以上。从 2006 年开始，风电场特许权招标开始采用项目投资企业和风电设备制造企业捆绑招标的方式，要求风电设备制造企业提供的风电机组国产化率达到 70%。2009 年年底，这一政策正式被取消。

2008 年《关于调整大功率风力发电机组关键零部件、原材料进口税收政策的通知》鼓励进口大功率风电机组的零部件而非整机，自 2008 年 5 月 1 日起，对新批准的内、外资投资项目，进口单机额定功率不大于 2.5 兆瓦的风力发电机组一律停止执行进口免税政策。

（2）在规模化应用上，1995 年、2000 年、2007 年和 2008 年以及 2011 年，

① 谢祥，汝鹏，苏竣，李建强，智强．中国风电装备制造技术创新模式演进及政策动因［J］．煤炭经济研究，2011（4）：11.

② 国家科技攻关计划是第一个国家科技计划，也是 20 世纪中国最大的科技计划，1982 年开始实施。其中，“九五”期间，新能源以研制开发大功率风力发电机以及太阳能、生物质能的应用为重点。

③ “双加工程”是国家经贸委在技术改造方面实行的“加大投资力度，加快技术改造步伐”的简称，于 1995 年提出实施意见。

④ “中国光明工程”于 1996 年由国家计委提出并实施，是指利用当地丰富的风能、太阳能以及包括微型水电在内的其他的新能源资源，建设一套经济可靠的供电系统，解决偏远地区的供电问题。根据《中国光明工程第一期行动计划》，其总投资规模在 100 亿元左右，资金来源由中央政府、地方政府拨款、国际赠款和有条件的用户自筹资金等四部分构成。

⑤ 国家计委对江苏省如东市和广东省惠来县两个风电场特许权项目建议书批复，每个风电场建设规模为 10 万 kW，单机容量不小于 600kW，机组采购的本地化率不低于 50%。2004 年，特许权项目将机组采购的本地化率增加为不低于 70%。

我国政府部门对风电发展规划做了多次调整。2005 年,《国家发展改革委办公厅关于组织实施可再生能源和新能源高技术产业化专项的通知》规定,2005—2007 年开展 1.5 兆瓦变速恒频风力发电机组和 1.2 兆瓦直接驱动永磁式风电机组的产业化。2008 年,国家能源局启动内蒙古、新疆、甘肃、河北、江苏和吉林6 个千万 kW 级风电基地规划和建设。

2012 年 3 月,科技部印发《风力发电科技发展“十二五”专项规划》,从基础研究、研究开发、集成示范、成果转化等七大方面提出了风电科技发展规划。同日,《智能电网重大科技产业化工程“十二五”专项规划》对突破再生能源发电大规模接入的关键技术和积极发展储能技术提出了新要求。

2012 年 7 月,国家发展改革委相继发布《可再生能源发展“十二五”规划》和《风电发展“十二五”规划》,确立了“十二五”期间风电开发目标,提出了继续推进风电规模化发展、增强风电装备制造产业的创新能力和国际竞争力、完善风电标准及产业服务体系等思路。在研发上,将“7MW 级风电机组及关键部件设计和产业化技术、分布式中小型风电机组设计制造技术”纳入到 2012 年度国家科技支撑计划能源技术领域支持重点。在“863”计划中,设立了“超大型海上风电机组设计技术”“前端调速式风电机组设计制造关键技术”“海上风电场建设关键技术”等任务专项。

2016 年 3 月,国家发展改革委、国家能源局发布《能源技术革命创新行动计划(2016—2030 年)》,指出我国陆上风电技术已经达到世界先进水平,海上风电技术攻关亟待突破,并提出了到 2020 年、2030 年和 2050 年的长期发展目标。文件指出,到 2020 年,形成适用于 200 ~ 300 米高度的大型风电系统成套技术;到 2030 年,突破 10MW 级及以上大型风电机组关键技术;到 2050 年,突破 30MW 级超大型风电机组关键技术。

二、我国新能源产业技术开发与应用困境

我国新能源产业发展从无到有、从小到大,得益于技术政策引导下的技术进步。

在核电上,我国已经能够自主完成百万 kW 核电机组从总体设计、初步设计到详细设计的全部过程,全面掌握了核电关键设备的设计制造技术,能够自主制造百万 kW 核电反应堆压力容器、主管道、堆内构件、控制棒驱动机构、半速汽轮发电机组等关键设备,具备了百万 kW 压水堆核电机组成套设备生产能力。

在风电上,我国已经能够研制 5MW 以上的大功率风电机组,华锐风电的 5MW 机组和 6MW 机组、联合动力的 6MW 机组、东汽的 5.5MW 机组已经投入试

运行；形成了风电整机及叶片、齿轮箱、发电机、控制器、变流器等关键零部件比较完整的风电装备制造体系；攻克千万 kW 风电汇集系统无功电压管控关键技术难题，逐步提高低电压穿越技术能力，初步建立了大型风电机组标准、检测和认证体系。

在光伏发电上，我国已经形成包括超纯硅材料生产（主要是单晶硅、多晶硅）、硅片、电池片、电池组件、应用系统在内的较为完整的产业链，在光伏电池制造技术方面，已达到世界先进水平。在生物质能利用领域，大中型沼气技术已经得到规模化利用，生物质发电技术基本成熟，万吨级秸秆纤维素乙醇产业化示范工程进入试生产阶段。我国新能源产业技术开发在取得成绩的同时，也存在一些发展的问题，面临着现实困境。

1. 核电产业技术开发与应用困境

（1）第二、第三代核电运行存在技术安全固有缺陷，第四代核电安全技术迫切需要开发。这不仅是我国技术开发的现实和未来困境，也是世界级难题。尽管第三代核电技术宣称是最安全的，但还没有经过实践检验，依然存在堆芯可能发生熔化的概率，从而诱发核事故。安全是核电运行和发展的生命线。发生一次核事故带来的经济损失是巨大的，其对环境的破坏和社会影响在短时间内难以消除，这对核电的发展极为不利。主攻安全方向，确保万无一失应是未来核电技术发展的首要选择。

（2）铀矿勘探技术尚需进一步提升。随着我国在建核电机组陆续建成投产，未来天然铀需求会越来越大。按照每百万 kW 压水堆核电站年均消耗 150 ~ 180 吨核原料计算，2015 年（在运 4000 万 kW，在建略超 2000 万 kW）、2020 年（在运 5800 万 kW，在建 3000 万 kW）消耗量将分别达到 6000 ~ 7200 吨、8700 ~ 10440 吨，显然单纯依靠国内 17.14 万吨①的铀矿储量不能支撑目前设计长达 60 年寿命的核电站运营。利用国际市场，进口铀矿石就成为重要手段。而定价权已经掌握在阿海珐等少数国外大公司手里，投资开采国外铀矿就成为不二选择。铀矿储量的高低取决于勘探技术。从长远来看，提高国内储采比，才能实现核电未来的规模化和可持续发展，避免受制于人。

（3）高性能核燃料元件制造与核电站运行后续处理技术亟待提升。核电站运行后续处理技术包括乏燃料后处理技术、低放固体废物处理技术以及核电站延寿及退役技术等。截至目前，我国还没有掌握有效的乏燃料后处理技术，仅仅采用"一次通过"方法，不能实现铀、钚分离并回收利用，造成宝贵的铀资源闲置。据估算，每百万 kW 核电站，每年可产生约 550 立方米的低放固体废物。2015 年

① 这一数字来自经合组织核能机构与国际原子能机构 2010 年发布的《2009 铀：资源、产量和需求》。

我国核电装机将达到4000万kW，每年将产生约22000立方米的低放射性固体废物，直接挑战着我国核废料处理能力。我国第一座核电站已经运行23年，其延寿及退役必须提前着手。

（4）还没有形成有利于核电“走出去”的统一标准和技术品牌。尽管我国核电制造能力取得了很大进步，但核电出口——“走出去”的力度依然较小，国际竞争力优势没有展现出来。在与美俄日法韩的同台竞争中，处于弱势地位。其表面原因在于，我国核电企业进军世界核电市场，是分散竞争没有抱团取暖；深层次原因在于核电技术标准不统一，没有形成国际品牌。

2. 非核电新能源产业技术开发与应用困境

（1）整体制造技术水平与国际比较还存在一定的差距。

在风电方面，单个风机平均装机容量低于国际市场平均水平。根据丹麦BTM统计，2012年我国市场新增风机单个风机平均容量为1.646MW，而全球平均水平为1.847MW，北美市场在1.9MW以上，德国和英国也在2.3MW以上，丹麦达到3MW。也有学者高建刚、马中东等（2016）指出，阻碍我国风电产业造技术水平和研发能力的第一因素在于风电技术信息的不足，传递与沟通环节方面需要改进[①]。

在光伏发电方面，尽管“三头在外”的局面有所变化，但关键设备仍然依赖进口。《重大技术装备和产品进口关键零部件、原材料商品清单（2013年调整）》列入了晶硅太阳能电池生产用全自动印刷、烘干、烧结、测试分选系统，CIGS薄膜太阳能电池硒化/热处理设备，单晶硅棒多线切割机、薄膜沉积设备等关键设备。

在生物质能方面，纤维素乙醇生产未成规模，第三代生物技术尚在研发，垃圾焚烧发电成套设备还未实现完全国产化，生活垃圾精分选成套系统装备尚需进口。部分行业出现的产能过剩，暴露的是低水平重复建设和产业链条技术含量低问题。相反，在技术含量高的产业链条端，不仅没有过剩，反而稀缺。由于技术水平的差距，我国风电、光伏和生物质能发电，在制造和运营环节存在高耗能、高排放、有毒污染和噪声污染等环保问题，出现了清洁能源不“清洁”的现实困境。

（2）并网难和储能技术的欠缺，制约了风电和光伏发电的大规模应用，分布式发电商业模式尚未成熟，微电网技术较为薄弱。虽然大规模并网接入技术取得了突破，但这并不意味着并网难题就能迎刃而解，技术的可行性与经济的实用性

① 高建刚，马中东，王丙毅．基于结构方程模型的中国风能产业发展障碍因素研究［J］．中国软科学，2016（12）：24－36.

存在衔接。并且，储能技术研发尚未进入革命性阶段，意味着风光互补、风电—抽水蓄能、光伏—抽水蓄能以及三者联合等成为当前新能源电力建设的次优选择。

其局限性在于，容易受地理位置的限制，发挥的作用也较为有限。分布式发电相对于集中发电来讲，商业风险较高，经济收益较低。分布式发电并网后，会给电网电压、电能质量和继能保护等带来额外影响，从而增加电网技术改造和升级的成本。当前，我国微电网技术已经有了一定的发展，建立了技术应用示范工程，但技术基础较为薄弱，在接入、规划设计、建设运行和设备制造等环节还没有建立相应的国家技术标准，产业化市场运营尚待时日①。

三、我国新能源产业技术政策的未来选择

习近平总书记在党的十九大报告中指出，创新是引领发展的第一动力，是建设现代化经济体系的战略支撑。② 我国新能源产业在现有政策和技术的基础上，应坚持正确的技术发展导向，树立长远发展眼光，同时兼顾现实利益，加大科研投入，加速技术产业化进程，走出一条有我国特色的自主创新道路，以提高产业的国际竞争力。

1. 坚持正确的技术发展导向

从技术发展的战略角度来讲，我国新能源产业无非要实现两大层次的目标：第一个层次是在技术较为落后的情况下，实施赶超策略，接近或达到国际领先水平；第二个层次是引领世界新能源产业技术前进潮流，成为产业发展的领袖者之一。第一个层次目标可以通过引进消化吸收再创新和集成创新、实现国产化来达到。第二个层次目标的实现，主要依赖原始自主创新能力。要立足于具有较高技术实力的现实基点，未来新能源产业的国际竞争力取决于一国的原始自主创新能力。因此，对于原始自主创新能力的培养和提升，就成为我国当前和未来新能源产业技术政策实施的主要目标和方向之一。

具体来看，我国新能源产业技术创新的两大任务是安全性和经济性。安全性表现为技术的可靠性、运行的可持续性和环保的良好性；经济性表现为效率的提高和成本的降低，使之能够与传统能源相竞争，并最终代替传统能源，成为经济发展的主导能源。

---

① 武星，殷晓刚，宋昕，王景．中国微电网技术研究及其应用现状［J］．高压电器，2013（9）：143－147.

② 杨宏力，晓航，张明斗．城市科技创新效率的空间差异研究［J］．山东社会科学，2017（12）：129.

2. 打造良好的创新动力机制

创新不是单枪匹马的个体行为，而是具有鲜明的群体特征和社会特征。营造良好的社会风气，打造创新动力机制，形成良好的创新氛围，比单纯地增加创新投入更为重要。

一是打造创新动力的经济价值取向，使创新体现相应的经济价值。党的十八届三中全会通过的《中共中央关于全面深化改革若干重大问题的决定》指出，健全技术创新市场导向机制，发挥市场对技术创新的要素配置导向作用，发展技术市场，建立主要由市场决定技术创新项目和经费分配、评价成果的机制；建立产学研协同创新机制，建设国家创新体系；健全技术创新激励机制，加强知识产权运用和保护。①

二是打造创新动力的社会价值取向，使创新体现相应的社会价值。要逐步淡化、消解官本位意识，转变以官本位为导向的社会价值观，打造服务性政府，尊崇能力本位。只有全社会树立以能力本位为导向的社会价值观，才能解除创新桎梏，发挥人才创新活力，才能形成人人尊重科学、人人尊重技术、人人尊重创新的社会氛围。2018 年 3 月 7 日，习近平总书记在参加广东代表团审议时进一步阐释了人才与创新之间的关系，强调“发展是第一要务，人才是第一资源，创新是第一动力”……“强起来靠创新，创新靠人才”②，这为发挥人才创新活力指明了方向。

3. 持续加大研发投入力度

原始创新能力的培养与提升，取决于人财物要素资源的行之有效的持续投入。

从宏观层面来讲，我国研发经费投入占 GDP 的比重，与国际比较还存在一定的差距。2010 年，我国的这一指标数字是 1.8%，没有达到“十一五”规划的 2%的预期目标。而 2007 年世界平均水平为 2.2%，美国是 2.67%，日本是 3.44%。2013—2017 年，尽管我国全社会用于研究开发活动的支出大大增加，但占 GDP 的比重依然不高，刚超过 2%。这说明我们创新主体对研发投入的力度还不够，这也反映了我国企业在转型期市场经济竞争下的目光短浅。

从产业层面来讲，作为战略性新兴产业之一，我国新能源产业要成为先导性、支柱性产业，技术先行是关键，研发投入比重应高于全国的平均水平。从政策设计的角度来讲，应把研发投入额度和其占销售收入的比重作为一项列入新能

---

① 中共中央关于全面深化改革若干重大问题的决定（2013 年 11 月 12 日中国共产党第十八届中央委员会第三次全体会议通过）[J]. 求是，2013（22）：6.

② 习近平．发展是第一要务，人才是第一资源，创新是第一动力 [EB/OL].（2018 - 03 - 07）[2018 - 10 - 14]. http：//www.xinhuanet.com/2018 - 03/07/c_1122502719.htm.

源制造业的准入条件。2013 年 9 月，工业和信息化部发布的《光伏制造行业规范条件》规定，光伏制造企业每年用于研发及工艺改进的费用不低于总销售额的 3% 且不少于 1000 万元人民币。2015—2018 年，工业和信息化部先后发布了《光伏制造行业规范条件（2015）》《光伏制造行业规范条件（2018）》，延续了上一规定，不断提高了现行和新建以及改扩建企业及项目多晶硅、单晶硅电池及组件和薄膜电池的光电转换效率标准。这些规定和标准要求作为硬性指标约束，将推动光伏制造企业加大研发力度，提高技术水平。

4. 加速推动技术产业化进程

我国发展新能源产业的终极目的，在于新能源的清洁应用，减少传统能源对环境的污染和破坏。2013 年入冬以来，尤其是 2014 年 1 月以来，我国中东部地区大约 1/7 的国土出现大面积的严重雾霾，污染源与传统能源有关的是汽车尾气、供暖燃煤。推动新能源的普及推广应用刻不容缓。为之，要转变那种重生产、轻应用的发展观念，培育国内市场，变新能源“世界制造工厂”为全球“模范应用基地”，加速推动新能源技术产业化进程，加快新能源国内普及推广应用。在产业化进程中，不断发现技术创新中的问题，调整技术路线，形成技术标准，打造国内和国际品牌。随着分布式发电技术成熟，应创造多种条件，使分布式光伏发电成为光伏发电的主流。

第九章

我国新能源产业发展的环保政策

从产业存续的整个链条来看，新能源并不是绝对清洁的能源，甚至可能会带来环境的污染，尤其在其前期产品制造和后期废物处理的环节。依靠企业的自律难以解决负外部性问题，需要引入外部力量——政府进行干预，实施强力的环保政策，确保新能源产业的可持续发展。

第一节　新能源产业链条中的环境污染问题

尽管新能源与传统能源相比具有相对清洁的特点，但由于环境技术、经济成本等原因，新能源在生产使用的整个产业链条中难以做到完全清洁、绝对清洁。随着新能源的规模化生产和应用，产生的环境污染问题不容忽视①，必须高度重视。

一、核电产业链条中的环境污染问题

与煤电相比，核电产业链中产生的环境问题主要是放射性污染。它主要有四个来源：铀矿石开采、核电站运营、乏燃料处理与核电站退役，主要表现为放射性的废气、废水、废渣“三废”的排放。

1. 铀矿石开采

核电生产需要的核燃料为放射性重金属元素——铀，而铀来自铀矿石的开采和提纯。铀矿在开采的过程中，会放出放射性气体——氡气。其中氡气的同位素

① 根据《辞海》1999 年版彩图本（上海辞书出版社 . 2482 页）的解释，“污染”的定义之一被界定为自然环境（如大气、土壤、水体等）中混入危害人体、降低环境质量或破坏生态平衡的物质的现象。

222Rn 及其子体是铀矿对人体危害最大的有毒有害气体[①]。废水污染源主要有矿坑排水、尾矿水、受雨水淋滤、渗透溶解矿物中可溶成分的废水以及其他生活、医疗废水，它们会给地表水、土壤和地下水带来污染。固体污染物主要表现为废石污染和尾矿污染。在废石和尾矿中均含有 238U、234U、230Th 和 226Ra，其中 238U 的半衰期为 4. 49 ×109a，230Th 的半衰期为 83000a[②]，会不断地向大气释放氡气。一项研究表明，来自废弃矿山的铀污染程度在过去可能被严重低估，对地下水、地表水中的铀污染治理策略必须修正[③]。

2. 核电站运行

核电站在正常运营期间，核电机组排放的放射性核素微乎其微，一般也不超过本底辐射剂量的 1%[④]，不会造成环境污染。只有出现反应堆堆芯熔化，发生核泄漏时，才会对环境造成严重污染。核电运行史上，必须提到的核事故有 1979 年的三里岛核事故、1986 年的切尔诺贝利核事故和 2011 年的福岛核事故。其中 1979 年的三里岛核事故虽然出现了堆芯熔化，但由于安全壳的保护作用，核燃料并未外泄，对环境的影响极小。切尔诺贝利核事故和福岛核事故是迄今核电事故级别最高的（为最高级 7 级），给生态环境带来了不可估量的灾难。直到今天，它们对环境的影响仍未彻底消除，去污成本高昂。三起事故究其共性原因，在于操作人员工作失当和运营管理不够严谨规范。如果管理到位，核事故是可以避免的。

3. 乏燃料处理

核燃料在反应堆内通过链式反应释放能量的过程中，会产生一种地球自然环境中不存在的人造物质——钚，它的半衰期长达 24000 年，可以用来制造核武器。当反应堆中核燃料所含 235U 不到 1% 时，需要将这些核燃料移出反应堆，重新装入新的燃料。移出的核燃料称为核废燃料，即乏燃料。乏燃料在冷却储存、后处理、固化处理和深埋处理等环节方面，对技术处理和管理标准要求较高，存在一定的热污染和放射性泄漏隐患。因此，有评论称核废燃料是人类为自己制造的麻烦[⑤]。

4. 核电站退役

核电站退役是一项难度大、费用多、耗时长的复杂性工作，退役周期可能长

---

① 张展适，李满根，等. 赣、粤、湘地区部分硬岩型铀矿山辐射环境污染及治理现状［J］. 铀矿冶，2007（4）：192.

② 吴桂惠，周星火. 铀矿冶尾矿、废石堆放场地的辐射防护［J］. 辐射防护通讯，2001（6）：33.

③ 胡冬. 废弃矿山的铀污染问题或被严重低估铀［N］. 科技日报，2014 - 02 - 27.

④ 本底辐射剂量是指天然存在的放射性辐射量。

⑤ 龚益. 后“3 · 11”时代的核电选择　核废燃料是人类为自己制造的麻烦［M］. 世界经济年鉴，2012：359.

达30年以上。一座110万kW的核电厂，在运营几十年之后，将会产生几十万吨的放射性废物[①]。堆放搁置这些废物会占用很大的面积空间，同时对地质结构有着非常特殊的要求。退役反应堆本身具有很强的放射性，所有建筑厂房结构也会呈现一定的放射性，去污工作难度很大。在反应堆压力容器、废物处置和废物运输方面存在放射性泄漏的风险。

二、风电产业链条中的环境污染问题

作为一种储量丰富的清洁可再生能源，风力发电被看成环境友好、环保效益明显的一种能源。但在具体的开发和利用过程中，会给整个生态环境带来一定的消极影响，甚至是污染和破坏。这主要源于风电场建设的施工和运营，主要表现为植被破坏、水土流失，噪声污染、视觉污染、电磁污染，[②] 对鸟类栖息、繁衍和迁徙会带来一定的消极影响[③]。

1. 植被破坏、水土流失

风电场建设用地包括永久性占地和临时占地。其中，风机、变电所和道路占地属于永久性占地，会直接破坏自然地表，使之丧失生态功能。施工期间比如挖土与回填土工程，也会破坏地表形态，损害植被，带来扬尘。有研究表明，在低山丘陵区风电场运营期间，风机运行会扰动植被恢复，从而出现一系列次生生态环境污染问题，如表土被冲刷流失，碎石裸露，植被不易恢复。[④] 在荒漠、戈壁地带建设的风电场，对地表形态的破坏程度更大，基本上难以恢复到初始状态。

2. 噪声污染、视觉污染、电磁污染

风电场运营会带来一定的噪声污染、视觉污染和电磁污染。风力发电机组在运行时产生的噪声主要源于发电机、齿轮箱和风轮机叶片。噪声水平与风轮机距离远近负相关，距离风轮机越近，噪音越大；距离风轮机越远，噪音越小。在有风和阳光的情况下，风轮机叶片旋转会产生晃动的阴影。这对附近看到的人来说，是一种视觉污染，会带来眩晕、心烦意乱的生理感觉。视觉污染的另一种情况是，如果风机的设计、布局和选址考虑不够严谨、周全，与周围的自然景观不

---

① 赵世信，林森．核设施退役［M］．北京：原子能出版社，1994．转引自：李民权，关玉蓉．核电厂退役——对我国核电厂退役的几点建议［J］．南华大学学报：社会科学版，2011（5）：1．

② 周艳芬，耿玉杰，吕红转．风电场对环境的影响及控制［J］．湖北农业科学，2011（3）：2643．

③ 王明哲，刘钊．风力发电场对鸟类的影响［J］．西北师范大学学报：自然科学版，2011（3）：87－90．

④ 尚佰晓，王莉．低山丘陵区风电项目生态恢复环境监理探析［J］．环境保护与循环经济，2011（11）：70．

相匹配，也会带来视觉污染。有媒体报道，由于距离风轮机太近（仅100米），发电机组发出的持续、高分贝的噪声，风轮机叶片不时滚动的阴影，改变了原有的生活环境，严重地影响了居民的正常生活。① 除了噪声污染、视觉污染，风电机组运行还会或多或少带来一定的电磁辐射污染。这主要源于发电机、变电所和输电线路等3个部分。研究表明，风轮机叶片反射的电磁波对调幅（AM）无线电系统和调频（FM）无线电系统会造成一定影响，干扰无线电的传输。②

3. 影响鸟类的栖息、繁衍和迁徙

大多数鸟类对风力发电机组运行产生的噪声污染比较敏感，一般会选择避让行为，从而会在一定程度上减少了鸟类栖息、觅食、繁衍等的活动范围；③ 也有鸟类如黑海番鸭（Common Scoter）对风电场建成后的生态环境表现出正向的适应性，风电场的运营对它们的觅食没有造成影响。④ 基于风能资源丰富的季节分布与鸟类迁徙季节的重合性，一般集中在上半年的3～6月和下半年的9～11月，如果在鸟类的迁徙通道建设运营风电场，会占用鸟类迁徙途中的停歇地、栖息场和繁殖地。风电场的电线、光源，会增加鸟类在夜间和不良气象条件飞行中与风电机相撞的概率。⑤ 一份风能资源开发对云南省鸟类迁徙影响的调查分析显示，存在迁徙鸟类与风电机组发生直接碰撞、阻碍威胁候鸟迁飞和破坏湿地水鸟栖息地的现实可能性。⑥

另外，在风电场建设过程中还会排放一定的废弃物，主要包括施工人员的生

---

① 董璐．绿色项目缘何成为污染源［N］．中国经济导报，2004－09－11.

② 周艳芬，耿玉杰，吕红转．风电场对环境的影响及控制［J］．湖北农业科学，2011（3）：2645.

③ 参见：

［1］Braun C. E.，Oedekoven O. O.，Aldridge C. L. *Oil and Gas Development in Western North America：Effects on Sagebrush Steppe Avifauna with Particular Emphasis on Sage Grouse*［C］//Transactions of the North American Wildlife and Natural Resources Conference. 2002，67：337－349.

［2］Kahlert，J.，Petersen，I. K.，Fox，A. D.，Desholm，M. & Clausager，I. 2004. *Investigations of Birds During Construction and Operation of Nysted Offshore Wind Farm at Rødsand – Annual Status Report* 2003. Report Commissioned by Energi E2 A/S. Roskilde，Denmark：National Environmental Research Institute，2004.

［3］Kahlert J.，Desholm M，Clausager I. *Investigations of Migratory Birds during operation of Nysted offshore wind farm at Rødsand：Preliminary Analysis of Data From Spring* 2004［J］. *Note from NERI commissioned by Energi E*，2004，2：36.

④ Petersen I. K，Fox A. D. *Changes in Bird Habitat Utilisation Around the Horns Rev* 1 *Offshore Wind Farm，with Particular Emphasis on Common Scoter*［J］. *National Environmental Research Institute*（*NERI*），Aarhus（Report Request Commissioned by Vattenfall A/S），2007，p. 40.

⑤ 崔怀峰，杨茜，张淑霞．鸟类与风电机相撞的影响因素分析及其保护措施［J］．环境科学导刊，2008，27（4）：52－56.

⑥ 廖峻涛，李国洪，王亚奇．风能资源开发对云南迁徙鸟类的影响及对策［J］．安徽农业科学，2012，40（10）：6139－6141.

活垃圾、废弃的土石方和生产生活废水、废油。如果处理不当，会给当地的生态环境带来污染。

三、光伏产业链条中的环境污染问题

光伏产业链条中的环境污染主要源于三个环节，表现为三个方面：①光伏电池生产制造过程中排放的有毒“三废”；②蓄电池生产制造和使用过程的铅污染和发电使用带来光污染；③使用后回收环节的废弃物污染。

1. 光伏电池生产制造中的“三废”

当前，在光伏电池市场上占主流地位的是晶体硅电池。晶体硅在原料开采、高纯硅提纯、硅锭铸造等方面对人体健康和公共环境存在较大的安全危害。在开采、分离普通石英砂的过程中，会产生大量的粉尘，被人体吸入后充斥肺部，导致矽肺病。加工提纯精制石英砂会排放废液和废渣，危害环境。一般情况下，冶炼 1t 工业硅约产生 2000 ~ 2600m^3 带大量粉尘的烟气。[①] 粉尘的主要成分是纳米至微米级的 SiO_2，被人体吸入后，也会导致矽肺病。对采用“西门子法”生产高度硅会产生危险物质 $SiCl_4$ 和 DCS、TCS。作为一种无色或淡黄色发烟液体，$SiCl_4$ 易潮解，可放出有毒的酸性腐蚀性烟气，对眼睛和上呼吸道会产生强烈刺激，皮肤直接接触后可致组织坏死。$SiCl_4$ 对土地的危害比较大，用于倾倒或掩埋 $SiCl_4$ 的土地将变成不毛之地，植物将不再生长。[②] DCS 毒性稍弱于 $SiCl_4$，遇热源和明火，易燃烧和爆炸。[③] 在硅锭铸造环节，由于坩埚不能重复循环利用，会带来固体废弃物污染。

2. 蓄电池生产制造中的铅污染和光伏发电中的光污染

光伏发电系统使用的蓄电池大部分都是铅酸蓄电池。在生产过程中防护措施不规范、超标排放，就有可能带来铅中毒，导致神经损伤、肾功能衰竭和心脏问题等疾病。在分布式发电系统中，如果太阳能光板置放的角度不合理，会带来继水污染、大气污染、噪声污染、固体废物污染之后的第五大污染——光污染。例如，北极星节能环保网曾报道，山东济南银座佳驿楼顶上的太阳能电池光板涉嫌“光污染”[④]。其原因在镜面反射光中包含反射光和折射光，光照强度超过太阳光

---

① 卢兰兰，毕冬勤，等. 光伏太阳能电池生产过程中的污染问题［J］. 中国科学，2013，43（6）：687 - 703.

② 童克难. 光伏产业的“亮”与“黑”［N］. 中国环境报，2011 - 01 - 31.

③ 韩永奇. 光伏：徘徊在绿色与污染的边缘［J］. 广西节能，2014（3）：31.

④ 山东济南银座佳驿楼顶上的太阳能光板涉嫌“光污染”［EB/OL］.（2011 - 6 - 23）［2014 - 08 - 14］. http：//news. bjx. com. cn/html/20110623/290329. shtml。

直射，致使室温升高、视野受阻，甚至会导致视力急剧下降，白内障发病率高企，带来头昏心烦、失眠、食欲下降、情绪低落、身体乏力等症状，干扰正常生活，严重威胁身体健康。

3. 废弃物处理回收

光伏发电系统的废弃物主要包括废弃电池背板、蓄电池和荧光灯。早期的一项调查研究显示，分布式发电系统的废弃物处理不当，基本上是随处乱扔或混合在生活垃圾中填埋、堆放、焚烧，甚至扔到河里，[①] 带来环境污染。目前，世界上太阳能电池背板仍是以含氟背板为主，国内市场上的含氟背板装机总量已经超过 10GW。废弃含氟背板在回收处理上存在技术困难。一是采用掩埋处理的方法，在 1000 年内都无法自然降解；二是由于氟在燃烧后会释放出有毒有害的气体，也不能用焚烧的方法处理。我国已经出现地方性的氟中毒，氟污染通过空气、水源和土壤等渠道对人群、牲畜、农作物、植物等危害极大。废弃的铅酸蓄电池内含有大量的铅、锑、镉、硫酸等有毒物质，若处理不到位，会给土壤、河流、地下水等带来重金属污染。荧光灯管多采用稀土三基色荧光粉和液体汞，破碎后严重污染环境。

第二节　新能源环境污染的原因分析

新能源环境污染与污染物泄漏和超标排放密切相关。要预防和治理新能源环境污染，采取有效的规制政策，必须从源头上厘清造成污染的原因，减少污染物排放，禁止超标排放。新能源环境污染的产生，既有经济行为人的主观原因，也有技术方面、经济社会方面等的客观原因，必须全面考虑，综合对待。

一、环境保护意识不强，新能源认识不到位

尽管党的十八大确立了包括生态文明在内的五位一体建设布局，生态文明的理念日益深入人心，但是还存在一部分人没有树立尊重自然规律的科学发展、可持续发展观念，不能正确处理好经济发展与环境保护的关系，扭曲了当前利益与长远利益、局部利益和全局利益、个人利益与社会利益的关系，目光短浅，贪图一时之利、一己之利，通过牺牲环境来换取自己的经济利益，把环境污染和破坏的后果留给他人和社会承担。一部分人主要是居民，虽然具备了环境保护意识，

---

① 王恒生，尼玛江才．对青海光伏废弃物污染状况的调查［J］．青海社会科学，2007（5）：59.

但由于缺乏新能源环保方面的科学知识和技能，表现为“心有余而力不足”，在行为上和结果上难以达到环境保护的效果。

二、产业布局不太合理，资源利用效率不高

从大的方面来讲，我国新能源建设存在遍地开花、重复建设等产业布局不合理的情形。早在战略性新兴产业正式提出之前，很多地方不顾实际情况，盲目上马新能源装备制造项目，结果造成了部分新能源行业的产能过剩。《国务院批转发展改革委等部门关于抑制部分行业产能过剩和重复建设引导产业健康发展若干意见的通知》指出，“风电设备、多晶硅等新兴产业出现了重复建设倾向。多晶硅是信息产业和光伏产业的基础材料，属于高耗能和高污染产品。2008 年我国多晶硅产能 2 万吨，产量 4000 吨左右，在建产能约 8 万吨，产能已明显过剩。”产能过剩意味着生产设备的闲置，企业盈利能力的弱化，降低了资源的利用效率，给生态环境带来不利影响。在太阳能电池利用中，重生产、出口，轻国内应用，相当于把清洁卖给国外，把污染留在国内。从小的方面来看，如果新能源企业的厂址布局和居民区布局存在冲突，也会给居民健康和生存带来危险。

三、再循环技术不发达，排放不同程度超标

排放物不同程度超标很重要的一个原因在于再循环技术落后，不能有效地实现资源循环回收再利用。例如，在太阳能多晶硅废料 $SiCl_4$ 处理上，国内仅有少数企业如重庆大全新能源公司[①]突破了多晶硅 $SiCl_4$ 氢化关键技术，实现了 $SiCl_4$ 的回收利用。但是，国内绝大部分民族企业没有掌握这一技术。核电站乏燃料处理是我国核燃料循环体系中最薄弱的环节。尽管 2011 年中核集团 404 厂第一次乏燃料热试成功，成功提取了铀和钚；2014 年 12 月，我国实验快堆首次实现满功率稳定运行 72 小时[②]，但距离规模化商业化还需要较长的时间和大量的投入。我国核燃料后处理/再循环技术在整体上仍处于相当落后的状态，尤其是在关键工艺设备及其材料、远距离维修和自动控制等方面。[③] 如果核燃料循环技术在核

① 严格意义来讲，从所有制性质来看，作为鸿立国际有限公司投资设立的外商独资企业，大全新能源与我国新能源民族企业是不沾边的。

② 董碧娟．擦除心头的“核”阴影——访中国原子能科学研究院院长万钢［N］．经济日报，2015－03－19.

③ 核燃料后处理放射化学—香山科学会议第 389 次学术讨论会综述［EB/OL］. http：//www. xssc. ac. cn/ReadBrief. aspx？ItemID＝112.

燃料环节上实现突破，将大大提高核燃料的利用效率，不仅有利于资源节省，还会减少废物排放（如图 9－1 所示）。

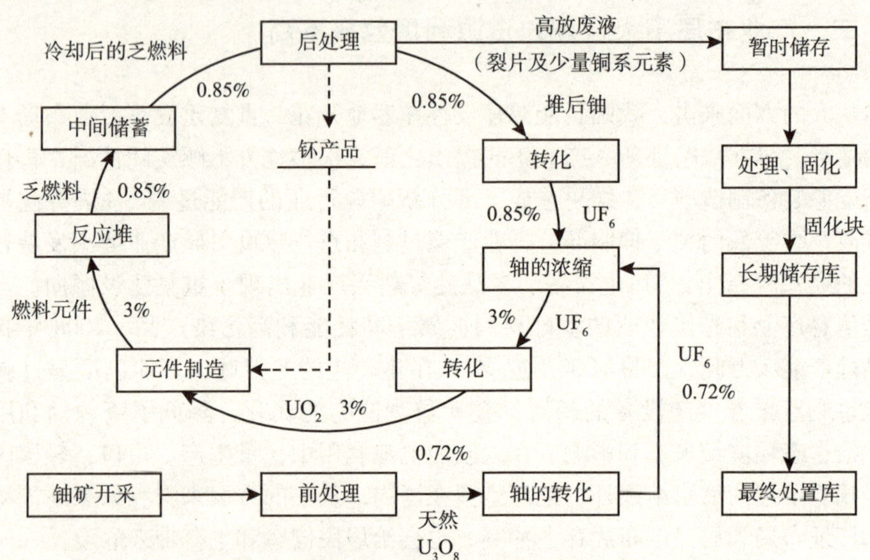

图 9－1 压水堆核电站核燃料循环（%表示铀中铀－235 含量百分比）

四、治理污染成本较高，企业治污动力不足

每生产 1 个单位的多晶硅产品，大体会产生 10 多个单位的 $SiCl_4$ 废液。在 2011 年，安全处理每吨 $SiCl_4$ 废液的成本在好几千元。为了降低运营成本，一些多晶硅企业未经严格审查就将 $SiCl_4$ 废液交给无资质企业和个人处理；一些运输公司以省外 $SiCl_4$ 处理企业名义，与多晶硅企业签订业务合同，而在运输途中将四氯化硅交给个人违法排放，甚至故意倾倒。① 即使在去污技术条件、设施具备的情况下，也存在部分企业出于经济成本的考虑，做出偷排、跨境排放的行为。一般来说，达到规模经济的企业，更有动力去处理污染物。美国企业曾经对多晶硅生产规模和成本—收益做过计算，当年产量达到 1000 吨时，$SiCl_4$ 需要就地转化为 $SiCl_3$ 回用到系统中；年产量达到 3000 吨时，需要对废弃的氯硅烷采用回收工艺；年产量达到 10000 吨时，金属硅需要就地生产。②

① 吴植，杨兴国．以邻为壑排毒液——部分企业跨地区排放多晶硅废料问题追踪［N］．中国青年报，2011－09－06.

② 陈玮英．多晶硅行业瓶颈待破［N］．中国企业报，2011－09－16.

五、政府惩治力度不够，环境污染持续存在

一些地方政府环境监管执法不严，惩治力度不够，被认为是多年来导致我国环境污染加剧的重要原因。根据庇古税原理，征收最优排污费率，应该与污染者排污造成的边际外部成本相等，或与污染者治理污染产生的边际污染控制成本相等。在实践应用中，政府对企业采取的惩罚力度远远不及污染者排污造成的边际外部成本或者是污染者治理污染产生的边际污染控制成本，致使污染者不重视、不执行相关的环境治理政策，甚至纵容了污染者的排污行为。仅仅当污染事件上升到触犯刑法时，才会追究其刑事责任。这也是我国新能源企业在产品价格上由于不包含环境成本或者环境成本太小导致在国内市场上恶性竞争，在国际市场上被“反倾销”的一个原因。

第三节 我国新能源产业环保政策的历史演变与未来选择

一、我国新能源产业环保政策的历史演变

环保政策的提出和实施，源于环境污染问题的出现和扩大。尽管新能源在生产的各个环节存在污染的情形或可能，但总体来说，由于规模化发展不足带来的环境污染影响并不明显，除核电外，我国还没有出台专门针对新能源产业的环保政策，现有环保政策对新能源生产各个环节的效力约束仅具有一般意义和普遍作用。

（一）我国环境保护政策演变的四个阶段

1. 改革开放之前的初始阶段

1972 年 6 月，国务院首次提出“三同时”制度，开启了我国环境保护政策的先河。此后颁布了我国第一个环境标准《工业“三废”排放试行标准》，逐步成立了以国务院环境保护领导小组为首的多层级环保机构，将环境保护纳入国民经济发展的长远规划，将“国家保护环境和自然资源，防治污染和其他公害”写入《中华人民共和国宪法》（1978 年）第十一条。这一阶段初步形成了环境保护的机制框架，但还没有形成制度体系，环境污染治理投入和能力明显不足。

2. 1979—2002 年的发展阶段

改革开放以来，随着全党全国工作重心转移到经济建设中来，环境保护进入发展阶段。这一阶段，环保发展显著的特点是政策措施不断健全完善，针对性和操作性越来越强，制度体系走向法治轨道。1983 年 12 月 31 日至 1984 年 1 月 7 日在北京召开的第二次全国环境保护会议上，环境保护被确定成为国家的一项基本国策；1999 年，经济发展、人口、资源与环境的关系处理上升到国家战略高度。1989 年 4 ~5 月召开的第三次全国环境保护会议，确立了影响深远的三大政策①、八大制度②和“三同时三统一”目标③。环境管理的五大手段④，逐步健全。相关的立法主要包括：《中华人民共和国刑法》（1979 年通过）、《中华人民共和国草原法》（1985 年通过，2002 年修正）、《中华人民共和国矿产资源法》（1986 年通过，1996 年修正）、《中华人民共和国水污染防治法》（1984 年通过）、《中华人民共和国大气污染防治法》（1987 年通过，2000 年修正）、《中华人民共和国环境保护法》（1989 年通过）、《中华人民共和国水土保持法》（1991 年通过）、《中华人民共和国固体废物污染环境防治法》（1995 年通过）、《中华人民共和国环境噪声污染防治法》（1996 年通过）、《中华人民共和国节约能源法》（1997 年通过（以下简称《节约能源法》））、《中华人民共和国清洁生产促进法》（2002 年通过）、《中华人民共和国水法》（2002 年通过）和《中华人民共和国环境影响评价法》（2002 年通过）等。这些法律的颁布对环境保护的实施既是法理依据，又是法治要求。

3. 2003—2012 年的深化发展阶段

2003 年以来，环境保护的执法力度逐步加大，新能源产业进入加速发展阶段。尤其是《中华人民共和国可再生能源法》（以下简称《可再生能源法》）和《中华人民共和国循环经济促进法》的颁布和实施，新能源迎来了发展史上的政策利好。党的十七大报告明确提出，“建设生态文明，基本形成节约能源资源和保护生态环境的产业结构、增长方式、消费模式”，要求“循环经济形成较大规模，可再生能源比重显著上升”。2008 年在政府机构改革中，国家环保总局升格为环境保护部，成为国务院组成部门。在制度建设上，法律法规逐步完善，部门规章不断涌现，环境经济政策覆盖全面，内容细化。环境经济政策涉及环境信用

---

① 预防为主、防治结合；谁污染，谁治理；强化环境管理。

② 环境影响评价、“三同时”、征收排污费、限期治理、排污许可证、污染物集中控制、环境保护目标责任制、城市环境综合整治定量考核制度。

③ 经济建设、城乡建设和环境建设同步规划、同步实施、同步发展，实现经济效益、社会效益与环境效益的统一。

④ 法律手段、行政手段、经济手段、宣传教育手段和科学技术手段。

制度、环保综合名录及应用、环境财政政策、绿色税费政策、绿色信贷政策、环境污染责任保险政策、绿色证券政策、绿色价格政策、环境贸易政策、绿色采购政策、生态补偿政策、排污权交易政策等。环境保护社会宣传教育得到加强，生态文明理念深入人心。

4. 2012 年中共十八大以来的全面发展阶段

2012 年中共十八大召开以来，我国环境保护进入全面发展阶段。党的十八大报告明确提出，“必须更加自觉地把全面协调可持续作为深入贯彻落实科学发展观的基本要求，全面落实经济建设、政治建设、文化建设、社会建设、生态文明建设五位一体总体布局”，将环境保护纳入理念更高的生态文明建设范畴中去。经济发展出现的不平衡、不协调和不可持续问题，对环境保护提出了更为紧迫的要求，出现了“环境污染第三方治理”的新模式、新动向。国家更加注重用经济手段推动环境保护，用法律手段规范环境治理。

2017 年 10 月，习近平总书记在党的十九大报告中确立了“绿水青山就是金山银山的理念”，要“像对待生命一样对待生态环境”[①]，对生态环境保护提出了更高的要求。习近平总书记关于高质量发展的重要论述，对人与自然和谐共生、实现更可持续的发展，对推进生态文明建设、建设美丽中国具有重大指导意义。所以，我们对清洁能源在应用过程中存在的问题，必须予以高度的重视。

这一阶段也是我国新能源发展进入规模化和标准化的兴起阶段，规模发展带来的环境问题已见端倪。随着分布式光伏发电深入千家万户、风电布局逐步向中东部和南方地区转移，光电、风电开发建设的环境保护问题日益重要，出台关于加强光电、风电开发建设环境保护相关要求的政策势在必行。

（二）我国核电环保政策

安全是我国核电环保的目标，也是核电运行的要求。我国从核电发展之初，就非常重视核电的安全，避免出现核辐射性污染。确保核安全是我国核电环保政策最鲜明、最显著的特点。我国已经建立了确保核安全运行的专有机制。

在监管体系上，形成了多层次、全方位、广覆盖的监管格局。在立法规范上，2003 年 6 月通过《中华人民共和国放射性污染防治法》。该法对核设施、核技术利用、铀（钍）矿和伴生放射性矿开发利用的放射性污染防治，以及放射性废物的管理等做了明确的规定。在组织机构上，建立了中央、地方和技术支持单位多层次的核安全监管监督体系。在中央，早在 1984 年 10 月设立国家核安全

① 习近平．决胜全面建成小康社会　夺取新时代中国特色社会主义伟大胜利［N］．人民日报，2017－10－28.

局，对民用核设施核安全进行独立客观的监督；1998年机构改革，国家核安全局并入国家环保总局，设立核安全与辐射环境管理司（国家核安全局）；2008年3月国家环保总局升格为环境保护部，对外保留国家核安全局牌子。在地方设立核与辐射安全监督站，作为国家核安全局的派出机构。技术支持单位如环境保护部核与辐射安全中心，作为国家核安全局和地区监督站的技术后援，负责核安全技术评价，给予技术支持，提出技术建议。

在监管理念上，形成了“独立、公开、法治、理性、有效”的监管理念。在监管内容上，覆盖了核电运行的整个产业链条。在上游环节，针对铀矿和伴生矿开发利用进行辐射环境监管，实施民用核安全设备设计和制造监管，进行核材料许可证核准；在运行环节，实施核设施实物保护审评和监督，对核电厂和研究堆有效安全监管；在下游环节，实施放射性废物安全监管。同时实施，核燃料生产、加工、贮存和后处理在役设施安全监管，放射性物品运输安全监管，实时连续进行辐射环境监测，加强核与辐射事故应急管理、人员资质管理。

在文化建设上，鼓励行业培育和发展核安全文化。2014年12月，为落实“理性、协调、并进”的我国核安全观，国家核安全局、国家能源局、国家国防科技工业局联合发布《核安全文化政策声明》，阐明对核安全文化的基本态度，培育和实践核安全文化的原则要求，强调通过信息公开、公众参与、科普宣传等公众沟通形式，确保公众的知情权、参与权和监督权。我国核安全观的内涵，即“四个并重”：发展和安全并重、权利和义务并重、自主和协作并重、治标和治本并重。这是现阶段我国倡导的核安全文化的核心价值观。

在国际合作上，积极参与并发挥重要作用。1996年我国正式加入《核安全公约》，2006年加入《乏燃料管理安全和放射性废物管理安全联合公约》，主动参与多边核安全国际合作。保持与IAEA（International Atomic Energy Agency，国际原子能）的密切合作，推动参与IAEA安全标准的制定；推进参加IAEA辐射环境监测网络工作。积极展开中美、中俄、中巴、中俄等双边核安全合作。

经过有效监管，我国核电建设30年以来，未发生过国际核事故分级在2级及2级以上的运行事件，核电站周围的电离辐射环境质量保持平稳，全国辐射环境自动监测站空气吸收剂量率保持在天然本底的涨落范围之内。

二、我国新能源产业环保政策的未来选择

保护环境是我国的基本国策，这一立国之策、治国之策和兴国之策已经形成法律条文。任何经济活动、经济行为都必须纳入环境保护的生态轨道中来。随着新能源的规模化发展，新能源建设和生产中存在的一些环境污染问题逐渐显露出

来。针对已有污染或者潜在风险，有必要出台风电、光伏发电环保政策，进一步完善核电环保政策，充分发挥环境规制的积极效应。①

1. 指导原则

新能源产业环境保护应坚持保护优先、预防为主、综合治理、公众参与、损害担责的原则，采取有利于节约和循环利用资源、保护和改善环境、促进人与自然和谐的经济、技术政策和措施，使新能源产业发展与环境保护相协调。在政策制定和实施上，更加注重运用经济政策、市场手段，通过市场机制发挥引导和监管作用。

2. 主要思路

（1）制定完善新能源建设、生产和废弃物回收环境标准。环境标准是环境保护、污染治理的红线，是市场进入和退出的准则。在选址上，风电场建设要避开候鸟大规模迁徙的必经之地，海上风电厂施工要避开鱼类繁殖的产卵高峰期；在设备选择上，要注重节能、绿色、环保，与自然界浑然一体；在运营上，要充分考虑到所在地和周边生态环境系统的平衡，制定风电场运营视觉和噪声标准。光伏发电建设和安装不能影响周边居民的正常生活；在沙漠建设的光伏电站应考虑对土壤温度、水分变化和空气流动带来的复合性影响，若由此带来环境改善，应给予有效评估并进一步推广。依托市场组织，有效实施光伏废弃物分类，建立规范的统一的光伏废弃物回收制度。

（2）实施推广新能源环境信用评价制度。加快建立环境保护“守信激励、失信惩戒”的机制，将新能源企业包括上游矿冶、中游制造和下游安装运营的生产性、服务型企业，纳入企业环境信用评价工作。根据评级指标，得出评价结果，确定信用等级，并导入银行业金融机构征信系统。对环保诚信企业，环保部门可以在评优评先、企业上市环保核查、治理项目和资金安排等方面给予支持，以鼓励企业的环境友好行为；对环保不良企业，则采取一定的限制措施，予以惩罚②。实施新能源企业环境自行监测及信息公开办法。

（3）积极开展环境污染责任保险。逐步完善新能源企业环境风险评估的规范、方法、指标，推动环保部门、保监机构、保险公司、保险中介公司携手推进环境保险制度。鼓励大多数新能源企业自愿购买环境污染责任保险。针对光伏发电上游行业涉及铅、汞、镉、铬、锑等重金属的铅蓄电池制造、碲化镉薄膜光伏电池制造等，应实施强制环境污染责任保险。通过保险机制，合理分散环境风

① 徐鹏杰．环境规制．绿色技术效率与污染密集型行业转移［J］．财经论丛，2018（2）．17.

② 湖南2000家企业增设环境信用记录［EB/OL］．（2014－09－03）．［2015－06－16］．http：//zfs. mep. gov. cn/hjjj/hjjjzcywxz/201412/t20141201_292253. htm.

险，使受害人得到及时的补偿，使受损环境得到治理改善。

(4) 鼓励支持新能源再循环技术研发。重点支持光伏发电多晶硅生产中的 $SiCl_4$ 再处理技术和核燃料再循环技术研发，实现资源利用最大化和废物排放最小化，最大限度地降低生产制造成本，减少环境排放量。政府部门要采用直接投资或资金补助、贷款贴息等方式加大对新能源再循环技术的重大攻关项目和技术示范产业化项目的支持力度，鼓励企业提高新能源再循环技术研发投入经费比重，不断提高自主创新能力，引领赶超世界新能源技术潮流。

(5) 统筹规划紧锣密鼓确保核安全。一是统筹规划全国核电空间布局。加快沿海核电开发步伐，审慎对待内陆核电开发。在内陆核电启动之前，必须充分做好内陆核电站爆发核事故的辐射污染扩散和污染治理设想，把情况考虑到最坏，早作谋划，未雨绸缪。在内陆核电启动时，要比沿海核电更严格的监管内陆核电建设和运营，把风险发生概率降低到最低点。二是统筹规划核电站机组布局。适应电力发展需要，统筹前期建设和后期扩容，发挥核电站整体效力。三是统筹规划核电产业链纵向布局，建立完整的产业链体系。统筹规划核电站退役，对涉及的燃料元件卸出、运输和退役厂房、场地去污提前做好准备。

(6) 积极推进环境污染第三方治理。与“谁污染、谁治理”传统治理模式相比，第三方治理往往比较容易形成专业治理、高效治理，实现规模经济，更容易发挥市场机制的作用；同时，通过交易机制，也给排污方（即付费方）带来减少排污的动力，客观上发挥了一种外部监督激励作用。当前，我国第三方治理主要用于环境公用设施、工业园区等重点领域。对于非核电新能源污染治理，亦可采用这一办法。在第三方治理上，已经出现了不少区域性探索，积累了不少经验，今后要进一步完善第三方治理市场，规范市场秩序，完善监管体系，扩大市场规模，壮大一批环境服务公司。

(7) 做好新能源环保宣传。要加大舆论宣传力度，增强人们对新能源环境保护的科学认识。充分利用电视、广播、网络、报刊、手机等多种渠道，宣传普及新能源和可再生能源环保科学知识，培养、提升全社会特别是青少年的新能源和可再生能源环保意识，既要认识到新能源是一种清洁能源，又要正视其在生产中可能带来的环境问题，使科学理念和治理意识深深植根于青少年心田之中。

第十章

我国新能源产业发展的其他政策

新能源产业的飞速发展是在全球化、开放化的背景下进行的，合作和竞争关系是任何国家和企业都必须面对的。作为政府，应当引导企业之间的跨国合作，有效应对新能源产业贸易摩擦，建立规范的国际市场新秩序。除此之外，还要加强立法规范，健全市场保障，取得社会支持。

第一节　我国新能源产业发展的国际竞合策略

政府在国际竞合中扮演着不可替代的角色，发挥着极其重要的作用。在未来选择上，应因时因地因物制宜，调整新能源产业国际合作策略；有效运用国际法则，积极应对新能源产业贸易摩擦。

一、政府在国际竞合中扮演的角色和作用

政府是国家利益的执行者和捍卫者。在新能源产业国际竞合中，政府充当国家利益和民族利益的保护者和代言人。政府既是跨国企业竞合关系的引导者、协调者和规范者，也是政府间竞合关系的直接参与者。

1. 推进国与国之间交流与战略互信，引导推动产业要素合作

传统能源安全危机是世界各国共同面临的难题。共同的任务、严峻的考验使世界各国朝一个方向共同努力成为可能，战略互信使这种可能变为现实。战略互信是国家交往进而合作的前提和基础，也是国际市场经济交易的基石。而能够有效实现战略互信的代表性主体，是国家政府。国家政府通过公事活动，带动国与国之间的交流，加深国与国之间的联系，为产业要素流动创造条件。

21 世纪的中美新能源双边合作，是从作为政府间交流对话的一个重要机制——

中美能源政策对话开始的。2004 年 5 月中美签署了《中华人民共和国国家发展和改革委员会与美利坚合众国能源部关于双边能源政策对话的谅解备忘录》，建立了能源主管部门之间交流能源形势和政策、探讨未来合作领域以及解决能源热点问题的重要平台。首次中美能源政策对话从 2005 年开始，第四次对话签署了《我国石油天然气集团公司与美国康菲公司合作开发我国页岩气意向书》《神华集团和美国西弗吉尼亚大学关于开展煤炭直接液化二氧化碳捕获和封存技术合作的协议》等三项合作协议。

2006 年 9 月，设立每年两次的中美战略经济对话，首次对话把新能源合作列为重要议题。2009 年 4 月，中美国家领导人在伦敦 G20 金融峰会上提出建立中美战略与经济对话机制，新能源合作逐步明确定位到战略层次。2013 年 7 月展开的第五轮中美战略与经济对话，强调在中美清洁能源联合研究中心框架下，鼓励两国企业建立合理商业活动，以推动研究成果的产业化示范和应用，成立清洁能源联合研究中心融资工作组；加强中美核安全、核管制与民用核能研发合作。国际合作，正是政府先行，发挥着引导、推介和纽带作用，推动技术、资金等生产要素在国际之间通过企业项目对接、合作、流动。

2. 学习借鉴国外管理经验，满足产业公共服务需求

全球化进程加快，扩大了市场竞争的领域和范围。现代竞争的密度、宽度和厚度，让过去的任何时代都相形见绌，黯然失色。竞争不仅仅在企业间普遍发生，也在政府间广泛存在。正是这种存在，驱使一国政府致力于提高部门管理调控能力和公共服务水平，通过履行现代政府职能，打造高效政府、服务政府和廉洁政府。其路径有二：一是依据国内已有的实践操作，自我改进，自我学习，自我提升，练好内功，做好硬功；二是汲取人类社会一切优秀成果，学习借鉴国外有益的探索方法或经验启示，寻求共性和一般规律，取人之长，补己之短，善于转化，从而进一步提高本国的管理调控能力和公共服务水平，不断满足本国产业发展对政策规范的动态需要。

在我国新能源产业的某些政策制定上，例如固定上网电价政策，主要参照了德国的做法；可再生能源电价附加配额交易方案，则初步借鉴了西欧 RPS 国家和美国一些州的做法。在部分新能源产业的国家标准制定上，参考了西欧和美国的一些指标。在机构设置上，随着我国能源和电力在国民经济社会发展中发挥的作用越来越为关键，我国能源管理呈现集中的趋势。2008 年，发改委能源局升格为国家能源局（副部级）；2010 年，国家能源委再次设立。而在历史上，中华人民共和国成立以来，我国能源主管部门曾经三立三撤。美国的做法是，1977 年通过《能源部组织法》结束了能源管辖权分散的局面，成立了具有广泛职权的能源部，至今这一部门的职能没有变化。

3. 运用国际市场交易规则，确立规范国际市场新秩序

在全球化、信息化高度发达的今天，罕有国家置身于国际经济社会事务之外。全球主要经济力量的变动，决定着国际市场秩序的变迁。在这个过程中，熟悉并运用已有的国际市场交易准则，服务于本国产业交易，是一国政府的职责所在，也是政府积极追求的目标之一。

当前，国际市场交易体系主要是第二次世界大战后以美国为核心的西方发达国家确立的，对广大的发展中国家不利。在全球新能源产业价值链条中，我国大多数企业处于“微笑曲线”的中端，也就是加工制造环节，附加值较低。而发达国家大多掌握技术研发优势，牢牢地控制着“微笑曲线”的前端，主导着价值链的后端，牵引着新能源产业发展的命脉。对于技术转让，尤其是核心技术转让，美国一贯坚持严格禁止的原则，即使能够转让，也往往设置极其苛刻的商业条件甚至是政治条件。不仅如此，2008 年国际金融危机爆发之后，主动挑起贸易事端。对进口我国的部分新能源产品，发起反补贴和反倾销“双反”调查。通过设置重重障碍和壁垒，迫使我国相关企业放弃美国出口市场。奥巴马时期的亚太战略东移之下的保护主义抬头和特朗普上任后坚持的“美国优先”所表现的 2018 年中美贸易战全面升级，美国背后的战略意图日益显现。即通过关税壁垒的硬约束，控制和改变市场份额，遏制我国新能源产业的发展和国家产业结构转型升级。

马克思曾经指出：“无论哪一个社会形态，在它所能容纳的全部生产力发挥出来以前，是决不会灭亡的；而新的更高的生产关系，在它的物质存在条件在旧社会的胎胞里成熟以前，是决不会出现的。”① 国际旧秩序的消亡，不会自动进行，必须经过有理有节的斗争，利用现有国际规则，以斗争换取合作，参与制定并确立新的国际市场秩序。

二、我国新能源产业国际竞合策略的未来选择

1. 因时因地因物制宜，调整新能源产业国际合作策略

长期以来，由于我国工业基础薄弱，技术原始研发大多先天不足，绝大部分新能源产业技术是在合作和学习过程中发展起来的。直到今天，尽管新能源技术取得了突飞猛进的发展，但与发达国家相比还存在不小的差距。要实现《中国制造 2025》提出的战略目标，还需要下大力气，下苦工夫。过去的国际合作，是

① 中共中央马克思恩格斯列宁斯大林著作编译局．马克思恩格斯全集（第三十一卷）[M]．北京：人民出版社，1998.

一种由于市场主体力量不对等而带来的收益不对等的一种合作。结果，以市场来换取技术的路子没有走通。当然，在技术外溢、学习效应和竞争机制的共同作用下，技术进步和产业工人素质得到了极大提高。但是，在这个过程中，发达国家的跨国公司最大限度地控制技术外溢[①]，减少外溢效应。如果用资金直接购买技术设备，要么价格昂贵，要么被禁止购买。

当前，我国已经成为世界第二大经济体，是新能源产业制造的世界工厂。我们绝不可忽视，这是以较高的劳动力投入和大量的资源消耗、环境破坏作为代价的。在新一轮的国际合作中，我们应树立世界眼光，放眼全球，谋划人类能源革命新蓝图。我们应以积极自信的姿态，和衷共济，在国际事务中发挥具有战略影响力的作用。

截至2014年年底，我国经济总量达到63.64万亿元，国家外汇储备余额高达3.84万亿美元；2017年年底我国经济总量突破80万亿大关，国家外汇储备余额保持在3万亿美元以上。这为我国摒弃粗放式贴牌生产、打造技术硬功、塑造民族品牌和建立国际合作新秩序打下了良好的经济基础。今后，应加大与新能源技术强国的交流合作，瞄准前沿技术，不断缩小发展差距，创造全球一流技术，培养壮大民族品牌。加强与广大发展中国家的技术合作，利用我国新能源产业的比较优势，加快新能源产业跨国梯度转移，帮助发展中国家建立新能源制造工业和消费市场，提高发展中国家清洁能源使用比例，为全球节能减排做出更大的贡献。

加快新能源产业“走出去”步伐，与更多的国家建立合作关系。加强与合作方国家相关政策与技术对接，拓宽新能源产业合作领域。一是不仅要在较为成熟的核电、光伏发电、风力发电、生物质燃料与生物质发电展开产业化合作，而且要在氢能、燃料电池、页岩气、可燃冰等方面增进研发合作；二是不仅要展开技术、资金、资源的合作，而且还要加强人才培养、体制建设和标准制定等多方面的合作[②]。

2. 有效运用国际法则，积极应对新能源产业贸易摩擦

在市场竞争机制下，由于国家利益、民族利益的不同，产生贸易摩擦和争端是必然的。面对产业摩擦和争端时，不能逃避退让，要积极运用国际法则，敢于应诉；不能抱着短期利益不放，要着眼于长远利益发展和国际声誉的树立；不能各自迎战，“自扫门前雪”，要集中行业力量，形成合力。从政府的角度来讲，在

---

① 张宪昌. 跨国公司在华并购的市场结构效应研究——以汽车制造业为例［D］. 聊城：聊城大学，2007.

② 曾少军，杨来，曾凯超. 我国新能源国际合作进展与对策［J］. 中国能源，2012（7）：9.

面临争端时，必须采取有效的切力措施，予以反击，以保护本国利益不受侵犯。同时，作为一种警告，警戒对方莫要采取损人不利己的行为。在反击中，必须掌握时机、力度。若是双方都受损害，我方要注意“两害相权取其轻”。

美国对我国发起的风电和光伏产品贸易战，主要历经如下事件：

（1）2010 年 9 月，美国钢铁工人协会向美国贸易代表办公室（United States Trade Representative，USTR）提出申请，要求对我国太阳能、风能、高效电池等在内的清洁能源产业发起“301”调查；10 月 15 日，美国启动该调查；12 月 22 日，USTR 结束调查，启动 WTO 诉讼程序，起诉我国政府对本国风力涡轮机和相关设备与部件制造提供了高达数亿美元的补贴，造成贸易扭曲。作为反击措施，2010 年 12 月 23 日，我国商务部应乐凯胶片股份有限公司申请，决定对原产于欧盟、美国和日本的进口相纸产品进行反倾销立案调查。2012 年 3 月，商务部决定自 23 日起，对原产于欧盟、美国和日本的进口相纸产品征收 16.2% ~28.8% 的反倾销税。

（2）2011 年 11 月 9 日，应总部在德国的 Solar World 美国公司以及其他 6 家太阳能电池制造商联合申请，美国商务部宣布对我国输美太阳能电池板发起反倾销反补贴立案调查。2012 年 10 月美国商务部终裁认定，我国向美国出口的晶体硅光伏电池及组件存在倾销和补贴行为，针对我国相关生产和出口企业（75 家）征收介于 18.32% ~249.96% 的反倾销关税，以及介于 14.78% ~15.97% 的反补贴关税。

（3）2012 年 1 月 19 日，应美国风塔贸易联盟（Wind Tower Trade Coalition）申请，美国商务部决定对我国输美应用级风塔展开反补贴和反倾销“双反”调查；同年 12 月，商务部终裁决定向我国输美风电塔筒征收 44.99% ~70.63% 的反倾销税，以及 21.86% ~34.81% 的反补贴税。2012 年 7 月，应江苏中能硅业科技发展有限公司、江西赛维 LDK 光伏硅科技有限公司等代表企业申请，我国商务部决定自 20 日起对原产于美国和韩国的进口太阳能级多晶硅产品进行反倾销调查，对原产于美国的太阳能级多晶硅进行反补贴调查。2014 年 1 月 20 日，我国商务部决定对原产于美国和韩国的进口太阳能级多晶硅征收反倾销税，美国额度为 53.6% ~57%；韩国额度为 2.4% ~48.7%。

（4）2014 年 1 月 23 日，美国商务部决定对进口自我国大陆的光伏产品发起反倾销和反补贴合并调查，同时对原产于我国台湾地区的光伏产品启动反倾销调查。2 月 14 日，美国国际贸易委员会做出初裁，初步认定美国国内产业因进口我国晶体硅光伏产品而遭受实质损害。12 月 17 日，美国商务部公布了对华光伏“双反”的终裁结果，认定中国大陆的输美晶体硅光伏产品倾销幅度为 26.71% ~165.04%，补贴幅度为 27.64% ~49.79%；中国台湾地区的输美晶体硅光伏产品倾销幅度为 11.45% ~27.55%。2015 年 1 月，美国国际贸易委员公布了与初裁结论相同的终裁。带来的结果，是对中国大陆产和台湾地区产太阳能电池板，分别开征最高 78.42%、27.55% 的反倾销关税，对中国大陆产太阳能组件开征最高 49.79% 的反补贴关税，这将祸及中国光伏逾 30 亿美元的出口额。美国的这些做法，其实是损人不利己的一种行为。对我国光伏产品的制裁，也会损害美国下游的光伏产业。

（5）2017 年 9 月，美国国际贸易委员会对全球出口的太阳能电池及组件启动了“201”调查。2018 年 1 月，美国特朗普总统批准确认“201”法案，对 2018 年光伏电池片组件在既有反倾销与反补贴税率基础上增加 30% 的“201”关税。由于对该法案有所准备，转移开拓了新兴市场，对我国光伏企业影响并不大。

欧盟对我国发起的光伏产品贸易战，是指 2012—2013 年的光伏产品“双反”事件。2012 年 9 月、11 月，应以德国 Solar World 为首的欧洲光伏制造商联盟（EU ProSun）申请，欧盟先后决定对从我国进口的光伏板、光伏电池以及其他光伏组件发起反倾销、反补贴调查。2013 年 6 月 4 日，欧盟初裁决定从 6 月 6 日—8 月 6 日对涉案我国光伏产品征收 11.8% 的临时反倾销税。作为应对，次日，应国内葡萄酒产业申请，我国商务部宣布启动对欧盟葡萄酒的双反调查程序。同年 7 月 27 日，我国与欧盟就光伏贸易争端达成友好解决方案。2014 年 5 月，中国商务部裁定原产于欧盟的进口太阳能级多晶硅产品存在倾销和补贴，征收期限两年的“双反”税。2014 年 12 月欧盟启动了对中国进口的太阳能光伏玻璃发起双反调查。2015 年 8 月，欧盟提高了来自中国的光伏玻璃关税，从之前最高 36.1% 的关税上调至最高达 75.4%。

随着一再率先发起针对我国特定产业的“双反”调查，美国“损人不利己”的做法之下所蕴含的真正的意图，或者说是一种战略意图逐渐浮现出来，那就是遏制我国光伏产业发展，并以点带面遏制我国其他战略性新兴产业的发展，阻碍我国产业国际竞争力提升和国际地位提高。美国率先抛出“双发”调查，会带来模仿和示范效应，诱导欧盟、加拿大、印度等国家加入到对我国产品实施“双反”的行列中来。

美国试图通过“双反”调查逐步升级的做法，来观察我国的应对之策，具有明显的博弈特征。对此，我国必须坚决予以有力反击，“师夷长技以制夷”，不仅可以在光伏领域采取措施，亦可在其他产业伸张正义，以斗争来换取美国的妥协。我们要看到，美国的发展也离不开我国市场。

在光伏产业产能方面，一是要加大国内市场消纳力度，加强分布式光伏发电建设，使国内市场成为光伏应用的主阵地。二是继续稳定和开拓国际市场。稳定欧洲市场，保持必要的国际市场份额。不放弃美国市场，继续顽强争夺，不轻易丢失国际阵地。加强与南亚、东南亚、非洲和南美洲国家的合作，不断开辟拓展新的光伏市场。三是加快“走出去”战略实施，去欧美等需要太阳能电池产品的国家和地区直接建厂投资，彻底规避“双反”风险。据不完全统计，2015 年上半年我国已建成海外投产电池产能 800MW，在建及扩建产能将达到 3.2GW；已建成海外电池组件 1.5GW，在建及扩建产能将达到 3GW。[①] 这对光伏“走出去”来说，已经形成了一个好兆头。四是采取灵活多样的、可以规避因“双反”风险的贸易协议，例如代加工协议。

第二节　我国新能源产业发展的其他措施

我国新能源产业发展除了以上主要政策外，还需要加强立法保障、强化市场规范和赢得社会支持。

一、我国新能源产业发展的立法保障

现代产业经济，既是市场经济，又是法治经济。市场经济地位的确立，需要立法予以明确；市场经济秩序的运行，也需要法律予以规范。立足于产业经济运行之上的产业发展政策也必须在法治的框架下，逐步修改，不断调整。法制是一个以多数人和多元利益并存为基础的社会调整机制，是和谐社会的本质内涵。[②] 我国法治制度逐步健全，不断完善。党的十五大报告，提出依法治国基本方略。1999 年 3 月，依法治国被写入宪法，明确要建设社会主义法治国家。由此，我国社会主义市场经济运行和产业发展逐渐纳入到法治轨道。

（一）我国新能源立法历程

1. 新能源产业立法体系

我国广义的新能源产业立法体系主要包括法律、行政法规、部门规章、指导性文件和参考文件等。具有通用性质的法律主要有：①《中华人民共和国大气污染防治法》，1987 年通过，历经 1995 年和 2000 年两次修订，规定鼓励和支持开发、利用太阳能、风能、水能等清洁能源，鼓励生产和消费使用清洁能源的机动

① 王晔君．光伏企业不惧欧美“双反”［N］．中国企业报，2015－08－25.

② 田国强，陈旭东．中国改革历史、逻辑和未来［M］．北京：中信出版社，2014.

车船等。②《中华人民共和国环境保护法》，1989 年通过，明确规定环境保护的责任、权利、义务与监管。③《中华人民共和国电力法》，1995 年通过，2009 年修正，规定电力建设、生产、供应和使用应当依法保护环境，采取新技术，减少有害物质排放，防治污染和其他公害；国家鼓励和支持利用可再生能源和清洁能源发电，尤其是农村利用太阳能、风能、地热能、生物质能和其他能源进行农村电源建设。④《中华人民共和国节约能源法》，1997 年通过，2007 年 10 月修订。⑤《中华人民共和国环境影响评价法》，2002 年通过，建立了环境影响评价制度，其中国务院环境保护行政主管部门负责核设施建设项目环境影响评价文件的审批。

2. 核电领域的法律、法规

在核电领域，以部门规章为主，法律和行政法规较少。涉及核电的专门法律主要是《中华人民共和国放射性污染防治法》，对放射性污染防治、监管与责任做了明确规定。

行政法规主要指国务院发布的管理管制条例，包括《中华人民共和国民用核设施安全监督管理条例》（1986 年）、《中华人民共和国核材料管制条例》（1987 年）、《核电厂核事故应急管理条例》（1993 年发布，2011 年修正）、《放射性同位素与射线装置安全和防护条例》（2005 年）、《民用核安全设备监督管理条例》（2007 年）、《放射性物品运输安全管理条例》（2009 年）等。

部门规章主要指国家核安全局等中央机关行政部门发布的实施细则、相关规定和管理办法等。例如，为了贯彻执行《中华人民共和国民用核设施安全监督管理条例》，国家核安全局针对核电厂安全审评、研究堆核安全审评和核安全监督，分别制定了《核电厂安全许可证件的申请和颁发》《研究堆安全许可证件的申请和颁发》《核设施的安全监督》三项实施细则。目前，我国还缺少一部提纲挈领的原子能法，规定原子能事业发展的方针政策与核安全监督管理要求。

3. 可再生能源领域的法律

在可再生能源领域，专门法律主要指《可再生能源法》（2005 年通过，2009 年修订）。《可再生能源法》的出台顺应了我国新能源发展趋势，使得相关的发展政策升级为国家法律，对可再生能源的规范调整更具权威和效力。《可再生能源法》确立了可再生能源发展的总量目标制度（实际上就是配额制度）、分类电价制度、费用分摊制度、专项资金（2009 年修订为发展基金）制度和强制上网制度。《可再生能源法》的实施，极大地促进了可再生能源的开发利用与新能源产业的形成壮大。

（二）可再生能源立法问题分析

尽管我国《可再生能源法》经过一次修订，但还存在一些立法上的不足①。

1. 立法导向方面的问题

在立法导向上，更多地强调政策倾向，而非法的规范，没有体现出专业性、技术性和长远性的法理精神，缺乏具体的操作标准和对政策的约束规范。这也被业界称之为“政策法律化、法律政策化”。法律条文中大量充斥着“国家鼓励”“提倡”“加强”“保护”……等用语，同时也存在“国务院（各级政府）会同有关部门……”或者“具体办法由国务院（各级政府）……”的描述来表达倡导和授权。

2. 立法内容方面的问题

在立法内容上，较为空洞，未能通过立法解决体制上的政出多门、职能交叉、多头管理、责任混乱、重复建设、效率低下等问题。在政府与市场的关系上，更多地偏向于政府引导，而忽略市场机制作用的发挥和契约精神的培养。在责任主体方面，忽略了社会民众的参与。

3. 立法之间的协调、配套问题

立法之间的不协调、不配套，甚至部分行文发生冲突。诸多立法出自国务院相关部门，每个部门更多基于本部门考虑，而对其他与该法相关部门要求考虑不足，这就带来了日后在法律实施过程中出现的“打架”现象。这表现为《可再生能源法》《中华人民共和国电力法》（以下简称《电力法》）部分内容的不衔接，如可再生能源并网发电没有在《电力法》体现出来；《可再生能源法》《节约能源法》之间部分表述的不一致，如《节约能源法》第七条与《可再生能源法》保持一致，但第二条表述就存在歧义等。

总体上来讲，我国新能源产业立法暴露的问题是制定较为粗糙，缺乏统筹长远考虑的法治法理精神，这也是我国经济立法普遍存在的不足。这也不是一朝一夕能够改变的，需要数代人的努力，才能建成社会主义法治国家。对于新能源产业立法来讲，应统筹当前利益和长远发展，更多表现科学前瞻，规范政府、发电企业、电网企业、用户等主体责任、权利和义务。考虑长远发展，兼顾不可预测风险，制定《中华人民共和国原子能法》，规范核电产业发展。协调统筹能源立法体系，科学配置制度，体现严谨法治精神；更多尊重民意，真正建立法治产业、法治经济、法治国家。

---

① 杨解君．论中国能源立法的走向——基于《可再生能源法》制定和修改的分析［J］．南京大学学报（哲学·人文科学·社会科学），2012（6）：52－56.

（三）可再生能源立法问题的举措

1. 加快《中华人民共和国能源法》立法进程，以其统领其他能源行业法

能源产业作为国民经济发展的基础性、战略性产业，其发展稳定与否会给当前或未来经济社会带来重要影响。因此，现代各国政府均以法律制度保证能源产业的发展和约束相关参与方的行为。从各国能源立法目标的演化历程上看，大体上经历了早期重视能源的稳定供应，到多元化替代保证减少能源对外依存度，到时至今日的能源供应的可持续性与环境友好型的双目标转化。

由于与能源提供相关的产业、职能部门众多，统筹协调能源发展需要一部统领能源法律制度的根本法律，也就是当前仍在起草讨论阶段的《中华人民共和国能源法》（以下简称《能源法》）。对于这部《能源法》，学术界给予了极大的期待和充分的论证，总体上认为《能源法》应该是一部能源领域的上位法，其应该成为其他能源行业立法的基础。其益处在于以法律形式明确我国能源发展战略、远景规划的同时，确立和协调各能源单行法的有关原则，有效减少目前各能源法律规章制度间的冲突。对于《能源法》的立法模式究竟是“通则式”“政策式”和“法典式”当前世界有代表性的三种模式，理论界存在较大争论，这还需要法学界尽快结合我国实际进一步形成适合的立法模式。

2. 改变能源立法政策性倾向，强化能源法律的操作性

目前，我国能源立法的政策性倾向非常明显，“法律政策化和政策法律化”现象明显。当然这一做法在某种程度上也是有其好处的。这可以表明，政府对可再生能源产业的重视程度较高，意图引导市场资源向该领域加大投入。但其操作性不强就会给投资者和地方政府在实际实施过程中带来诸多不便和困扰。面对同样的法律条文，投资者、监管者和政府的解读会出现很大差异，尤其是对投资者的影响更大。规定不具体，操作性不强，就会造成投资行为以及由其产生的投资结果的责权利的界定和保护产生很大不确定性；同时也会产生大量“灰色地带”造成监管者的寻租行为。

对此，在能源立法和修订过程中，应做到立法具体性强，具有较强的可操作性。这就要求改变部门立法的传统，提高立法的普适性，增强法律本身的共识和权威。其原因在于，这样参与立法的范围扩大，与此有关的利益群体如管理者、企业、行业部门、社会民间机构、消费者等群体的利益和要求会在立法中得到体现并在立法博弈过程中取得最大共识；同时也会明确各方的责权利关系，明晰各自的边界，使法律实施过程中的不确定性大大下降，最大限度地扩大社会各界对法律的认同和自我遵守约束。

这种硬性的立法规定在执法过程中，也不是没有问题的。主要在于可再生能源领域技术还不是很成熟，新技术和高效技术不断涌现，这些技术的使用很可能不在法律规定范围内，这就带来了法律适用问题，也会给新技术的普及带来不确定的影响，或者阻碍了新技术的推广。这就要求能源立法应具有一定的灵活性，即“硬性”和“软性”的立法兼顾。

不过从世界范围来考察能源立法特别是可再生能源立法的经验和趋势，世界发达国家和地区如美国、日本和欧盟的能源立法普遍特点是具有良好的可操作性。例如，德国《可再生能源法》自2000年立法以来迄今已经修订了四次，逐步完善而形成了“以法律形式全面阐明了德国发展可再生能源的目的和中长期发展目标；对利益相关方在可再生能源电力并网、收购、传输、配送等环节的权利和义务进行了详细明确的规定；对不同技术类型可再生能源电力的上网电价进行了分类细致的规定；对可再生能源发电的平衡方案、各利益相关方的信息通报和公开义务、可再生能源的发展追踪等也进行了具体规定”①。如此一来，可以大大降低可再生能源产业发展过程中的交易成本，并且也给予了可再生能源投资者或者潜在投资者对可再生能源产业发展的稳定预期。同时，这些都对可再生能源产业的快速发展带来益处。

3. 理顺能源管理法制体系，增强法制意识和权威

目前，我国能源管理法律体系涉及部门多，主要有国家发展和改革委员会、科技部、环保部、工信部、住建部、商务部等10多个中央部委作为能源管理法律的主要立法主体。严格来讲，国务院领导下的部委作为行政主体不是立法主体，其代表性不具最大广泛性。造成这一事实的原因是全国人大授权国务院作为相关立法的主体的立法委托。时至今日该做法的适用性日益不能适应我国能源立法、执法需求，期待进一步整合能源管理法律体系；同时要求加快能源单行法的修订，重点突出各能源单行法间的协调以减少执法实践中的对立和冲突。

从国内外学界和政府法律实践来看，提高能源立法层次和理顺能源管理体制对可再生能源产业的有序发展是非常必要的。因此，对我国能源产业的法律管理体系进行深度改革是保证可再生能源产业的快速成长的一个内在并迫切的举措。目前从国际经验来看，提升能源管理部门的法律地位和大部制体系确立是比较通行的做法。这样处理的好处是能够强化能源立法的法律权威，同时提高政府、社会和市场参与主体对可再生能源领域的法律意识与责任。

我国十八届三中全会确立的“市场在资源配置过程中的决定性作用”原则和十八届四中确立的“依法治国”理念，特别是本届政府强调的治理能力建设，这些都为下一步可再生能源产业的发展打下了坚实的立法和机制架构。

① 张小锋，张斌．德国最新《可再生能源法》及其对我国的启示［J］．中国能源，2014（3）：36.

二、我国新能源产业发展的市场规范

200 多年的中西方工商文明发展史表明，计划和市场是经济社会资源配置的两种方式。二者相辅相成，互为补充；在一定的范围内，可以相互替代，并存在各自严格的核心边界。一国经济到底是计划多一点，还是市场多一点，取决于该国的经济发展状况、市场发育程度以及决策运行体制，并受到历史传统和风俗习惯的制约。随着全球化、信息化与民主化进程的加快以及消费者素质的提高，让市场对经济社会资源配置发挥决定性作用成为发展趋向。

我国社会主义市场经济体制的建立是在全球化日趋明显的背景下，由中国共产党在十四大报告中提出来的，由政府在改革开放的实践中推动的。因此，我国的市场经济体制不是自发形成的，带有鲜明的“政府主导”色彩。这种市场经济体制的继续优化需要，主要取决于政府改革、“壮士断腕的决心”和市场主体的不断努力。对外开放，则为这一优化提供了可以借鉴参照但又不能照搬的标杆，创造了外部竞争的压力和不断前进的机遇。党的十八届三中全会《中共中央关于深化改革若干重大问题的决定》指出，“当前，我国发展进入新阶段，改革进入攻坚期和深水区”，要“以更大决心冲破思想观念的束缚、突破利益固化的藩篱”。改革的实质就是利益调整，深化经济体制改革，就是要建立、巩固有利于市场机制发挥决定性作用的一系列制度、条文和规范。

（一）当前新能源产业市场规范问题的提出

在市场经济实践中，存在以下问题：

1. 契约精神的不完善和社会诚信体系的不健全

契约精神不仅是西方商业文明发展的基础，而且也是现代市场经济健康运行的保障。这与我国“自由、平等、公正、法治、诚信、友爱”的社会主义核心价值观并不冲突，也与“君子一言，驷马难追；言必信，行必果”的历史传统相一致。在当代市场经济竞争压力加大和生活节奏加快的情况下，追逐利益的“短、平、快”特征日趋明显，违约带来的惩罚成本较低，再加上政府存在的部分违约，使社会信用发生“公共地悲剧”的风险大大增强。这一点必须引起足够的重视。我国新能源产业也存在以次充好、冒领补贴、政府不遵守协定的情况。

2. 市场主体地位的事实不平等

尽管法律赋予了市场主体自由竞争交易的平等地位和权利，但民营企业在土地使用、银行融资、项目审批、招商投标等具体实践操作中，难以享受与国有企业同等的待遇。这在新能源企业的竞争中尤为明显。

3. 政府干预过度的威胁依然较大

政府干预过度导致市场机制运行流于形式，甚至发生扭曲，由此带来的低水平重复建设和产能过剩问题严重，这在光伏太阳能电池生产中暴露无遗。政府同时扮演两种角色——维护秩序的“裁判员”和参与比赛的“运动员”的局面没有彻底改变，这加剧了市场竞争的不平等性、不公平性，是市场机制正常运行的一大威胁。

（二）新能源产业市场规范问题分析

1. 多头管理体制产生新能源产业监管问题多

对于多头管理体制存在问题，“以光伏为例，中央层面现有部门及其相关政策措施分别为：国家能源局出台‘分布式光伏示范区’项目实施细则；国家发改委制定光伏发电价格体系，将光伏发电纳入国家节能考核；财政部负责电价补贴机制改革和金太阳补贴方案；工业和信息化部制定光伏行业准入标准；商务部负责制定对外双反和应对国外对中国双反的相关政策，并制定出口退税政策；国税总局出台光伏企业税收政策和电站土地税政策；住建部负责公用设施强制推广光伏应用；国家电网负责新能源并网政策、电价计量和补贴代发。其中，财政部的电价补贴、金太阳项目补贴，商务部的出口退税政策，国税总局的光伏企业税收政策和电站土地税政策等都属于财政政策范畴”①。这种多头管理、九龙之水的管理模式给新能源项目的规划、落地、建设和运行带来太多的困扰，同时也带来了影响可再生能源产业健康发展的问题。

政府对新能源行业的多头管理并不是一无是处，其实是有其管理理论基础的。从管理理论上讲，归并相近职能于专门的部门对于一个规模组织来说是非常必要的也是应当的，这样可以发挥专业分工给组织高效管理和较低管理成本的好处。政府作为一个庞大组织，要做到高效，就必须采取职能分工，部门协作，共同完成相应的事务管理业务。这也是扩大管理幅度进行有效管理的要求，也可以避免诸多管理事务授予一个部门带来的权力过于集中进而引发“部分劫持整体”的，通过分立部门而互相制约的管理要求。但是，随着管理规模的扩大以及管理事务量的增加，这种精细化分工就会带来如上“多头管理，找不到人负责”的局面，降低管理成本的目的没有实现反而造成极高的管理成本。

2. 政府不当干预导致新能源产业产能过剩问题严重

目前，我国新能源产业发展存在较严重的趋同现象。一方面，新能源产业发

---

① 吴淑凤．财政政策与新能源产业发展：政策效果被弱化的财政社会学分析［J］．中央民族大学学报：哲学社会科学版，2013（6）：107.

展既不是基于能源禀赋的实际情况，也没有充分考虑资源的可持续利用，全国范围内的趋同现象严重；另一方面，新能源产业发展“低端趋同、高端回避”特征明显。地方政府倾向于借助新能源题材，在政绩的驱动下跟风上马新能源项目、规划新能源产业园区，导致很多地区新能源产业集中处于价值链的低端制造环节①。

究其原因主要是“在我国转型经济条件下，政府广泛地干预经济发展、‘向上负责’的地方政府之间的策略竞争行为，使得地方政府出于发展本地经济的政绩目标，展开政治晋升锦标赛”②。为推进新能源产业的发展，从中央政府到地方政府出台了一系列的财政、土地、金融优惠政策，形成了我国在新能源技术不成熟、市场化刚起步形势下，新能源市场迅速出现了“潮涌现象”。中国新能源产业潮涌现象形成的主要动因在于政府推动，由不完善的市场经济体制和政府的不正当干预导致。这种干预表现除了政策过于重视供给端的支持，严重影响了新能源市场作用的发挥，致使新能源企业市场风险意识不强，而且忽视企业竞争力的持续提升和技术创新的动力弱化。

3. 社会治理能力弱化致使社会诚信下滑

自近代 1840 年第一次鸦片战争迄今一个半多世纪以来，中国饱受内忧外患的折磨，先后经历了反帝反封建的民族自救的旧民主革命、中国共产党领导的新民主主义革命和社会主义革命，特别是十一届三中全会以来的改革开放等一系列的社会变革，推动中国社会各领域发生了剧烈的动荡和深刻的变化。这一切都深刻地冲击着近现代中国社会和中国人的道德思想体系，也给政府社会治理能力提出了严重的挑战。

“人无信不立，业无信难兴，政无信必颓”的古训在现今社会中还残存多少痕迹？现阶段，我国社会主义市场经济体制正稳步推进，各种失信行为却愈加泛滥，严重影响着经济社会的秩序，甚至成为制约经济社会进一步发展的“瓶颈”。其主要原因体现为三个方面：

一是信息不对称带来的道德风险和逆向选择问题。现代信息经济学指出，信息不对称有可能导致市场主体之间不公平的竞争，为不讲诚信的经济行为提供大量的有机可乘的投机机会。这种投机主义倾向，不仅发生在市场经济领域，而且同样也大量发生在社会领域和政治领域。其实质在于具有信息优势的操纵者可以通过信息的利用获取更大不当利益。

---

① 尹硕，张耀辉，潘捷，燕景．我国新能源产业发展趋同问题研究［J］．经济纵横，2013（12）：63.

② 张晖．中国新能源产业潮涌现象和产能过剩形成研究［J］．现代产业经济，2013（12）：13.

二是制度缺失导致转型社会失信问题尤其严重。转型社会出现的社会失序问题解决的最大难题在于及时制定和实施带有普遍意义上的正式制度和非正式制度，这主要是由于急速变化的社会形态和解冻的社会道德意识传统面对新的社会利益阶层日益迫切的利益诉求表现出极度不适应和举无所错的恐慌。因此，难于达成具有最大公约数的普遍作用于全社会的制度约定。

三是政府处置失当造成的社会控制力下降。这里存在社会面对新的变革要求政府扩大作为的诉求的同时，也存在对政府作为产生不良后果的恐惧。实质上，这是社会群体面对一个不确定未来的正常反应。此时的政府表现并没有减少社会层面的担忧，政府行为很可能加剧了这种担忧，使整个社会处于一种既要求干预又拒绝干预的局面，特别是具有大政府主义传统的中国当下。这种要求有可能与政府改革方向不一致，更进一步加剧了这种窘境。事实上，此时的政府同样面临着自身职能再定位的困局，其行为表现出了一定程度的紊乱和失序，同时产生了大量的诚信问题。

（三）新能源产业市场规范的对策

未来新能源产业要成为先导性、支柱性产业，仅靠政府的调控远远不够，必须注重发挥市场的调节作用。司马迁在《史记·货殖列传》中总结到："故善者因之，其次利导之，其次教诲之，其次整齐之，最下者与之争。"所以，"要在建立完善和有效的现代监管制度的前提下，减少行政干预，打破行业垄断，放宽市场准入，引入竞争机制，鼓励民营企业投资能源产业；现行投资管理制度改革为经济性备案、社会性管理，构建政府监管下的政企分开、公平竞争、开放有序、健康发展的能源管理新体系。"①

1. 建立健全社会诚信体系，完善契约精神治理

应建立网络化的社会诚信档案，方便市场主体接受查询。首先，打造诚信政府。政府要带头讲诚信，做诚信政府，以此来引导端正社会诚信风气。古人云，"上梁不正下梁歪"，说的就是这个道理。其次，建立有效的奖惩机制。对于诚实守信者，给予一定的精神和物质激励，使市场主体愿意守约。对于违反诚信的违约行为，应施以重典，以儆效尤，使市场主体不敢违约、不能违约。

近几年来，我国经济领域出现的"三聚氰胺""瘦肉精"事件绝不是单纯的个例，反映的是普遍违约、不遵守诚信和缺乏信念、唯利是图的行业潜规则，暴露的是制度宽容带来的市场秩序混乱，存在部分"国人糊弄国人"的交易现象。对此，需要加强政策惩罚力度，恢复市场正常秩序，重建市场经济信念和信仰。

---

① 曹新．中国能源发展战略问题研究［M］．北京：中国社会科学出版社，2012.

正如李克强总理在2014年《政府工作报告》中所讲，“推动建立自然人、法人统一代码，对违背市场竞争原则和侵害消费者权益的企业建立黑名单制度，让失信者寸步难行，让守信者一路畅通”。再次，树立诚信意识，要从娃娃抓起，从小学生做起，形成人人讲诚信的良好社会氛围。

2. 推进政企分开、政资分开，国有资本逐步从非垄断性、竞争性行业退出

党的十八届三中全会《中共中央关于深化改革若干重大问题的决定》指出，在继续控股经营的自然垄断行业，也要根据不同行业特点放开竞争性业务，推进公共资源配置市场化。还指出，要进一步破除各种形式的行政垄断。只有打破行政垄断，放开竞争性市场，才能使企业在同等的条件下进行竞争，塑造自由、平等、公平竞争的市场秩序。认真落实平等竞争原则，给予不同市场主体同等参与主体的权力。只有这样，政府才有可能减少寻租的可能性，少犯政策决策和执行的错误。

3. 深化体制改革，减少政府对经济的干预程度

中华人民共和国成立以来，为迅速改变积贫积弱的国情国貌，体现社会主义的优越性，需要集中一切可以集中的力量，在经济上实行计划经济体制。改革开放以来，我们逐步抛弃了计划经济体制，但历史的惯性继续存在。作为“以阶级斗争为纲”的调整，“以经济建设为中心”一百年不能动摇的基本路线，逐步确立了以GDP为导向的政绩考核观。

当今我国已成为全球第二大经济体，世情国情发生翻天覆地的变化，需要从单一GDP为导向的政绩观，转向改善公共服务、注重绿色发展和提升社会品质的政绩观。因此，在角色扮演上，政府应做好“守夜人”，当好“裁判员”，干好服务员。在经济领域，应建立健全完善的市场体系。在政策方面，可再生能源支持政策应加快从供给端向需求端的转移，减少对可再生能源市场的过度干预，培育可再生能源企业的市场竞争力，加快可再生能源技术创新能力。

三、我国新能源产业发展的社会支持

社会支持是一个政党获得执政地位、进行执政的根本，也是国家战略、政策决策能够顺利推行、有力实施的基础。对于新产业的培育发展壮大来说，也是如此。人们对新能源产品的认识和接受程度，标志着一国新能源产业发展的成熟状况。同时，新能源产业的发展，需要行业协会等非营利性社会组织发挥重要作用。

（一）现代社会治理下的“三角关系”

现代经济社会中主要分为三大部分：政府、市场和社会，三者之间的关系如

图 10－1 所示，它们各自担负着不同的职能，并且三者之间也存在着相互作用和影响的关系。政府的职能主要体现在保持良好的整体社会秩序的过程中，为社会、市场提供制度服务、公共安全服务和基本社会福利保障服务等社会自身和市场没办法提供且必要的服务形式；市场的职能主要是为社会总体创造劳动产品和服务等财富；社会的职能主要是向公民社会提供所需要的作用范围较小的定向或基层特定社会、生活和政治利益表达以及实现诉求的服务功能。从社会意义上讲，政府和市场提供的职能最终都是为社会服务的。

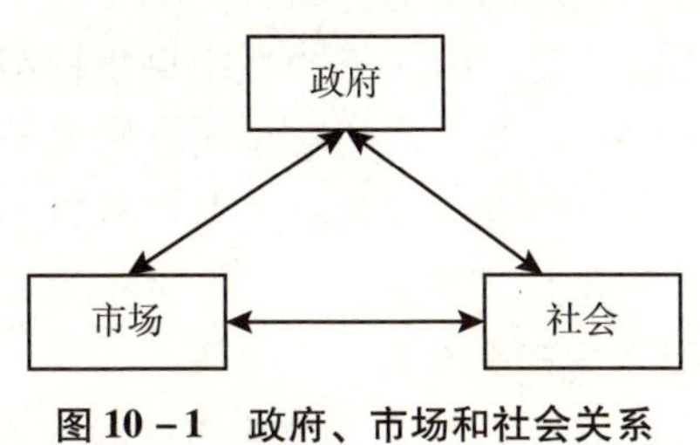

图 10－1　政府、市场和社会关系

从未来我国经济社会发展的目标来看，经济体制为市场经济体制，政府模式向服务型政府转化，社会形式向市民社会演进。这与当前我国社会中三者地位要求存在较大差距。需要指出的是，社会作用没有得到充分发挥，或者说，社会起作用的范围被限定在较小领域，也就是所谓的“大政府小社会”。

改革就是要在三者充分发挥作用的基础上，实现三者良性互动。现代社会治理理论和实践揭示出社会的自组织的有效组织形式是具有广泛代表性的社区组织和各种非营利性组织。

一方面，作为政府与公民间的中介组织可以发挥稳定社会秩序，向政府反馈其代表群体的特殊社会利益诉求，同时在国家政治活动过程中维护其代表群体的共同权益。另一方面，不同层面上的这些中介组织可以大大减轻政府在社会事务方面的管理事务压力，降低行政成本，提高社会治理效率和效果。从我国目前转型社会阶段的现实考虑，充分发展和培育社会各种形式中介组织，对于更好服务政府职能转换、社会治理能力提升和市场创造财富的增加都具有的重要作用；反过来，充分发育的社会中介组织对于保持良好的社会治理模式，推动和促进政府“善治”和市场“良效”也是不可替代的制约功能。

因此，要实现十八届四中全会提出的“依法治国”的政治理念和提高国家社会治理能力的政府行政改革的目标，都应该培育、引导社会组织的健康成长，并发挥其服务社会的职能作用。

（二）新能源产业发展的社会支持问题分析

1. 社会民众参与新能源产业建设的意愿动力不足

目前，世界范围内绿色经济、可持续发展理念逐渐成为主流，推动了新能源产业迅速发展。但是从我国的实践情况来看，早在上届政府就提出了“科学发展观”“和谐社会”的政治理念和社会发展目标，但是绿色经济、可持续发展理念还是停留在政府和媒体宣传层面，落实效果不尽人意，并没有形成广大社会成员的社会行为准则和实践这些理念的主动行动。

从财政社会性角度而言，其原因在于“在中央集权型财政体制之下，商品经济的繁荣是服务、服从于财政需要，从国家与社会的关系看，社会具有对国家的依附性，民众缺乏信任以及行动自由权和私人财产权得不到保障”①。如果说有，那也是基于降低经济成本角度上的考虑。

2. 社会主体的可持续发展理念薄弱

近些年来，各类媒体报道了大量的灾难性的资源开发案例和能源浪费现象。其个中缘由主要集中在两个方面：一是市场经济体制下的不良企业的非法逐利行为，并因此否定市场经济制度；二是世风日下的道德沦丧行为，进而产生出一系列的仇富的言论和行为。实质上，这些行为或者现象都是暂时现象，也是我国转型过程中必然出现的。根本上是制度供给不足情况下的社会行为主体的短视行为或掠夺行为，其并没有从长期来安排自己的生产或消费行为。这也能揭示出时下不断发生的暴富和炫富现象，也反映出广大社会成员的道德水平下滑以及价值观变异问题。

3. 社会各层面的新能源教育欠缺

共识产生一致行动，而共识的取得得益于良好的沟通和教育。从发达国家可再生能源产业的发展实践中，可以发现新能源成果的取得主要来自社会的积极推动和自主行为。从经济实力角度看和平常人视角审视，发达国家消费者的消费能力强，同时其企业有很强的资源获取和财富创造能力，没有较大压力推动其社会的节约动机和强化行为。这主要是由于现代发达国家的教育体系发达，教育的目标已经超越了技能提高的阶段，达到了探求人的价值层面水平。并且也产生出一大批社会非营利性组织以人的可持续发展为理念参与这个过程中。相比较而言，当下在我国转型社会进行中，在价值观再造、政府职能改革和社会组织发育不完善的情况下，社会普遍存在短视行为，较少关注长期问题，尤其是可持续性的新

---

① 吴淑凤．财政政策与新能源产业发展：政策效果被弱化的财政社会学分析［J］．中央民族大学学报：哲学社会科学版，2013（6）：105.

能源产业发展中各自作用问题。

4. 社会组织支持新能源产业发展能力薄弱

此处的社会组织主要指的是与新能源产业发展相关的组织机构，既包括参与新能源产业的经济性组织，也包括其他与新能源产业有关的非经济性组织，如政府、研究机构和非营利性组织，甚至基层社区。当然政府和研究机构对新能源产业发展可以说是直接参与的相关组织，并且其对新能源产业发展的作用已在上面论述过。这里主要论述非营利性组织对新能源产业的促进作用。虽然我国在新能源领域也成立了一些以协会名义的非营利性组织，其作用主要集中在推动政府对新能源产业发展的投入和政策支持活动中，其参与主体也即是新能源产业的有关单位和机构，具有很强的逐利倾向。其缺少发挥行业监督和社会宣传引导新能源消费的职能。

（三）提升对新能源产业发展的社会支持对策

1. 加强舆论宣传和教育引导，增强人们对新能源和新能源产品的科学认识，推进新能源产品利用

由于生产力发展的不平衡性、科学文化素质的差异，许多民众对新能源缺乏系统的了解和科学的认识，对原子能发电与核电站建设存在恐惧和疑虑。民众对新能源的使用，首要的考虑是投资或消费支出收益，而非其生态效益。应加大新能源的宣传推广力度，提高全民的清洁能源利用意识。通过电视节目、网络媒体、报刊杂志宣传和现场观摩普及新能源知识，使民众充分认识过度消耗传统化石能源的危害，明确新能源的清洁优势，引导规范民众自身的能源消费行为。在农村地区，建议禁止在田间地头直燃谷物秸秆的行为，推进生物质能的新利用。

2. 积极培育新能源产业协会，打造企业政策、信息、技术共享平台

作为政府与企业的桥梁和纽带，行业协会能够收集本行业企业信息，掌握大量的第一手资料，能够展开产业发展政策、环境、技术和市场等方面的研究，为政府相关部门决策、制定产业发展政策提供建议和参考；还能够推动行业自律，协助政府加强对本行业的服务指导和监督管理。对于企业会员来说，新能源产业协会的存在，一方面，能够为会员提供政策、信息、技术、法律咨询和各种培训服务，推进新能源技术产业化进程，促进会员单位经济效益提高；另一方面，能够推进行业内企业间交流合作，为参与国内、国际交流合作创造条件、提供机会。对于产业来讲，因此，行业协会的作用至关重要，必须予以重视。

第十一章

研究结论和扩展

能源是人类文明赖以建立的基础，并推动着人类文明的繁荣与发展。现代工商文明进程的加快，大大增加了对能源的消耗。这一方面加速了当前传统化石能源的衰竭，另一方面带来环境污染和地质破坏。由此，传统能源面临供应和使用双重安全的严峻挑战，这催生了新能源的产生和新能源产业的形成。

新旧更替，能源革命，势在必行。但由于新能源技术的不成熟，还无法在经济上完全与常规能源相竞争，新能源产业还属于幼稚的新兴产业。这需要制定、实施并不断调整新能源产业发展政策，进行政府干预和扶植培育，加速新能源产业的发展，以克服单一市场生产的不足。

一、研究结论

本书在国内外文献综述的基础上，基于产业发展理论（包括生命周期理论、幼稚产业保护理论、主导产业理论、要素理论和可持续发展理论）和资源配置理论（市场失灵理论与政府失灵理论），建构了产业发展政策和新能源产业发展政策体系框架。经研究，得出以下结论。

（1）从理论建构的横向内容来看，我国新能源产业发展政策应包括产业发展战略规划、目标和具体政策实施工具。从产业发展的要素依赖以及环境来看，新能源产业发展具体工具应包括财税政策、融资政策、技术政策、人才政策、国际竞合策略和配套措施等。这是本书的理论创新之一。

（2）从实践演变的经验启示来看，世界新能源产业发展与主要发达国家新能源产业发展政策的演变历程表明，一国新能源产业的发展离不开政府政策的有力支持，选择、制定一套有效、可持续的政策体系至关重要。具体来讲，应确立新能源产业发展的战略地位，保持政策运行的稳定性、持续性和连贯性，注重政策整体调控、市场微观配置和社会机制作用的全面发挥，并予以有效政策评估和动态调整。

（3）部分新能源消费与我国经济增长关系的 VAR 模型解释表明，新能源消费已经对我国经济增长产生积极影响，新能源产业发展已经成为我国新的经济增长点之一。在本模型中，新能源消费在拉动我国经济增长的贡献份额中还比较小（仅接近于 1%），需要进一步扶持新能源产业发展，这一扶持应是长期的，直至新能源消费在拉动经济增长中的作用超过了传统能源的贡献份额。这为我国新能源产业发展战略确立提供了现实可行性。

（4）我国新能源产业发展战略的方向定位为，满足能源供应和使用双重安全需要，提高能源效率，推动科学发展。目标层次为，由当前的有效补充能源，逐步成长为未来的替代能源和主体能源之一；到 2050 年左右，将成为能源供应体系中的主导能源之一。内涵体现为：高度重视、优先发展、长期扶持、依靠创新和市场决定。

（5）财税政策对新能源产业发展具有扶持作用。在未来政策选择上，应实施稳健的新能源财税政策，确保政策的持续性、稳定性和连贯性，引导人们对新能源产业发展树立科学的市场预期。适时调整具体的财税政策工具，使之符合新能源产业发展的生命周期和技术发展阶段，注重通过引导、发挥市场机制配置资源的决定性作用而发挥作用，如实施投资主体多元化策略、征收环境税、实行消费者补贴等。

（6）融资政策对新能源产业发展具有推动作用。在未来政策选择上，应降低银行业行政进入“门槛”，建立同业间的充分竞争机制，实施差别性信贷。组建新型政策性金融组织，为战略性新兴产业提供融资服务。建立完善的多元、多层次资本市场体系，使直接融资逐步成为企业融资的主要渠道。

（7）产业技术政策对新能源产业发展具有引领作用。在未来政策选择上，坚持正确的技术发展导向，培养和提高原始自主创新能力；打造创新动力的经济价值取向和社会价值取向，树立以能力本位为导向的社会价值观；持续加大研发投入力度，加速推动技术产业化进程。

（8）环保政策对新能源产业发展具有规范作用。在未来政策选择上，制定完善新能源建设、生产和废弃物回收环境标准；实施推广新能源环境信用评价制度；积极开展环境污染责任保险；鼓励支持新能源再循环技术研发；统筹规划紧锣密鼓确保核安全；积极推进环境污染第三方治理；做好新能源环保宣传。

（9）充分发挥政府在新能源产业国际竞合中的作用，因时因地因物制宜，调整新能源产业国际合作策略；有效运用国际法则，积极应对新能源产业贸易摩擦。

另外，还要加快立法保障、强化市场规范和赢得社会支持。

本书研究的核心观点是，在新一轮的能源革命中，由于新能源技术的不成熟，需要政策扶植培育新能源产业的发展，使之走向产业化、规模化轨道。在扶植新能源成长为替代能源、主体能源和主导能源之一的过程中，需要借鉴发达国家政策演变的成功经验，确立新能源产业发展战略，综合运用财税政策、融资政策、技术政策、国际竞合策略，辅之以立法保障、市场规范和社会支持，注重通过市场机制和社会功能作用的发挥来达到政策调控的最佳效果。

本书界定的新能源产业发展政策，是一种狭义的范畴。本书仅对新能源产业发展政策做了横切面的研究，没有进行纵向的流程探讨。在政策分析上，仅考察了国家和中央层面的范畴，缺乏与地方政策的联结，也没有通过个案进行具体分析。这是本书研究的不足之处，也是留待未来深入研究的方向。

本书还可以从以下几个方面进行拓展性和深入研究：①我国非水电可再生能源产业的空间布局优化研究；②我国核电发展的战略走向与可持续发展的政策支撑体系研究；③我国传统能源和新能源补贴政策比较研究；④中外新能源财税税种比较研究等。

二、基于实践层面的研究扩展

在实践层面上，产业发展政策是一个广义的概念，往往和产业政策一并使用。从严格意义来讲，是一组政策的组合体系，应该包括以下主要内容：基于能源革命的新能源产业发展战略，基于幼稚产业保护的产业扶持政策，基于产业结构优化的空间布局政策和基于产业组织合理化的市场结构政策等（参见附录 B）。

新能源发展战略解决的是新能源要不要发展的问题，关系着对能源革命、文明演进、国家竞争力与人类社会发展的基本认识，关乎新能源发展的前途、方向和趋势，是一个基本面的导向（参见附录 A）。发展规划强调的是围绕发展战略提出的阶段性目标和要求，关乎新能源发展的进展。

基于幼稚产业保护的产业扶持政策解决的是新能源能否大量存在并应用，触及到新能源生存以及推进规模化发展的问题。基于产业结构优化的空间布局政策旨在解决新能源发展的空间质量和优化问题，关系着新能源发展的空间规模和协同效应。基于产业组织合理化的市场结构政策，则是从微观层次上强调新能源生产和消费的配置效率的提升，关系着新能源市场的生态发展。

附录 A

文明演进视阈下的中国能源革命

【摘　要】从人类文明演进的视阈来看，新的文明形态的形成和成熟是以能源革命的推行和完成为前提的。正如农耕文明之于薪材时代，工商文明之于化石能源时代，生态文明之于可再生能源时代。在 21 世纪，要在全球范围内确立生态文明建设的主导权和话语权，必须推进新一轮能源革命。当代中国，正处在向生态文明转变的时代节点上，必须加快能源革命步伐，推进绿色发展。目前，中国的能源革命正处在清洁能源革命阶段，能源革命的主要任务是降碳和去碳，使能源结构“低碳”。

【关键词】文明演进；能源革命；生态文明；美丽中国；绿色发展

党的十八届五中全会指出，实现“十三五”时期发展目标，破解发展难题，厚植发展优势，必须坚持绿色发展，着力改善生态环境。推进能源革命，加快能源技术创新，建设清洁低碳、安全高效的现代能源体系就成为绿色发展的题中应有之义。习近平总书记在党的十九大报告中，再一次强调“推进能源生产和消费革命”，并做出了重大部署和重要安排。当前中国的能源革命，首先是清洁能源的革命。有必要从文明演进的视阈，梳理人类能源革命的历史轮廓和未来趋向，从而更好地坚持绿色发展理念，推进新一轮能源革命，建设美丽中国。

一、人类文明演进与能源革命息息相关

能源革命是贯穿整个人类文明演进的一条主线。人类对能源的利用、变革和发展，不仅构筑着人类文明存续的物质基础，体现着人类文明某一时期特定的生产方式和生活方式，而且还提供着人类文明演进的前进动力，支撑着人类文明的向前发展。从发展历程和能源利用来看，人类文明演进大体上经过农耕文明、工商文明（抑或商工文明）和生态文明三种形态，分别对应着薪材时代、化石能源时代和可再生能源时代。

（一）农耕文明——薪材时代

人类文明较早出现的是农耕文明，并形成了四大文明古国。其中，中国农耕

文明存在时期最长，几度成为世界经济、政治的核心。到1820年（嘉庆末年），中国的GDP依然占世界总量的32.9%，领先于欧洲核心12国的总和。[①] 中国农耕文明的繁荣，在一定程度上得益于在农业社会中较早和较为广泛地使用了一次能源。一次能源是指直接取自自然界，没有经过加工转换的各种能量和资源，包括作为可再生能源的人力、畜力、水能、风能、薪材等和不可再生能源的天然气、石油、煤炭等。

1. *初级形态的可再生能源在农耕文明中占据主导地位*

从农业生产方式来看，农耕文明主要利用的是以传统形式出现的可再生能源，由起初依赖人力的刀耕火种演进为可以在生产过程中大量使用畜力，并在一定程度上利用水能、风能等。以水能为例，早在西汉之前，南方就开发了水力资源。西汉出现了用于磨粉脱谷的水舂、水碓和水碾；东汉时期出现了冶炼鼓风的水排；南北朝时期出现了水磨，其雏形在西汉时期传入到欧洲；[②] 唐代出现了提水灌溉的筒车；元朝时期，各种水能机械得到广泛使用。从运输方式来看，水运得到逐步发展，尤以京杭大运河为典型，在元明清达到鼎盛；造船业的进步，推动了水运和航海的发展，从而在明朝展现了郑和七次下西洋的壮举，比欧洲航海探险早了80多年。

2. *薪材和农作物秸秆是农耕文明的主要燃料*

农耕文明又可以称为薪材时代。一方面，随着农耕文明的发展，人口大量增加带来了巨大的燃料能源需求，必然加大对森林资源的砍伐，破坏自然生态平衡，由此带来自然灾害。化石能源如石油、天然气和煤炭在中国得到最早发现和开采，如煤炭作为取暖能源和炼铁能源，在汉代就已开采；明朝中期，四川一带出现了用竹筒和木头制作的长达两三百里的天然气输气管线；1521年，已能打出生产石油的深井，比美国和俄罗斯早300多年。[③] 但是，化石能源并没有担任主导燃料重任。

3. *化石能源难以成为农耕文明发展的主导能源*

作为农耕文明的物质基础，农业是最主要的生产部门，手工业和商业处于从属地位。在组织形态上，表现为自给自足的小农经济；在意识形态上，“民以食为天”观念深入人心。这在一定程度上揭示了农耕文明主要解决的是“吃饭”和“生存”问题。因此，农耕文明对自然能源的利用只能是初步的、原始的一次

---

① 韩毓海．五百年来谁著史·1500年以来的中国与世界［M］．北京：九州出版社，2010.

② 吴曙光，赵玉燕．我国最早开发利用水力能源的地域、时间及民族考［J］．广西民族研究，2002（1）：94－102.

③ 1957年10月8日我国第一个天然石油基地玉门油矿建成［EB/OL］．http：//www.people.com.cn/GB/historic/1008/3330.html.

能源。对于非可再生能源如煤炭、石油和天然气，也只限于局部地区，没有形成大面积的开采和加工，再加上缺乏工商业强劲的需求动力，所以在农耕文明的能源结构中处于次要地位。

（二）工商文明——化石能源时代

1785 年瓦特改良蒸汽机，标志着人类开始拥抱工商文明。从此，动力机器代替手工劳动，机器大生产成为资本主义国家的主要生产方式。这大大提高了资本主义国家的生产效率和综合国力，正如马克思、恩格斯在 1848 年《共产党宣言》所说，“资产阶级在它的不到一百年的阶级统治中所创造的生产力，比过去一切世代创造的全部生产力还要多，还要大。”① 随着西方工商文明的发展，世界经济政治的中心逐步由中国先后转入欧洲、美国。从能源供应结构看，工商文明最显著的特点是如煤炭、石油占主导地位。因此，工商文明又称为化石能源时代。

1. 工商文明出现源于煤炭能源革命

第一次工业革命发端于英国，除了政治、文化和技术层面的因素之外，还有英国率先进行了煤炭能源革命，成功地化解了燃料危机，从而避免了工业革命的夭折。② 自 1650 年起，煤炭取代木材逐步成为英国能源消费结构中的第一大能源。到 18 世纪末，英国煤炭产量达到了 1000 万吨。由此，英国成为了名副其实的煤炭王国，成为全世界第一个现代能源经济国家。③ 此时，距英国工业革命的完成大约还有 40 年。煤炭作为机械动力的广泛使用，使得工业可以取得惊人的增长，而不必受制于人力资源的局限和人口增长压力。④ 这在某种程度上揭示了英国能够成为“日不落帝国”的奥秘所在。⑤

2. 二次能源使用推动石油工业兴旺

二次能源是指由一次能源经过加工转换以后得到的能源，比如电力、汽油、柴油、酒精、氢气等。19 世纪 70 年代，电力作为新能源逐步取代蒸汽，成为工厂的主要动力，人类由此迈入电气时代。内燃机的发明、汽车和飞机的大量出现加大了对汽油和柴油的需求，从而推动了石油工业的兴旺。1901 年美国得克萨斯州斯潘德尔托普油田的发现，标志着石油时代的来临。在相当长的时期内，军舰、飞机、货运火车和汽车所需的燃料均要靠石油来供应。有人说，20 世纪是石油的世纪，谁拥有了石油谁就拥有了世界。在 19 世纪和 20 世纪之交，美国率

---

① 中共中央马克思恩格斯列宁斯大林著作编译局．共产党宣言［M］．北京：人民出版社，1997.

② 张宪昌．中国新能源产业发展政策研究［D］．北京：中共中央党校，2014.

③ 保罗·罗伯茨．石油的终结［M］．吴文忠，译．北京：中信出版社，2005.

④ 舒小昀．工业革命：从生物能源向矿物能源的转变［J］．史学月刊，2009（11）：118－120.

⑤ 张宪昌．英国能源革命的运行设计［N］．学习时报，2016－01－07.

先完成了主导能源从煤炭到石油的转型，建立起强大的石油工业以及赖其支撑的汽车、化工、钢铁、电力等工业。第二次世界大战前后，美国成为以石油为核心的能源密集的经济、科技和军事强国。

3. 环境污染严重催生新的能源革命和文明形态

化石能源特别是煤炭、石油的无节制使用，对自然生态系统造成严重破坏。第一，其开采对地表和生态造成了直接和间接的破坏，比如水资源的大量消耗和地陷，同时加剧了资源的衰竭。第二，其大量使用，产生了大量废气、废水和废渣，造成空气、河流污染，并产生温室效应，人类生存环境急遽恶化。以英国为例，早在1858年，泰晤士河就变成了奇臭无比的污水河；1952年12月4日的“雾都劫难”，造成几天内死亡人数比平时增加了4000人。[①] 沉重的代价让人类学会了反思，汲取教训。尤其是20世纪70年代以来，欧美日等主要发达国家和地区率先调整能源政策，积极开发新式能源，革新能源技术，调整能源结构，开始了生态文明的尝试探索。

（三）生态文明——可再生能源时代

生态文明是指在工商文明的基础上，用更文明的方式对待自然，能够把资源开发与环境保护有机结合起来，实现人与自然和谐共生，经济与环境发展相得益彰。作为国外最早提出生态文明概念的学者罗伊·莫里森认为，由于工业文明产生的巨大力量已经超越正常的生物限制，人类正面临第六次大规模的生物灭绝；生态文明和可持续发展是人类未来的唯一选择。[②]

1. 新一轮能源革命是生态文明建设的基石

作为一种更为高级的文明形态，生态文明不是要求降低人类发展的速度和层次，而是旨在转变发展的方式和质量；不是简单地减少能源的总体消耗，而是重在变革能源的供应结构，发展能源的低碳技术和可再生技术，实现能源生产和消费的清洁化。生态文明建设问题，是各个国家在工业化进程中都必须面临的重大考验。在21世纪，要在全球范围内确立生态文明建设的主导权和话语权，就必须推进新一轮能源革命，大力发展清洁能源和可再生能源。

2. 清洁能源革命是全球新一轮能源革命的初级阶段

由于可再生能源替代传统能源是一个长期、渐进和曲折的过程，这就决定了全球新一轮能源革命将历经两个阶段：初级阶段（过渡阶段）和高级阶段。第一阶段（初级阶段或过渡阶段），又称为清洁能源革命，主要是通过非可再生的清洁能源革命实现能源的清洁化利用。因此，这一革命又称为狭义上的清洁能源革

① 王振华．“雾都”伦敦名不符实［N］．经济参考报，2010-07-23.

② ［美］莫里森．生态文明与可持续发展［J］．刘仁胜，译．国外理论动态，2015（9）：114-119.

命。其利用方式主要包括三个方面：第一，大力开发新的低碳不可再生能源，主要指排放污染物数量较小、程度较低的核能、天然气、页岩气等；第二，对传统高碳能源煤炭和石油进行洁净技术改造和转换，使之变得清洁低碳或者产生新的清洁能源；第三，积极开发清洁的可再生能源，主要指不排放污染物或者排放污染极少的太阳能、风能、水能、生物质能、地热能和潮汐能等。在能源结构中，清洁化石能源与核能在能源结构中占据主导地位，可再生能源处于附属地位。

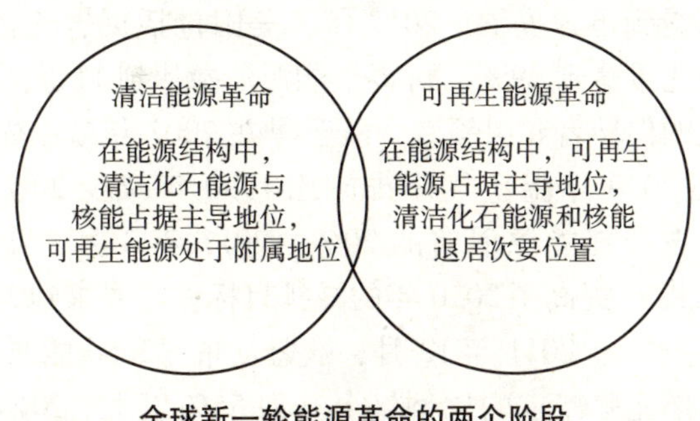

全球新一轮能源革命的两个阶段

3. 可再生能源革命是全球新一轮能源革命的高级阶段

第二阶段（高级阶段），又称为可再生能源革命，主要是通过可再生能源革命实现能源的清洁循环可持续利用。在能源结构中，可再生能源逐步占据绝对主导地位，清洁化石能源和核能退居次要位置。这是全球新一轮能源革命的终极方向，也是生态文明建设能源领域最显著的特征。可再生能源本身最大的优势，在于其资源蕴量丰富、可以循环使用，没有污染或污染很少。随着技术进步，开发成本下降，可再生能源未来发展前景非常广阔。根据国际可再生能源机构（IRENA）发布的《全球可再生能源 2030 路线图》，到 2030 年可再生能源在全球能源总额中所占比例将达到 36%，可再生能源增长领域涵盖建筑、交通、工业和电力等部门。[①] 国际能源署（IEA）《世界能源展望 2012》的 2DS 情景（气温上升幅度控制在 2℃以内的可能性达到 80%），预测 2050 年可再生能源在全球能源消费中的比例达到 40%。环保组织的预测更为激进，绿色和平组织认为 2050 年可达到 80%，世界自然基金会甚至预测 2050 年达到 95%。[②]

① 李丹．全球可再生能源 2030 路线图［J］．新材料产业，2015（6）：20－26.

② 能源观察．全球可再生能源发展趋势及商业模式分析［J］．青海科技，2015（4）：51－52.

4. 主要发达国家积极推进新一轮能源革命

基于两个阶段的划分判断，当前全球新一轮能源革命整体上仍然处于第一阶段，即清洁能源革命阶段。近年来，世界主要发达国家加速了能源革命的进程，把能源革命视为改变国内外能源格局、提升国际竞争力的重要手段。2009 年奥巴马政府推出绿色新政，相继通过了《2009 年美国复兴与再投资法案》《美国清洁能源与安全法案》等法律政策。2014 年 11 月与中国签署《中美气候变化联合声明》，这一文件明确提出了美国 2025 年在 2005 年基础上减少 26% ~28% 的温室气体减排目标。在这些政策措施的扶植激励下，美国爆发了页岩气革命，清洁能源和可再生能源得到迅速发展。2017 年，美国包括页岩气在内的天然气在一次能源消费总量的比重达到 29%，可再生能源消费达到 11%，核电为 9%。

作为气候变化的倡导者和引领者，欧盟早在 2007 年就率先提出了 3 个 20% 的发展目标，即到 2020 年温室气体排放比 1990 年减少 20%，能源效率提高 20%，可再生能源占全部能源消费的 20%。2011 年 3 月，欧盟发布的《欧盟 2050 低碳经济路线图》提高了 2020 年的减排目标，并要求到 2050 年碳排放量比 1990 年下降 80% ~90%。2011 年 12 月，欧盟发布“2050 能源路线图”，到 2050 年可再生能源占全部能源需求的比例将上升到 55% 以上。2015 年 6 月，欧盟发布的《2020 可再生能源目标进展报告》显示，2014 年可再生能源在全部能源消费中的占比为 15.3%，在运输部门的能源消费占比为 5.7%。

日本在 2011 年遭受福岛核事故之后，加大了对可再生能源的利用和推广。2013 年 7 月—2015 年 7 月，日本可再生能源装机容量翻了一番，新增 22GW 以上，其中 96% 为太阳能。2015 年《日本的承诺（草案）》提出，到 2030 年日本温室气体排放比 2013 年削减 26% 的新目标。日本经济产业省召开的综合资源能源调查会基本政策分会长期能源供求预测小委员会第 4 次会议，提出 2030 年日本可再生能源比例将达到 21% 左右。

综上所述，从人类文明演进的视阈来言，新的文明形态的形成和成熟是以能源革命的推行和完成为前提的。能源革命不仅带来能源技术、能源供给的革命，而且还带来基础产业甚至是主导产业的革命，并带动催生新的制造工业和相配套的服务产业。能源革命还能够推动人们生活方式、生活理念的变革。因此，对于一个国家来讲，能源革命能够培育迅速崛起的竞争力。在历史上，大国崛起与能源革命密切相关，正如泥炭之于荷兰、煤炭之于英国、石油之于美国[①]，以及页岩气之于美国等。

① 刘婧. 能源革命与大国崛起［J］. 社会观察，2010（6）：18-20.

二、中国生态文明建设呼唤新一轮能源革命

在历史上，中国曾经较早和较为广泛地应用可再生能源，创造了长达数千年的光辉灿烂的华夏农耕文明。但是，由于没有主动推进化石能源革命，失去了率先迎接工商文明发展的先机，一度陷入了被动挨打的局面，退出了世界经济政治发展的中心舞台。当代中国，正处于向生态文明转变的时代节点上，中华民族伟大复兴的中国梦正扬帆起航。在全球掀起新一轮能源革命竞争的大潮下，中国作为世界第一大能源生产国和消费国，必须抢占能源技术革新的国际前沿和制高点，加快能源革命步伐，推进生态文明建设。

（一）中华人民共和国文明形态演进和能源革命的提出

1. 中国工商文明发展成就巨大

中华人民共和国成立后不久，党和政府把稳步地实现工业化作为当时的基本任务，有步骤地促进农业的集体化，使中国由落后的农业国变为先进的工业国。中国由此逐步告别农耕文明，跨入工商文明。改革开放以来，中国逐步由计划经济体制进入市场经济体制。尤其是进入21世纪以来，社会主义市场经济体制更加完善，大大提高了综合经济实力。2010年我国超过日本成为世界第二大经济体，并保持至今，而且与第一大经济体美国的差距在逐步缩小。在世界经济增长出现分化的情形下，2017年中国仍然是全球第一大货物贸易大国、第一大出口国、第一大外汇储备国。

中国在工商文明取得显著成就的同时，对能源消耗的需求不断攀升，预计到2030年左右达到峰值。长期以来，在能源结构中，煤炭在一次能源中的消费份额高达70%以上，占据绝对主导地位。尽管自2012年以来，这一数值出现连续下降，但2017年仍然高达60.4%。石油年均数值在17%以上，二者合计达到能源消费总量的79.2%。[①] 巨大的化石能源消耗对空气、水和土壤等赖以生存的生态环境产生了破坏，尤其是近年来出现的雾霾现象愈演愈烈。雾霾治理已经成为困扰城市生存和发展的一道难题，对生态文明建设的呼吁和要求愈加紧迫。

2. 中国生态文明建设呼之欲出

国内学术界早在20世纪80年代就提出了“生态文明”概念。2007年10月，党的十七大第一次将“生态文明”写入党的政治报告之中，并将“建设生态文明，基本形成节约能源和保护生态环境的产业结构、增长方式、消费模式…可再生能源比重显著上升”作为实现全面建设小康社会奋斗目标的新要求。2009年9月，党的十七届四中全会提出，把生态文明建设提升到与社会主义经济建

---

① 中华人民共和国国家统计局．中华人民共和国2017年国民经济和社会发展统计公报［EB/OL］.(2018－02－28).［2018－10－14］. http：//www. stats. gov. cn/tjsj/zxfb/201802/t20180228_1585631. html.

设、政治建设、文化建设、社会建设四大建设并列的战略高度，形成五位一体的总体布局。2010 年 10 月，党的十七届五中全会提出，要把“加快建设资源节约型环境友好型社会、提高生态文明水平”作为“十二五”时期的重要战略任务之一，“推动能源生产和利用方式变革”。

2012 年 11 月，党的十八大报告明确提出，“把生态文明建设放在突出地位，融入经济建设、政治建设、文化建设、社会建设各方面和全过程。”2013 年 7 月，习近平总书记在致生态文明贵阳国际论坛 2013 年年会的贺信中指出，“走向生态文明新时代，建设美丽中国，是实现中华民族伟大复兴的中国梦的重要内容。”① 2017 年 10 月，习近平总书记在党的十九大报告中肯定了我国在生态文明建设的成绩，指出我国正在“成为全球生态文明建设的重要参与者、贡献者、引领者”②，提出了“牢固树立社会主义生态文明观”“加快生态文明体制改革”的新要求。生态文明建设成为我国统筹五大建设的重要组成部分，并纳入到中国梦的整体框架之中。

3. 能源革命是中国生态文明建设的重要内容

能源革命第一次出现在党的全国性政治文献中，是在党的十八大报告上。作为生态文明建设篇章的一部分，要“推动能源生产和消费革命，控制能源消费总量，加强节能降耗，支持节能低碳产业和新能源、可再生能源发展，确保国家能源安全”。这是能源革命在生态文明建设领域中的首次表述，意味着能源革命是生态文明建设的重要内容、重要环节和重要抓手。2014 年 6 月，习近平总书记在中央财经领导小组第六次会议上做了《积极推动我国能源生产和消费革命》的讲话，提出了推动能源消费、能源供给、能源技术和能源体制四方面的“革命”。③这意味着在建设生态文明的新时代，中央对能源发展规律有了更深层次的认识和把握，能源革命成为国家发展战略。

（二）党的十八届五中全会对生态文明建设和能源革命的新诠释

1. 创造性地提出了坚持绿色发展的新理念

2015 年 10 月，党的十八届五中全会创造性地提出了“创新、协调、绿色、共享、开放”的五大发展理念，④ 对生态文明建设和能源革命进行了进一步诠释。《中共中央关于制定国民经济和社会发展第十三个五年规划的建议》（以下简称《建议》）从促进人与自然和谐共生、加快建设主体功能区、推动低碳循环

①③ 习近平．习近平谈治国理政［M］．北京：外文出版社，2014.

② 习近平．决胜全面建成小康社会 夺取新时代中国特色社会主义伟大胜利［N］．人民日报，2017－10－28.

④ 中共中央关于制定国民经济和社会发展第十三个五年规划的建议［M］．北京：人民出版社，2015.

发展、全面节约和高效利用资源、加大环境治理力度、筑牢生态安全屏障六个方面阐述了绿色发展的内容，将生态文明建设的认识由可持续发展提高到绿色发展的崭新高度。这既是对传统理念认识的一种突破和超越，也是对实践举措行动的一种创新和提升。坚持绿色发展，建设美丽中国，为当代中国人和我们的子孙后代留下天蓝、地绿、水清的生产、生活环境，是新时代生态文明建设的努力方向。

2. 指出了能源革命的发展目的和具体思路

在《建议》中，将“推动低碳循环发展”单列为一个部分，能源革命成为坚持绿色发展、着力改善生态环境的一个亮点和重大举措。《建议》指出能源革命的目的，在于“建设清洁低碳、安全高效的现代能源体系”①。

（1）发展思路有两条：一是提高非化石能源比重；二是推动煤炭等化石能源清洁高效利用。相对于前者的渐进性，推进后者煤炭等化石能源清洁高效利用刻不容缓，非常紧迫。

（2）技术路线有三条：一是加快发展风能、太阳能、生物质能、水能等可再生能源，安全高效发展核电。相关的具体配套措施有“加强储能和智能电网建设，发展分布式能源，推行节能低碳电力调度”。二是积极开发天然气、煤层气、页岩气。三是推进清洁化石能源、可再生能源在交通运输和建筑建材领域的应用。

（3）重点抓手在于“控制碳排放，支持优化开发区域率先实现碳排放峰值目标，实施近零碳排放区示范工程”。控制碳排放主要表现在两个方面：一是要控制碳排放强度；二是要控制碳排放总量。近零碳排放，短期内主要通过借助发展森林碳汇、可再生能源发电等绿色产业，实现碳排放转化和消减；长期目标是可以通过碳捕获和封存技术，最大限度地减少碳排放。

（三）中国能源革命的含义、阶段和目标

1. 中国能源革命的含义

中国能源革命，通俗地讲，是革掉化石能源的命，是通过可再生能源的开发利用来满足未来能源需求的增量，并在此基础上不断替代化石能源的需求存量，由此不断降低化石能源在能源结构中的比重，最终实现可再生能源在能源结构中占绝对主导地位的目标。能源革命将改变未来能源供求的方式，分布式发电可望成为一种主趋势，移动式发电有望成为一种新业态，人人既可以是需求方，又可以成为供电体。能源供求关系的联结相对于传统而言，更加直接、更为密切。建立在智能技术之上的能源互联网，将使能源供应更加安全，使人民生活更加方

---

① 中共中央关于制定国民经济和社会发展第十三个五年规划的建议［M］. 北京：人民出版社，2015.

便。由此引发的传统能源供应体制、管理体制变革不是一场简简单单的短期调整，而是一场具有深远意义的革命。

2. 中国能源革命同样面临两个发展阶段

尽管中国已成为可再生能源第一大国，但基于中国能源消费基数比较大、还未到达峰值和一次能源消费结构中化石能源占据75%以上的绝对主导地位，以及可再生能源技术攻关难度大、经济开发成本高，决定了中国能源革命必然具有全球新一轮能源革命的特点。这将是一个长期渐进的过程，甚至会有曲折波动。中国能源革命是分阶段、有步骤的革命。按照全球新一轮能源革命的阶段划分方法，中国能源革命可以分成清洁能源革命和可再生能源革命两个阶段。

（1）第一阶段，为中国清洁能源革命阶段

这一阶段是为下一个阶段做缓冲和准备。这一阶段能源革命的主要任务是降碳和去碳，使能源结构“低碳”。尽管短期内难以改变化石能源在能源结构中的主导地位，但可以通过发展洁净煤技术、洁净油技术降低煤炭石油的碳排放。通过积极开发天然气、煤层气、页岩气，不断提高天然气的使用比重，优化改善化石能源的清洁结构。通过安全高效发展核电，优化改善能源的低碳结构。通过不断技术革新和突破，积极发展、跨越式发展可再生能源，使之逐步能够在市场上与传统能源相抗衡，回归能源的商品属性。

到2030年，非化石能源占一次能源消费总量的比重达到20%左右[①]，可再生能源发展成为国内经济社会发展的主导能源之一，核能和可再生能源产业发展技术由全球“跟跑者”变为“并跑者”，甚至是“领跑者”。到2050年，可再生能源成为能源供应体系中的主力能源，占一次能源消费总量的比重达到1/3以上，[②] 多元化的能源供应结构更为合理，能源消费结构实现根本性改变，可再生能源产业成长为国民经济主导型支柱产业。

（2）第二阶段，为中国可再生能源革命阶段

这一阶段要真正实现能源革命的目的，使可再生能源成为能源利用的最主要形式，实现经济社会能量动力来源的清洁、循环、可再生，能源安全问题得到最大限度的解决。这一阶段能源革命的主要任务是去碳和近零碳，使能源结构“零碳”。可再生能源占一次能源消费总量的比重将超过50%，在能源结构中占据绝对主导地位。届时，中国生态文明将全面建成。

（本文载于《中共云南省委党校学报》，2016年第3期，有删补）

---

① 苏雁，许学建．国际能源变革论坛在苏州举行［N］．光明日报，2015-11-07.

② 曹新．完善我国可再生能源电价补贴政策［J］．中国国情国力，2014（11）：18-20.

附录 B

山东省新能源产业政策体系研究

随着国内战略性新兴产业概念的提出，新能源产业发展得到社会各界广泛关注。但是，新能源产业的发展不是一帆风顺的，甚至是艰难的。我国新能源产业发展不仅面临着国内自身成长的软肋，而且还面临着国外“反补贴、反倾销”双重枷锁。相对于化石能源消费的一枝独大，2014 年我国非化石能源在一次能源消费中的比重仅为10.7%。作为我国第三经济大省和第一能源消耗大省，山东省能源安全压力巨大。如何在全国范围内率先探索出一条习近平总书记2014 年6 月中央财经领导小组第六次会议指出的“推进能源生产与消费革命”的路子？基于对这一问题的思考，立足于山东省严峻的能源安全形势，结合分析现有的新能源政策，依据相关经济和能源理论，提出加快建构健全山东省新能源产业政策体系。

一、山东省能源安全形势严峻

1. 能源供应压力巨大，能源结构亟待调整

能源安全可以表现为两个方面：一是供应安全；二是使用安全。在供应安全方面，能源自给率是衡量能源生产和供应的重要指标之一。其具体含义是指一国或地区生产的能源总量与其消费总量的比值。山东省作为经济大省，一次能源消费量逐年增加，已超出了自身的生产能力。根据《山东省统计年鉴 2017》相关数据计算，山东省一次能源自给率由 2000 年的 77.11% 下降为 2016 年的 36.21%，大大低于全国 90% 左右的平均水平。这意味着山东省 60% 以上的能源消费，需要从省外调入或进口，大大加剧了能源运输和管理的紧张。

从能源弹性系数来看，在改革开放以来绝大多数年份里，山东省能源生产弹性系数小于能源消费弹性系数，能源供应赶不上能源消费的增长速度。从一次能源生产结构来看，过度依赖煤炭，缺乏弹性，比较脆弱。按照当量折标系数计算，2002—2014 年煤炭在山东省一次能源生产总量中占据 70% 以上的生产份额。2015 年这一指标有所下降；2016 年，山东省煤炭生产比重仍然高达 69.38%，石油为23.97%，天然气仅占0.41%，水电、风电和太阳能光伏发电仅占1.67%①。

---

① 资料来源：《山东统计年鉴 2017》，按照当量折标系数计算。

2. 能源消耗指标较高，环境保护压力巨大

在能源使用安全方面，一是能源消耗绝对数值较高。2012 年山东省一次能源消耗量达到 3. 89 亿吨标准煤，占全国总能耗的 11. 40%，排在全国首位；每平方千米煤炭消费量达 2433 吨，远高于广东（903 吨）、浙江（1367 吨）、江苏（2288 吨）和全国的平均水平（397 吨）；万元工业增加值煤炭消耗强度为 1. 96 吨，远高于广东（0. 75 吨）、浙江（1. 34 吨）、江苏（1. 09 吨）。① 2016 年山东省在一次能源消费结构上，原煤比重仍然高达 76. 87%，原油为 16. 27%，天然气为 3. 36%，电力为 1. 87%。② 2016 年山东省煤炭消费份额尽管相对于 2000 年已表现为下降的趋势，依然高于全国 62% 的平均水平。二是环境保护压力巨大。有研究表明，煤炭开采会对地下水、地质结构造成不同程度的破坏和损伤。传统化石能源的生产和消费是大气污染物的主要来源，废气排放中约 90% 的 SO_2 和氮氧化物、70% 的烟尘排放来自化石能源。其中，温室气体中 85% 的 CO_2 和大气污染中 80% 的 SO_2、67% 的氮氧化合物来自煤炭的燃烧。③ 2012 年山东省 SO_2、氮氧化物排放量分别为 174. 88 万吨、173. 9 万吨，均居全国第一位。近几年来，山东省 17 个市均出现过不同程度的大气污染，多次遭遇雾霾，引发气象黄色预警，个别城市如济南、淄博等一度达到严重污染级别。林伯强（2013）指出，要有效缓解雾霾，应彻底改变以煤炭为主的能源结构。④ 截至 2017 年年底，山东省新能源和可再生能源发电装机占电力总装机比重达到 19. 4%。

二、山东省现有新能源政策述评

面对能源安全的严峻形势，山东省积极调整能源结构，鼓励发展新能源产业。从资源禀赋上来看，山东省太阳能、风能、地热能、生物质能和海洋能等资源丰富，适宜核电站建设选址的资源较多。从产业发展来看，太阳能热利用、地源热泵等产业优势明显，光伏发电、风电、生物质能等产业发展较为迅速，具备新能源加速发展和规模化应用的优越条件。在贯彻落实中央政府新能源产业发展政策的基础上，山东省积极探索符合本地区新能源产业发展的各项措施。

1. 列入五年和中长期发展规划

2011 年以来，先后制定《山东省国民经济和社会发展第十二个五年规划纲要》《山东省"十二五"科学技术发展规划纲要》《山东省节约能源"十二五"规划》《山东省国民经济和社会发展第十三个五年规划纲要（2016—2020 年）》

---

① 山东省人民政府．山东省 2013—2020 年大气污染防治规划［J］．山东省人民政府公报，2013（17）：3.

② 资料来源：《山东统计年鉴 2017》，按照等价折标系数折算。

③ 中央党校课题组．中国新能源发展战略问题研究［J］．经济研究参考，2011（52）：5.

④ 林伯强．能源结构不变，雾霾会再现［J］．综合运输，2013（2）：91.

《山东省战略性新兴产业发展“十二五”规划》《山东省“十三五”战略性新兴产业发展规划》《山东省新能源和可再生能源中长期发展规划（2016—2030 年）》《山东省电力发展“十三五”规划》和《山东省新能源产业发展规划（2018—2028 年）》等综合性规划。针对太阳能利用制定专门的发展规划，如《山东省可再生能源建筑应用“十二五”发展规划》《山东省十二五太阳能产业和光伏产业发展规划》等。

其中，《山东省国民经济和社会发展第十二个五年规划纲要》明确提出，“重点发展以太阳能、风能、核能、地热能、生物质能等为主的新能源综合利用及装备制造”“大幅度提高新能源占能源消费比重”“到 2015 年，新能源装机总容量 1400 万 kW，占省内电力总装机比重达到 14%”。《山东省新能源和可再生能源中长期发展规划（2016—2030 年）》明确提出了新能源和可再生能源消费比重到 2020 年达到 7%、到 2030 年达到 18% 以及新能源和可再生能源发电装机比重到 2020 年达到 22%、到 2030 年达到 40% 以上的发展目标。截至 2017 年年底，山东省新能源和可再生能源发电装机占省内电力总装机的比重已经达到 19.4%①。2018 年 9 月，山东省人民政府发布了《山东省新能源产业发展规划（2018—2028 年）》，进一步提高了新能源产业发展目标，提出新能源消费比重到 2022 年达到 9%、到 2028 年达到 15% 以及新能源发电装机比重到 2022 年达到 30%、到 2028 年达到 40%。

2. 出台专门性的政策文件

2009 年以来，具有标志性的政策文件是 2009 年 6 月颁发的《山东省人民政府关于加快我省新能源和节能环保产业发展的意见》。该文件提出，到 2015 年实现技术成熟的新能源规模化发展，新能源占全省能源消费的比重提高到 6% 左右，其中新能源发电装机达到 1000 万 kW，占电力总装机的比重达到 10%。到 2020 年，新能源产业成为山东省经济发展的支柱产业，新能源占全省能源消费的比重达到 13% 左右，其中新能源发电装机达到 2500 万 kW，占电力总装机的比重达到 20%。作为兴起阶段，在 2009 年 12 月份发布了《山东省人民政府印发关于促进新能源产业加快发展的若干政策的通知》，明确到 2012 年新能源产业发展的政策目标、发展重点、资金扶持政策、价格扶持政策和在金融信贷、土地优惠、税费优惠等的其他扶持政策。具体来看，到 2012 年，全省新能源发电装机比重超过 5%，全省新能源消费比重提高到 4%；设立 12 亿元的省级新能源专项资金；执行最低价标准 70% 的土地优惠政策；研究开发费用按比例扣除或摊销

① 山东省统计局 国家统计局山东调查总队. 2017 年山东省国民经济和社会发展统计公报 [EB/OL]. (2018-02-28). [2018-10-14]. http://www.stats-sd.gov.cn/art/2018/2/28/art_6196_812195.html.

的税费优惠政策；风电上网电价原则上定为0.7元/kW·h等。

3. 制定实施各项具体措施

围绕未来发展目标，山东省相继出台了《山东省人民政府办公厅转发省经济和信息化委等部门关于加快太阳能光热系统推广应用的实施意见的通知》《山东省新能源产业发展专项资金管理办法》《关于进一步完善扶持光伏发电发展价格政策的通知》《山东省物价局关于运用价格政策促进可再生能源和节能环保发电项目健康发展的通知》《山东省人民政府关于贯彻落实国发［2013］24号文件促进光伏产业健康发展的意见》《山东省光伏扶贫实施方案》《山东省物价局关于完善电价补贴政策促进可再生能源发电健康发展的通知》等相关文件。

其中，鲁价格发［2013］119号文件，明确规定2013—2015年并网发电的光伏电站上网电价确定为1.2元/kW·h（含税），风力发电上网电价在国家标杆电价0.61元/kW·h的基础上，给予0.06元/kW·h的省级临时电价补贴。在此基础上，鲁政发［2014］16号文件进一步鼓励分布式光伏发电，在价格扶持上，纳入国家年度指导规模的发电项目，所发全部电量在国家补贴标准的基础上，给予0.05元/kW·h的省级电价补贴。在应用专项资金上，2014年筹集设立1亿元；在税收优惠上，2015年之前严格执行光伏发电增值税即征即退50%。2016年8月发布的《山东省物价局关于完善电价补贴政策促进可再生能源发电健康发展的通知》明确了2015年年底前投产的光伏电站、建成并网的分布式光伏发电项目和纳入国家光伏扶贫实施方案的“光伏扶贫”项目的省级补贴标准。①

4. 出台其他相关政策文件

2013年7月颁发的《山东省2013—2020年大气污染防治规划》提出积极调整能源结构，大力发展清洁能源，安全发展核电，确保到2015年年底前建成并投运1台125万kW核电机组；到2020年，山东省核电装机容量达到270万kW。2014年10月颁发的《山东省2014—2015年节能减排低碳发展》提出调整优化能源消费结构，大力发展非化石能源，到2015年年底，非化石能源占一次能源消费量的比重达到4.5%。其中，新能源发电装机规模达到1000万kW，占全省电力装机的比重达到12%。2016年8月发布的《山东省绿色建筑与建筑节能发展“十三五”规划（2016—2020年）》，提出了到2020年新建建筑可再生能源应用比例达到50%的指标要求。2017年6月发布《山东省人民政府关于印发山东省“十三五”节能减排综合工作方案的通知》，提出要大力削减能源消费总量，

① 光伏电站省级补贴，即2010年、2011年、2012—2015年投产的补贴分别为0.30元/kW·h（含税，下同）、0.22元/kW·h、0.2元/kW·h，呈现下降的趋势。2016年1月1日起建成并网的分布式光伏发电项目、纳入国家光伏扶贫实施方案的“光伏扶贫”项目省级补贴分别为0.05元/kW·h、0.1元/kW·h。

到 2020 年控制在 4.2 亿吨标准煤左右，其中煤炭消费比重下降到 70% 左右，新能源增加到 7% 左右，省外来电中非化石能源电量占全社会用电量的比重达到 5% 左右。2017 年 12 月发布的《山东省人民政府关于印发山东省低碳发展工作方案（2017—2020 年）的通知》，要求推进结构去碳、区域去碳、智慧去碳和市场去碳。2018 年先后发布《山东省新旧动能转换重大工程实施规划》《中共山东省委山东省人民政府关于推进新旧动能转换重大工程的实施意见》，将新能源新材料纳入到全省新旧动能转换“十强”产业的发展轨道中来。

5. 山东省新能源主要政策评价

作为传统能源大省，山东省制定的新能源相关政策表现出突破化石能源桎梏、积极发展新能源的美好愿望。这一愿望随着“十二五”节能减排、生态山东建设的推进，更加强烈。但是，新能源产业推广应用没有完全按照预期的轨道进行。2009 年提出的 2012 年发展目标没有如期实现，2014 年提出的 2015 年发展目标显然已经降低，并大大低于全国 11.4% 的平均水平。在政策体系内容框架内，山东省主要基于产业扶持和产业培育的目标，从两个方面进行产业激励。一是从生产投入要素的角度，实施财税优惠、贷款贴息、技术奖励、土地优惠等各种经济激励手段，不断推动中间产品，也就是新能源装备制造的壮大发展。二是从最终产品发电上网价格的角度，主要实施固定价格，在国家补贴的基础上给予一定的省级和市级临时补贴，以使可再生能源发电项目获得一定的利润刺激，培育、引导应用市场的壮大发展。在政策制定频率上，专门性的政策文件主要集中在 2009 年。2009 年之后价格政策居多，没有针对发展目标调整出台专门的文件。这在一定程度上表明对新能源产业发展的重视程度不够。

三、建构健全山东省新能源产业政策体系

对于产业政策的界定，学术界没有达成统一共识。笔者主要倾向于下河边淳、菅家茂在所编《现代日本经济事典》中的观点。他们认为，“产业政策是指国家或政府为了实现某种经济与社会目的，以全产业为调整对象，通过对全产业的保护、扶植、调整与完善，积极或消极参与某个产业或企业的生产、经营、交易活动，以及直接干预或间接干预商品、服务、金融等的市场形成和市场机制的政策的总称。”① 显然，这里的“政策”，不是单一的，而是一套组合体系。从理论上讲，山东省新能源政策体系应当包括新能源发展战略、产业扶持政策、产业组织合理化政策和产业布局优化政策。

1. 基于能源革命的山东省新能源发展战略

新一轮的能源革命是指太阳能、风能、核能、生物质能、水能、地热能、潮

---

① 杨公朴，夏大慰．现代产业经济学［M］．上海：上海财经大学出版社，1999.

汐能等新式能源对煤炭、石油等传统化石能源的替代，其实质和核心是要彻底解决能源供应安全、使用安全双重问题，实现能源的清洁化利用。在内容框架上，能源革命主要包括能源消费革命、能源供给革命、能源技术革命、能源体制革命和国际合作等。[①] 在路径选择上，一是大力发展新能源，在满足能源消费增量的基础上，不断加大对传统化石能源的替代程度，最终在能源供应体系上占据主导能源和主力能源的地位。二是大力推进清洁利用传统化石能源，以支撑当前和今后一段时期的能源供应和能源需求。推动能源革命。实现能源更替，是一项长期任务，尤其在面临经济发展和节能减排双重任务的山东大省，需要实施新能源产业发展战略。

山东省新能源产业发展战略构建遵循的原则与方向，应该是“保障安全、保护环境、结构多元、经济高效、促进发展”。从目标层次看，①到 2020 年，在 2015 年年底新能源占一次能源消费量的比重提高到 4. 5% 的基础上，新能源占全省一次能源消费总量的比重达到 10% 左右。新能源技术趋于成熟，具备更大规模发展条件。②到 2030 年，新能源占全省一次能源消费总量的比重将超过 20%。新能源成为省内经济社会发展的主体能源之一，在某些技术领域上引领世界新能源产业发展潮流，新能源产业成长为我省先导性产业之一。③到 2050 年，新能源成为本省能源供应体系中的主导能源，占一次能源消费总量的比重达到 1/3 以上，实现本省能源消费结构的根本性改变，新能源产业成长为本省支柱性产业之一。

不同于战术，战略一旦确立，就不能轻易改变，甚至废立。因此，山东省新能源产业发展战略的内涵，在实施上应体现为：①高度重视。山东省委省政府和相关主管部门应站在能源革命的时代基点上，以全球的发展视野，谋划壮大山东省新能源产业发展。②优先发展。能源是国民经济发展的重要物质基础，是工业经济运行的血液，需要优先发展。在能源结构中，新能源代表着未来的发展方向，需要优先发展。从电力结构来看，在不减少常规能源装机存量的情形下，优先加大新能源投入，加快分布式并网发电项目推广，不断提高新能源发电份额。③长期扶持。战略在一定历史时期内具有相对稳定性的特点，决定了政策对新能源产业扶持具有长期性、稳定性和可持续性的特点。[②] 因此，在政策制定上，应遵循稳定、有效和可持续的方针，建立长期扶持的有效政策机制，既要避免形成一哄而上、盲目发展的局面，又要避免陷于停滞不前、萎缩倒退的困境。

---

① 习近平：推动能源生产和消费革命 [EB/OL]. (2014 - 06 - 14). [2018 - 10 - 14]. http：//news.xinhuanet.com/mrdx/2014 - 06/14/c_133406376. htm.

② 张宪昌 . 中国新能源产业发展政策研究 [D]. 北京：中共中央党校，2014.

2. 基于幼稚产业保护的产业扶持政策

幼稚产业保护理论起始于美国 Alexander Hamilton（1791），系统化于德国经济学家弗里德里希·李斯特（1841）。李斯特立足于当时德国制造业比较弱小难与国外制造业相抗争的实际，论证了保护德国制造业发展的重要性，认为要实现第四个产业阶段向第五个产业阶段的转变，即“要获得发达健全的制造业，拥有重要的商船和大规模的对外贸易，必须依靠国家力量的干预”①。同时，他又反对过度保护，因为保护政策会排除国外竞争，从而滋生国民的懒惰习性，降低经济效率。当制造业和商业力量获得了市场优势，再实施保护政策就会对它造成损害。

山东省新能源产业发展不仅面临着同行业的国内外竞争，而且还面临着传统替代品——化石能源的竞争。国际经验表明，在传统化石能源价格走势低迷的情况下，新能源发展的动力和速度会受到明显影响。这就需要政府长远考虑，实施幼稚产业保护政策，以建立新能源产业发展的技术优势和市场优势。基于产业增长的要素投入，可以实施四大扶持政策，对要素配置加以调控。

（1）坚持稳健财税政策。立足于山东省财力，整体上宜实施稳健的财税政策，控制政策调整的力度和幅度，确保政策间的衔接，注重政策的长期性、稳定性和连贯性，建立新能源企业和用户的长期预期和发展信心。适度增加新能源专项基金额度，形成长效机制。探索创新财税政策的反向激励机制，以个别城市碳税为试点，开创全国征收环境税的先河，还原传统能源的正常成本，助力新能源产业发展。适度增加省级新能源价格补贴，在原有基础上增加 3～5 个百分点。

（2）完善融资发展政策。适度增大新能源贷款贴息力度，引导商业银行对那些运行良好、发展潜力较大的新能源企业增加授信和贷款额度，鼓励扶持分布式发电项目贷款；积极总结国内碳排放权交易试点的做法和经验，做好省内碳排放权交易试点的谋划和筹备，争取纳入国家规划。建立健全多层次的资本市场体系，扩大重点面向新能源产业的创投基金数量，鼓励新能源企业在国内外上市融资、发行公司债券。

（3）强化技术创新政策。坚持正确的技术创新导向，注重原始创新能力的培养和提升，应该成为山东省新能源技术政策实施的主要目标和方向之一。加快推进新能源产业山东省重大科技专项研究，加大技术创新成果奖励力度，引导企业加大研发投入。加强国内外技术交流合作，建立产学研一体化合作体系和技术战略联盟，推动新能源技术产业化进程，加快新能源普及推广应用。

（4）树立科学人才政策。在新能源产业发展实践中打造创新型人才和复合型

① ［德］弗里德里希·李斯特．政治经济学的国民体系［M］．邱伟立，译．北京：华夏出版社，2009.

人才。加快培养核能和核安全人才，加大核安全技术研发和人力资源投入力度，坚持培育和发展核安全文化。注重新能源产业应用人才的培养。充分发挥人才创新活力，为新能源产业发展人才成长创造良好社会环境。

3. 基于产业结构优化的空间布局政策

产业布局是否合理，是决定资源能否优化配置和高效利用、整个产业结构能否协调持续发展和优化升级的重要因素。产业布局政策就是在市场机制发挥作用的基础上，通过计划机制加强国家干预和调控产业的空间分布、组合状况，推动产业结构合理化、高度化发展。根据已有的经验，产业布局的模式包括增长极模式、点轴模式、网络布局模式和区域梯度开发模式。其中，增长极模式是一种处于产业发展初期的布局层次，是当前山东省新能源产业培育和空间布局雏形的主要模式。由于省内各地经济发展水平不平衡和新能源技术进步差异，区域梯度开发模式也是山东省积极采用的重要选择。

当前，山东省 17 个市中有 16 个市把新能源产业作为未来优先发展的重点产业。其中，潍坊市、临沂市提出到 2020 年把新能源产业发展成为国民经济的支柱产业；威海市提出到 2020 年把新能源产业发展成为国民经济的先导产业；德州市提出到 2015 年建设成为国内外知名的“新能源之都”和“中国太阳城”；菏泽市提出到 2015 年建设成全国新能源基地，新能源产业成为主导产业。作为战略性新兴产业之一，新能源产业被寄予厚望，成为经济发达地区保持领先地位的主抓手和欠发达地区跨越赶超的突破口。这在客观上带来了山东省新能源产业的欣欣向荣，同时出现了一定的重复建设和生产能力过剩问题，在产业布局上具有明显的分散特征，空间布局和产业结构呈现一定的趋同化趋势。

要改善这一局面，需要省委省政府统一部署，优化布局。新能源产业从生产环节上包括两种形式的产品；一是作为中间产品的新能源装备，二是作为最终产品的热能、电能等新能源产品。① 对于后者，涉及风电场、光伏电站、核电站、生物质能发电厂等选址的建设，需要根据各个地区的地理位置、气象状况和资源禀赋等自然条件，进行空间布局。对于前者，新能源装备制造是产业布局的重点和难点。从省级决策来看，①按照国家国民经济和社会发展区域规划和产业布局，确立本省新能源重点发展产业。②利用产业布局理论中集中度分析、均衡度分析和产业专门化分析等方法，对省内各地区新能源产业进行经济效益、社会效益和生态环境效益的评价论证，确立本省新能源装备制造重点区域。③充分发挥市场对资源配置的决定性作用，打破地区分割和地方限制，实现生产要素在省内各区域自由流通，使生产要素流向经济效益、社会效益和环境效益好的重点区域。

① 伊淑彪，闵琪．新能源产品供给机制的理论分析［J］．理论学刊，2014（8）：59.

4. 基于产业组织合理化的市场结构政策

美国经济学家 J. M. 克拉克（1940）针对完全竞争的不可行性，提出“有效竞争”的概念。其实质是解决“马歇尔冲突”困境，旨在探求实现规模经济与竞争活力的一种市场均衡状态。尽管克拉克没有进行深入的探讨，但这一概念已经成为产业组织合理化的目标追求。研究表明，在全球化的时代背景下，一国或一个地区较为合理的产业组织可以表现为三个维度：寡头垄断型市场结构、较高的利润率以及较强的产业国际竞争力。寡头垄断型的大企业相对于小企业，更具备创新的力量和动机，以获取较高的利润。而较高的利润是产业国际竞争力较强的具体表现之一。对于寡头垄断的弊端，可以通过外部监管进行解决。法国经济学家让·梯若尔（Jean Tirole）阐明了如何理解并监管由数家寡头公司垄断的行业，从而获得了 2014 年诺贝尔经济科学奖。①

从新能源产业来看，无论是国家层次，还是山东地区，还没有形成寡头垄断型市场结构。根据《中国能源报》发布的《2014 全球新能源企业 500 强排行榜》，排名前十的企业均为国外企业②。尽管我国企业入榜数位居世界第一，但无论从总营业收入规模还是单体企业规模来说，仍然大幅低于美国。在全球排名前 50 的企业中，我国企业有 6 家，但没有一家是山东企业。从整体来讲，山东省企业入榜数量较少，与山东经济大省的地位不相匹配。

在政策安排上，要积极培育寡头垄断型的市场结构。①突出抓好新能源龙头骨干企业，整合优势资源，发展壮大若干在国内外有竞争力的大企业、大集团。“十三五”时期，推动省内新能源企业兼并重组。在注重规模扩张的同时，更加注重产品质量，在研发设计、生产制造、品牌经营、专业服务、系统集成、产业链整合等方面形成核心竞争力。②促进中小新能源企业“专精特新”发展。鼓励中小新能源企业，走专业化、精细化、创新型、特色化之路，争取国家资金支持，合理安排中小企业专项扶持资金，增强中小企业创新能力。大力推进产业集群，提高中小企业集聚度。③规范市场进入与退出机制。打破民营资本的进入壁垒，充分保持市场竞争活力，减少行政干预造成的市场垄断。建立一定的退出机制，防止过度竞争，推动兼并联合。④建立新能源产业协会，打造企业政策、信息、技术共享平台，充分发挥中介组织的经济服务和社会服务功能，促进新能源产业发展。

（本文载于《攀登》2015 年第 3 期，内容有删补）

---

① *The science of taming powerful firms* [EB/OL]. (2014-10-13). [2018-10-14]. http://www.nobelprize.org/nobel_prizes/economic-sciences/laureates/2014/press.html.

② 全球新能源企业 500 强排行榜 [N]. 中国能源报，2014-10-20.

参考文献

［1］中国能源中长期发展战略研究项目组．中国能源中长期（2030、2050）发展战略研究可再生能源卷［M］．北京：科学出版社，2011.

［2］［美］杰瑞米·里夫金．氢经济［M］．龚莺，译．海口：海南出版社，2003：49.

［3］［美］保罗·罗伯茨．石油的终结［M］．吴文忠，译．北京：中信出版社，2005.

［4］中共中央马克思恩格斯列宁斯大林著作编译局．马克思恩格斯选集（第一卷）［M］．北京：人民出版社，1995.

［5］［英］戴维·G. 维克托，埃米·M. 贾菲，马克·H. 海斯．天然气地缘政治——从1970到2040［M］．王震，王鸿雁，等译．北京：石油工业出版社，2010.

［6］习近平．习近平谈治国理政［M］．北京：外文出版社，2014.

［7］习近平．决胜全面建成小康社会　夺取新时代中国特色社会主义伟大胜利［N］．人民日报，2017－10－28.

［8］中央党校课题组：曹新等．中国新能源发展战略问题研究［J］．经济研究参考，2011（52）：2.

［9］张宪昌．新能源产业政策体系研究——以山东省为例［J］．攀登，2015（3）：108－113.

［10］［日］小宫隆太郎，奥野正宽，铃村兴太郎．日本的产业政策［M］．黄晓勇，等译．北京：国际文化出版公司，1988.

［11］陈幼松．欧美各国鼓励利用新能源的政策［J］．太阳能，1993（1）：28－30.

［12］高静．美国新能源政策分析及我国的应对策略［J］．世界经济与政治论坛，2009（6）：58－61.

［13］张宪昌．美国新能源政策的演化之路［J］．农业工程技术：新能源产业，2011（1）：8－10.

［14］宋鸿．美国新能源政策的转变对我国可再生能源发展的影响［J］．电

力与能源，2011（12）：436－439.

［15］陈利强，屠新泉．美国对华新能源产业实施“双轨制反补贴”战略研究［J］．国际贸易问题，2013（05）：67－77，103.

［16］余国合，吴巧生．新能源安全观下美国页岩气开发对中国的战略启示［J］．中国矿业，2015，24（11）：1－4，24.

［17］元简．政策变化对美国新能源产业的影响［J］．国际问题研究，2017（05）：88－105，130－131.

［18］周茂荣，祝佳．欧盟新能源政策：动因分析与前景展望［J］．世界经济研究，2007（12）：67－70.

［19］赵刚．德国大力发展新能源产业的做法与启示［J］．中国科技财富，2009（19）：104－107.

［20］张玉臣，彭建平．欧盟新能源产业政策的基本特征及启示［J］．科技进步与对策，2011（6）：101－105.

［21］刘秀莲．欧盟国家新能源产业重点领域选择、目标及政策借鉴［J］．经济研究参考，2011（16）：40－51.

［22］曹玲．日本新能源产业政策分析［D］．长春：吉林大学，2010.

［23］黄德明，黄晓燕．新能源视角下的2009年《欧盟第三次能源改革方案》［J］．暨南学报（哲学社会科学版），2011（5）：85－91.

［24］邱立成，曹知修，王自锋．欧盟环境政策与新能源产业集聚：理论分析与实证检验［J］．经济经纬，2013（5）：65－71.

［25］陈凯，史红亮．清洁能源发展研究［M］．上海：上海财经大学，2009.

［26］宋双勇．我国新能源经济发展过程中的制度创新问题研究［D］．长春：吉林大学，2010.

［27］郭超英．我国新能源产业发展政策研究［D］．南充：西南石油大学，2011.

［28］姚梦媛．中国新能源和可再生能源发展政策研究——基于政策工具的视角［D］．上海：上海师范大学，2011.

［29］魏曙光．循环经济理念下的我国新兴能源发展战略的若干问题研究［M］．北京：经济科学出版社，2012.

［30］张海龙．中国新能源发展研究［D］．长春：吉林大学，2014.

［31］过启渊．美国新能源开发战略［J］．世界经济文汇，1985（5）：22－26.

［32］朱真．日本的“阳光计划”与“月光计划”——面向二十一世纪的日

本新能源战略［J］. 计划经济研究，1985（4）：19－22.

［33］李水清. 英国发展新能源和再生能源的政策与战略［J］. 全球科技经济瞭望，1994（11）：6－9.

［34］刘清华. 英国新能源和可再生能源计划［J］. 全球科技经济瞭望，1994（2）：34－35.

［35］黄玲，张映红. 德国新能源发展对中国的战略启示［J］. 资源与产业，2010（6）：48－53.

［36］雷鸣. 日本节能与新能源发展战略研究［D］. 长春：吉林大学，2009.

［37］刘东国. 日欧美新能源战略及其对中国的挑战［J］. 现代国际关系，2009（10）：33－39.

［38］陈柳钦. 欧盟2020年能源新战略：欧盟统一路线图［J］. 决策咨询通讯，2012（2）：1－5.

［39］朱世伟. 我国新能源发展战略［J］. 数量经济技术经济研究，1990（5）：10－15.

［40］尹炼. 地位、问题、对策——对我国新能源战略的评估与对策探讨［J］. 科技导报，1993（7）：36－38.

［41］钱伯章. 可再生能源发展综述［M］. 北京：科学出版社，2010.

［42］杨来，曾少军，曾凯超. 中美新能源战略比较研究［J］. 中外能源，2013（3）：22－24，29.

［43］朱志刚. 加快迈向新能源时代——构建有利于新能源发展的财税制度研究［M］. 北京：中国环境科学出版社，2008.

［44］刘松万. 发展新能源产业的财政政策与措施［J］. 山东社会科学，2009（11）：116－119.

［45］杜伟杰，陈钢，高宇. 新能源产业补贴：作用机理、现状与改进思路［J］. 经济论坛，2011（5）：183－184.

［46］邢少文. 新能源产业的财政补贴之路［J］. 南风窗，2011（2）：78－81.

［47］陈钢. 我国新能源产业的政府补贴研究［D］. 杭州：浙江财经学院，2012.

［48］潘文轩，吴佳强. 新能源税收政策的国际经验及对我国的启示［J］. 当代经济管理，2012（4）：70－73.

［49］范云轩. 财政支持技术创新与新能源产业发展绩效研究［J］. 扬州职业大学学报，2015（2）：22－27.

［50］曾鸣，段金辉. 新能源补贴机制问题及对策［J］. 中国电力企业管理

（综合），2015（6）：50－53.

［51］吴春雅，吴照云．政府补贴、过度投资与新能源产能过剩——以光伏和风能上市企业为例［J］．云南社会科学，2015（2）：59－63.

［52］戚聿东，姜莱．中国新能源产业政府补贴优化方向研究［J］．财经问题研究，2016（11）：17－22.

［53］高新伟，闫昊本．新能源产业补贴政策差异比较：R&D补贴，生产补贴还是消费补贴［J］．中国人口·资源与环境，2018，28（6）：30－40.

［54］彭文兵．电力发展与投融资——基于新能源投资的视角［M］．上海：上海财经大学出版社，2009.

［55］张亮．我国节能与新能源行业的融资模式［J］．发展研究，2009（7）：38－41.

［56］朱锡平，肖湘愚，陈英．我国新能源开发利用过程中的金融与政策支持［J］．江南社会学院学报，2009（6）：14－18.

［57］张艳峰．我国新能源企业的融资战略研究［J］．企业活力，2011（12）：10－13.

［58］王士伟．新能源项目融资模式创新分析［J］．河南财政税务高等专科学校学报，2011（6）：36－38.

［59］樊长在，何雨格．部分国家支持新能源企业融资的模式借鉴［J］．经济纵横，2012（2）：114－116.

［60］史丹，夏晓华．新能源产业融资问题研究［J］．经济研究参考，2013（7）：23－43.

［61］徐枫，陈昭豪．金融支持新能源产业发展的实证研究［J］．宏观经济研究，2013（8）：78－85.

［62］徐丹丹，刘超，张舒婷．基于结构方程的北京市新能源产业融资支持研究［J］．北京社会科学，2014（11）：87－95.

［63］唐安宝，李凤云．融资约束、政府补贴与新能源企业投资效率——基于异质性双边随机前沿模型［J］．工业技术经济，2016，35（8）：145－153.

［64］王海荣，鄂奕洲．生态协同视阈下江苏新能源产业融资效率研究［J］．华东经济管理，2018，32（5）：14－19.

［65］唐恒，董洁，梁芝兰，王立群．我国新能源领域专利技术现状及发展对策［J］．科技管理研究，2003（1）：67－69.

［66］肖英．我国新能源技术进步问题与对策研究［J］．科技进步与对策，2008（2）：82－85.

［67］葛彩虹，刘亚萍．促进新能源关键技术创新的对策研究［J］．四川行

政学院学报，2010 (2)：96 - 100.

[68] 王发明，毛荐其. 基于技术进步的新能源产业政策研究 [J]. 科技与经济，2010 (2)：3 - 7.

[69] 肖英. 全球新能源技术发展：以技术垄断与技术扩散为视角 [J]. 可再生能源，2007 (8)：88 - 92.

[70] 汤天浩. 新能源与可再生能源的关键技术与发展趋势 [J]. 电源技术应用，2007 (2)：60 - 64.

[71] 杨为，高研，徐宁舟等. 新能源发电技术的分析 [J]. 电工电气，2009 (4)：1 - 5.

[72] 张倩. 我国新能源产业共性技术创新平台构建研究 [J]. 当代社科视野，2011 (7 - 8)：50 - 54.

[73] 苏竣，张汉威. 从 R&D 到 R&3D：基于全生命周期视角的新能源技术创新分析框架及政策启示 [J]. 科技与管理，2012 (3)：93 - 99.

[74] 刘兰剑，董涛. 我国新能源技术创新政策成效及其优化分析 [J]. 技术经济，2012 (7)：1 - 6.

[75] 张古鹏，陈向东. 新能源技术领域专利质量研究——以风能和太阳能技术为例 [J]. 研究与发展管理，2013，25 (1)：73 - 81.

[76] 石定寰. 加强国际合作，努力推动新能源产业的发展 [J]. 能源工程，1989 (3)：17 - 19.

[77] 蒙慧，蒋海蛟. 中美新能源合作对两国关系的影响 [J]. 太平洋学报，2011 (9)：33 - 44.

[78] 李扬. 中美清洁能源合作：基础、机制与问题 [J]. 现代国际关系，2011 (1)：14 - 21.

[79] 王磊，陈柳钦. 中美贸易博弈新聚点：新能源贸易领域的合作与摩擦 [J]. 发展研究，2012 (5)：70 - 75.

[80] 段世德. 论新能源政策与美国对华贸易利益的获取 [J]. 西南石油大学学报：社会科学版，2015 (4)：21 - 28.

[81] 闫世刚. 中国与美欧开展新能源合作面临的问题及前景分析 [J]. 对外经贸实务，2012 (5)：18 - 21.

[82] 曾少军，杨来，曾凯超. 我国新能源国际合作进展与对策 [J]. 中国能源，2012 (7)：5 - 9.

[83] 姜雅. 中日两国在新能源及环境保护领域合作的现状与展望 [J]. 国土资源情报，2007 (5)：16 - 20.

[84] 陈妍. 加快推进中日韩新能源与绿色经济合作——"第二届中日韩自

由贸易区民间高层论坛”观点综述之三［J］. 经济研究参考，2012（36）：70－72.

［85］陈思旭. 中俄新能源合作现状与前景展望［J］. 西伯利亚研究，2011（5）：43－47.

［86］陈小沁. 俄罗斯节能立法及参与国际新能源合作的趋势［J］. 俄罗斯东欧中亚研究，2012（4）：50－57.

［87］邹德文，陈要军，姜涛. 建立国际合作基地：武汉城市圈新能源产业发展新思路［J］. 湖北行政学院学报，2010（2）：55－58.

［88］张树明，李子芬. 新时期河北省新能源对外合作探析——基于次国家行为体对外交往理论的考察［J］. 河北师范大学学报：哲学社会科学版，2011（3）：68－73.

［89］杨泽伟.《2009年美国清洁能源与安全法》及其对中国的启示［J］. 中国石油大学学报：社会科学版，2010（1）：1－6.

［90］王谋，潘家华，陈迎.《美国清洁能源与安全法案》的影响及意义［J］. 气候变化研究进展，2010（4）：307－312.

［91］罗涛. 美国新能源和可再生能源立法模式［J］. 中外能源，2009（7）：19－25.

［92］罗涛. 德国新能源和可再生能源立法模式及其对我国的启示［J］. 中外能源，2010（15）：34－45.

［93］罗国强，叶泉，郑宇. 法国新能源法律与政策及其对中国的启示［J］. 天府新论，2011（2）：66－72.

［94］杨泽伟. 发达国家新能源法律与政策研究［M］. 武汉：武汉大学出版社，2011.

［95］吕江. 英国新能源法律与政策研究［M］. 武汉：武汉大学出版社，2012.

［96］程荃. 欧盟新能源法律与政策研究［D］. 武汉：武汉大学，2012.

［97］陈海嵩. 日本新能源开发政策及立法探析［J］. 淮海工学院学报：社会科学版，2009（4）：36－39.

［98］陆燕，付丽，张久琴. 澳大利亚《2011清洁能源法案》及其影响［J］. 国际经济合作，2011（12）：27－30.

［99］简新华，魏珊. 产业经济学［M］. 武汉：武汉大学出版社，2001.

［100］［美］斯蒂芬·马丁. 高级产业经济学（中译本序）［M］. 2版. 史东辉，等译. 上海：上海财经大学出版社，2003.

［101］于立，王询. 当代西方产业组织学［M］. 大连：东北财经大学出版

社，1996.

[102] [日] 宫泽健一．产业经济学 [M]. 东京：东洋经济新报社，1975.

[103] 杨治．产业经济学导论 [M]. 北京：中国人民大学出版社，1985.

[104] 史忠良．产业经济学 [M]. 北京：经济管理出版社，1998.

[105] 苏东水．产业经济学 [M]. 北京：高等教育出版社，2000.

[106] 阎应福，贾益东，毕世宏．产业经济学 [M]. 北京：中国财政经济出版社，2003.

[107] 刘志彪，安同良．现代产业经济分析 [M]. 3 版．南京：南京大学出版社，2009.

[108] [德] 弗里德里希·李斯特．政治经济学的国民体系 [M]. 邱伟立，译．北京：华夏出版社，2009.

[109] [美] W. W. 罗斯托．经济增长的阶段：非共产党宣言 [M]. 郭熙保，王松茂，译．北京：中国社会科学出版社，2001.

[110] [英] 亚当·斯密．国民财富的性质和原因的研究（上卷）[M]. 郭大力，王亚南，译．北京：商务印书馆，1972.

[111] 马中东．分工·市场·制度与产业集群升级研究 [M]. 北京：中国社会科学出版社，2016.

[112] [英] 李嘉图．政治经济学及其赋税原理 [M]. 郭大力，王亚南，译．北京：商务印书馆，1962.

[113]《马克思恩格斯全集》第四十五卷 [M]. 北京：人民出版社，2003.

[114] [英] 马尔萨斯．人口原理 [M]. 朱泱，胡企林，朱和中，译．北京：商务印书馆，1992.

[115] 胡炳志．罗默的内生经济增长理论述评 [J]. 经济学动态，1996 (5)：60-63.

[116] 谢伟，朱恒源．结构变化、技术和经济增长——结构主义学派理论研究进展 [J]. 技术经济，1999 (12)：8-10.

[117] [美] 道格拉斯·诺斯，罗伯特·托马斯．西方世界的兴起——新经济史 [M]. 厉以平，蔡磊，译．北京：华夏出版社，1989.

[118] [美] 约瑟夫·熊彼特．经济发展理论——对于利润、资本、信贷、利息和经济周期的考察 [M]. 何畏，易家详，译．北京：商务印书馆，1990.

[119] 范柏乃，马庆国．国际可持续发展理论综述 [J]. 经济学动态，1998 (8)：65.

[120] 罗慧，霍有光，胡彦花，等．可持续发展理论综述 [J]. 西北农林科技大学学报，2004 (1)：36.

[121] 胡锦涛. 高举中国特色社会主义伟大旗帜为夺取全面建设小康社会新胜利而奋斗——在中国共产党第十七次全国代表大会上的报告 [M]. 北京: 人民出版社, 2007.

[122] [美] 保罗·萨缪尔森, 威廉·诺德豪斯. 经济学 [M]. 18 版. 萧琛, 译. 北京: 人民邮电出版社, 2008.

[123] 刘辉. 市场失灵理论及其发展 [J]. 当代经济研究, 1999 (8): 41.

[124] 高鸿业. 西方经济学 [M]. 5 版. 北京: 中国人民大学出版社, 2011.

[125] [美] 詹姆斯·M. 布坎南. 自由、市场和国家 [M]. 吴良健, 桑伍, 曾获, 译. 北京: 北京经济学院出版社, 1988.

[126] [日] 小林良彰. 公共选择 [M]. 杨永超, 译. 北京: 经济日报出版社, 1989.

[127] 陈振明. 市场失灵与政府失败——公共选择理论对政府与市场关系的思考及其启示 [J]. 厦门大学学报, 1996 (2): 4.

[128] [美] 丹尼斯·C. 缪勤. 公共选择理论 [M]. 2 版. 杨春学, 等, 译. 北京: 中国社会科学出版社, 1999.

[129] 辞海 (1999 年版缩印本) [M]. 上海: 上海辞书出版社, 2000.

[130] 杨公朴, 夏大慰. 现代产业经济学 [M]. 上海: 上海财经大学出版社, 1999.

[131] [日] 下河边淳, 菅家茂. 现代日本经济事典 [M]. 北京: 中国社会科学出版社, 1982: 192.

[132] 黄海明. 我国高新技术产业发展政策研究 [D]. 北京: 中共中央党校, 2010.

[133] 仲雯雯. 我国战略性海洋新兴产业发展政策研究 [D]. 青岛: 中国海洋大学, 2013.

[134] 田德. 国内外风力发电技术的现状及趋势 [J]. 农业工程技术: 新能源产业, 2007 (1): 53.

[135] 国家发改委产业司. 国外生物质发电产业化大发展 [J]. 中国经贸导刊, 2007 (12): 49.

[136] 2017—2022 年中国生物质发电市场分析与投资前景研究报告 [EB/OL]. (2017-07-06). [2018-10-06]. http: //www. bosidata. com/report/G81651GJAA. html.

[137] 李桂菊, 张军. 美国经济恢复与再投资法案确定洁净能源投资方向 [EB/OL]. (2009-01-16). [2015-08-14]. http: //www. hbttp. org. cn/show. jsp?

id = 1260173306500.

[138] 王叶子. 美国政府 2014 年能源与环境政策回顾（一） [EB/OL]. (2015 - 03 - 16). [2015 - 08 - 21]. http: //intl. ce. cn/specials/zxgjzh/201503/16/t20150316_4835957. shtml.

[139] 叶玉. 渐进主义与美国能源政策发展 [J]. 国际展望, 2010 (2): 27 - 41.

[140] 欧盟发布《2050 年欧盟能源、交通及温室气体排放趋势》报告 [J]. 王勤花, 译. 科学研究动态监测快报 · 气候变化科学专辑, 2014 (2): 4 - 5.

[141] 刘栋. 欧盟可再生能源发展前景打折扣 [N]. 人民日报, 2014 - 12 - 01.

[142] 德国或成首个取消新能源电价补贴的国家 (2) [EB/OL]. (2015 - 02 - 11) [2015 - 8 - 22]. http: //guangfu. bjx. com. cn/news/20150211/590074 - 2. shtml.

[143] 张宪昌, 王来军. 后福岛时代的核电新进展 [N]. 学习时报, 2013 - 09 - 30.

[144] 杜群, 廖建凯. 德国与英国可再生能源法之比较及对我国的启示 [J]. 法学评论, 2011 (6): 76 - 77.

[145] 国家电力监管委员会办公厅. 英国可再生能源有关法律政策 [J]. 农村电气化, 2008 (2): 57.

[146] 陆昊. 地热或将取代核能得宠日本 [N]. 中国石化报, 2011 - 04 - 29.

[147] 单宝. 日本推进新能源开发利用的举措及启示 [J]. 科学 · 经济 · 社会, 2008 (2): 79.

[148] 王伟. 核电争议的日本宿命 [J]. 社会观察, 2012 (8): 58.

[149] 日本《新国家能源战略》出台 [EB/OL]. (2006 - 07 - 28). [2014 - 3 - 19]. http: //www. sdpc. gov. cn/nyjt/gjdt/t20060728_78143. htm.

[150] 日本调整可再生能源上网电价新设锂离子电池补贴计划 [J]. 华东电力, 2014 (4): 810.

[151] 王乐. 日本的能源政策与能源安全 [J]. 国际石油经济, 2005 (2): 18.

[152] 辞海（第六版彩图本 4W - Z） [M]. 上海: 上海辞书出版社, 2009: 2872.

[153] 张宪昌, 曹新. 中国发展仍处在战略机遇期 [N]. 中国青年报, 2011 - 12 - 26.

[154]《中国电力年鉴》编辑委员会. 2017 中国电力年鉴 [M]. 北京: 中国

电力出版社，2017.

［155］国家能源局．2017年度全国可再生能源电力发展监测评价报告［R］．2018.

［156］能源革命谱新篇　节能降耗见成效——十八大以来我国能源发展状况［EB/OL］．http：//www. stats. gov. cn/tjsj/sjjd/201603/t20160304_1326843. html.

［157］姚兴佳，刘国喜，朱家玲等．可再生能源及其发电技术［M］．北京：科学出版社，2010.

［158］蒋莉萍．2005年我国风电开发情况综述［J］．电力技术经济，2006（3）：6.

［159］马隆龙．生物质能利用技术的研究及发展［J］．化学工业，2007（8）：9.

［160］郭四代．中国新能源消费与经济增长关系的实证研究［D］．北京：中国地质大学，2012.

［161］方国昌，田立新，傅敏等．新能源发展对能源强度和经济增长的影响［J］．系统工程理论与实践，2013，33（11）：2795－2803.

［162］岳书敬，刘超明．人力资本与区域全要素生产率分析［J］．经济研究，2006（4）：92.

［163］辞海［M］．6版．上海：上海辞书出版社，2009.

［164］张兆林，束华娜．基于文化自觉视角的非物质文化遗产保护与新文化创造［J］．美术观察，2017（6）：111－114.

［165］［美］哈维·S. 罗森，特德·盖亚．财政学［M］．8版．郭庆旺，赵志耘，译．北京：中国人民大学出版社，2009.

［166］中共中央马克思恩格斯列宁斯大林著作编译局．马克思恩格斯选集（第四十四卷）［M］．北京：人民出版社，2001.

［167］中共中央文献研究室．十三大以来重要文献选编（下）［M］．北京：人民出版社，1993.

［168］国家能源局印发《关于2018年度风电建设管理有关要求的通知》［J］．能源研究与利用，2018（4）：9.

［169］约翰·伊特韦尔，默里·米尔盖特，彼得·纽曼．新帕尔格雷夫经济学大辞典（第二卷：E－J）［M］．北京：经济科学出版社，1996.

［170］盛玮．清洁发展机制（CDM）［J］．求是，2010（7）：64.

［171］王晓苏．欧洲碳价有望绝地反弹［N］．中国能源报，2014－01－13.

［172］付景远．当代大学生软实力测度与提升研究［M］．北京：经济科学出版社，2017.

［173］罗靖．发债难解中国光伏融资困境［J］．中国石化，2013（10）：59.

[174] 顾阳. 创投基金培育更多“阿里巴巴”[N]. 经济日报，2015-01-26.

[175] 王可强. 基于低碳经济的产业结构优化研究[D]. 长春：吉林大学，2012.

[176] 约翰·伊特韦尔，默里·米尔盖特，彼得·纽曼. 新帕尔格雷夫经济学大辞典（第四卷：Q-Z）[M]. 北京：经济科学出版社，1996.

[177] 刘传书. 中广核岭澳核电站二期工程获中国核能行业2013年度科学技术最高奖[N]. 科技日报，2013-12-16.

[178] 谢祥，汝鹏，苏竣，李建强等. 中国风电装备制造技术创新模式演进及政策动因[J]. 煤炭经济研究，2011（4）：11.

[179] 武星，殷晓刚，宋昕等. 中国微电网技术研究及其应用现状[J]. 高压电器，2013（9）：143-147.

[180] 杨宏力，晓航，张明斗. 城市科技创新效率的空间差异研究[J]. 山东社会科学，2017（12）：129.

[181] 中共中央关于全面深化改革若干重大问题的决定（2013年11月12日中国共产党第十八届中央委员会第三次全体会议通过）[J]. 求是，2013（22）：6.

[182] 习近平：发展是第一要务，人才是第一资源，创新是第一动力[EB/OL].（2018-03-07）[2018-10-14]. http://www.xinhuanet.com/2018-03/07/c_1122502719.htm.

[183] 张展适，李满根，等. 赣、粤、湘地区部分硬岩型铀矿山辐射环境污染及治理现状[J]. 铀矿冶，2007（4）：192.

[184] 吴桂惠，周星火. 铀矿冶尾矿、废石堆放场地的辐射防护[J]. 辐射防护通讯，2001（6）：33.

[185] 胡冬. 废弃矿山的铀污染问题或被严重低估铀[N]. 科技日报，2014-02-27.

[186] 龚益. 后“3·11”时代的核电选择 核废燃料是人类为自己制造的麻烦[M]. 世界经济年鉴，2012.

[187] 赵世信，林森. 核设施退役[M]. 北京：原子能出版社，1994.

[188] 李民权，关玉蓉. 核电厂退役——对我国核电厂退役的几点建议[J]. 南华大学学报（社会科学版），2011（5）：1.

[189] 周艳芬，耿玉杰，吕红转. 风电场对环境的影响及控制[J]. 湖北农业科学，2011（3）：2643.

[190] 王明哲，刘钊. 风力发电场对鸟类的影响[J]. 西北师范大学学报（自然科学版），2011（3）：87-90.

[191] 尚佰晓，王莉．低山丘陵区风电项目生态恢复环境监理探析：[J]．环境保护与循环经济，2011（11）：70.

[192] 董璐．绿色项目缘何成为污染源[N]．中国经济导报，2004-09-11.

[193] 崔怀峰，杨茜，张淑霞．鸟类与风电机相撞的影响因素分析及其保护措施[J]．环境科学导刊，2008，27（4）：52-56.

[194] 廖峻涛，李国洪，王亚奇．风能资源开发对云南迁徙鸟类的影响及对策[J]．安徽农业科学，2012，40（10）：6139-6141.

[195] 卢兰兰，毕冬勤，等．光伏太阳能电池生产过程中的污染问题[J]．中国科学，2013，43（6）：687-703.

[196] 童克难．光伏产业的“亮”与“黑”[N]．中国环境报，2011-01-31.

[197] 韩永奇．光伏：徘徊在绿色与污染的边缘[J]．广西节能，2014（3）：31.

[198] 山东济南银座佳驿楼顶上的太阳能光板涉嫌“光污染”[EB/OL]．(2011-6-23) [2014-08-14]. http：//news. bjx. com. cn/html/20110623/290329. shtml.

[199] 王恒生，尼玛江才．对青海光伏废弃物污染状况的调查[J]．青海社会科学，2007（5）：59.

[200] 董碧娟．擦除心头的“核”阴影——访中国原子能科学研究院院长万钢[N]．经济日报，2015-03-19.

[201] 核燃料后处理放射化学——香山科学会议第389次学术讨论会综述[EB/OL]. http：//www. xssc. ac. cn/ReadBrief. aspx？ItemID=112.

[202] 吴植，杨兴国．以邻为壑排毒液——部分企业跨地区排放多晶硅废料问题追踪[N]．中国青年报，2011-09-06.

[203] 陈玮英．多晶硅行业瓶颈待破[N]．中国企业报，2011-09-16.

[204] 张兆林．非物质文化遗产保护实践中的商业活动探究[J]．艺术百家，2018（1）：240-245.

[205] 中共中央马克思恩格斯列宁斯大林著作编译局．马克思恩格斯全集（第三十一卷）[M]．北京：人民出版社，1998：413.

[206] 张宪昌．跨国公司在华并购的市场结构效应研究——以汽车制造业为例[D]．聊城：聊城大学，2007：45.

[207] 王晔君．光伏企业不惧欧美“双反”[N]．中国企业报，2015-08-25.

[208] 田国强，陈旭东．中国改革历史、逻辑和未来[M]．北京：中信出版社，2014.

[209] 杨解君．论中国能源立法的走向——基于《可再生能源法》制定和

修改的分析 [J]. 南京大学学报：哲学·人文科学·社会科学，2012 (6)：52-56.

[210] 张小锋，张斌．德国最新《可再生能源法》及其对我国的启示 [J]. 中国能源，2014 (3)：36.

[211] 吴淑凤．财政政策与新能源产业发展：政策效果被弱化的财政社会学分析 [J]. 中央民族大学学报：哲学社会科学版，2013 (6)：107.

[212] 王丙毅．水权界定，水价体系与中国水市场监管模式研究 [M]. 北京：人民出版社，2018.

[213] 尹硕，张耀辉，潘捷等．我国新能源产业发展趋同问题研究 [J]. 经济纵横，2013 (12)：63.

[214] 张晖．中国新能源产业潮涌现象和产能过剩形成研究 [J]. 现代产业经济，2013 (12)：13.

[215] 曹新．中国能源发展战略问题研究 [M]. 北京：中国社会科学出版社，2012：66.

[216] 杨宏力．新一轮农村土地确权存在的问题及政策优化——基于山东省五市七镇的经验研究 [J]. 山东大学学报：哲学社会科学版，2018 (3)：110-121.

[217] 韩毓海．五百年来谁著史·1500 年以来的中国与世界 [M]. 北京：九州出版社，2010：76.

[218] 吴曙光，赵玉燕．我国最早开发利用水力能源的地域、时间及民族考 [J]. 广西民族研究，2002 (1)：94-102.

[219] 李华锋，董金柱．中国特色社会主义进入新时代的意义 [N]. 光明日报，2018-08-13.

[220] 中共中央马克思恩格斯列宁斯大林著作编译局．共产党宣言 [M]. 北京：人民出版社，1997.

[221] 张宪昌．中国新能源产业发展政策研究 [D]. 北京：中共中央党校，2014.

[222] 舒小昀．工业革命：从生物能源向矿物能源的转变 [J]. 史学月刊，2009 (11)：118-120.

[223] 张宪昌．英国能源革命的运行设计 [N]. 学习时报，2016-01-07.

[224] 王振华．"雾都"伦敦名不符实 [N]. 经济参考报，2010-07-23.

[225] 莫里森．生态文明与可持续发展（刘仁胜译）[J]. 国外理论动态，2015 (9)：114-119.

[226] 李丹．全球可再生能源 2030 路线图 [J]. 新材料产业，2015 (6)：

20-26.

［227］能源观察．全球可再生能源发展趋势及商业模式分析［J］．青海科技，2015（4）：51-52.

［228］宋士云．改革开放以来中国企业劳动关系变迁的历史考察［J］．当代中国史研究，2018（1）：19-29.

［229］刘婧．能源革命与大国崛起［J］．社会观察，2010（6）：18-20.

［230］中华人民共和国国家统计局．中华人民共和国2017年国民经济和社会发展统计公报［EB/OL］．（2018-02-28）．［2018-10-14］．http：//www.stats.gov.cn/tjsj/zxfb/201802/t20180228_1585631.html.

［231］中共中央关于制定国民经济和社会发展第十三个五年规划的建议［M］．北京：人民出版社，2015.

［232］王志刚，马中东．聊城经济发展研究2016—2017［M］．北京：经济管理出版社，2017.

［233］桑秀丽，马中东，付晶．服务质量与管理［M］．昆明：云南人民出版社，2016.

［234］高建刚．中国能源效率、环境绩效与政策优化［M］．北京：经济科学出版社，2016.

［235］曹新．完善我国可再生能源电价补贴政策［J］．中国国情国力，2014（11）：18-20.

［236］山东省人民政府．山东省2013—2020年大气污染防治规划［J］．山东省人民政府公报，2013（17）：3.

［237］林伯强．能源结构不变，雾霾会再现［J］．综合运输，2013（2）：91.

［238］山东省统计局，国家统计局山东调查总队．2017年山东省国民经济和社会发展统计公报［EB/OL］．（2018-02-28）　［2018-10-14］．http：//www.stats-sd.gov.cn/art/2018/2/28/art_6196_812195.html.

［239］徐鹏杰．利益相关者视角的科技镇长团运行机制研究［J］．科学管理研究，2017，35（4）：91-94.

［240］伊淑彪，闵琪．新能源产品供给机制的理论分析［J］．理论学刊，2014（8）：59.

［241］全球新能源企业500强排行榜［N］．中国能源报，2014-10-20，（7）.

［242］山东省统计局．山东统计年鉴2017［M］．北京：中国统计出版社，2017.

［243］国家统计局能源司．中国能源统计年鉴2017［M］．北京：中国统计出版社，2017.

[244] BP. BP Statistical Review of World Energy-all data, 1965—2017.

[245] BP. BP Statistical Review of World Energy June 2018, 12 -36.

[246] Coal Fatalities for 1900 Through 2014 [EB/OL]. [2015 -8 -9]. http: //www. msha. gov/stats/centurystats/coalstats. asp.

[247] Menanteau P. , Finon D. , Lamy M. L. . Prices Versus Quantities: Choosing Policies for Promoting the Development of Renewable Energy [J]. Energy Policy, 2003, 31 (8): 799 -812.

[248] Dirk Assmann, Ulrich laumanns and Dieter Uh. Renewable Energy: a Global Review of Technologies, Policies and Markets [M]. London: Routledge, 2006.

[249] Howarth N. Clean Energy Technology and the Role of Non - Carbon Price - Based Policy: An Evolutionary Economics Perspective [J]. European Planning Studies, 2012, 20 (5): 871 -891.

[250] Wüstenhagen R. , Bilharz M. Green Energy Market Development in Germany: Effective Public Policy and Emerging Customer Demand [J]. Energy Policy, 2006, 34 (13): 1681 -1696.

[251] Lipp J. Lessons for Effective Renewable Electricity Policy from Denmark, Germany and the United Kingdom [J]. Energy Policy, 2007, 35 (11): 5481 -5495.

[252] Hvelplund F. Innovative Democracy and Renewable Energy Strategies: a Full - Scale Experiment in Denmark 1976—2010 [M] //Energy, Policy, and the Environment. New York: Springer, 2011.

[253] Scarlat N. , Dallemand J. F. , Monforti - Ferrario F. , et al. Renewable Energy Policy Framework and Bioenergy Contribution in the European Union - An Overview from National Renewable Energy Action Plans and Progress Reports [J]. Renewable and Sustainable Energy Reviews, 2015, 51: 969 -985.

[254] Solangi K. H. , Islam M. R. , Saidur R. , et al. A Review on Global Solar Energy Policy [J]. Renewable and Sustainable Energy Reviews, 2011, 15 (4): 2149 -2163.

[255] Carley S. The Era of State Energy Policy Innovation: A Review of Policy Instruments [J]. Review of Policy Research, 2011, 28 (3): 265 -294.

[256] Morthorst P. E. The Development of a Green Certificate Market [J]. Energy Policy, 2000, 28 (15): 1085 -1094.

[257] Morthorst P. E. Interactions of a Tradable Green Certificate Market with a Tradable Permits Market [J]. Energy Policy, 2001, 29 (5): 345 -353.

[258] Mitchell C, Connor P. Renewable Energy Policy in the UK 1990 - 2003 [J]. Energy Policy, 2004, 32 (17): 1935 - 1947.

[259] Cherni J. A., Kentish J. Renewable Energy Policy and Electricity Market Reforms in China [J]. Energy Policy, 2007, 35 (7): 3616 - 3629.

[260] Peidong Z., Yanli Y., Yonghong Z., et al. Opportunities and Challenges for Renewable Energy Policy in China [J]. Renewable and Sustainable Energy Reviews, 2009, 13 (2): 439 - 449.

[261] Chen J. China's Experiment on the Differential Electricity Pricing Policy and the Struggle for Energy Conservation [J]. Energy Policy, 2011, 39 (9): 5076 - 5085.

[262] Lo K. A Critical Review of China's Rapidly Developing Renewable Energy and Energy Efficiency Policies [J]. Renewable and Sustainable Energy Reviews, 2014 (29): 508 - 516.

[263] Gullberg A. T., Bang G. Look to Sweden: the Making of a New Renewable Energy Support Scheme in Norway [J]. Scandinavian Political Studies, 2015, 38 (1): 95 - 114.

[264] Menanteau P., Finon D., Lamy M. L. Prices Versus Quantities: Choosing Policies for Promoting the Development of Renewable Energy [J]. Energy Policy, 2003, 31 (8): 799 - 812.

[265] Del Río González P. Ten Years of Renewable Electricity Policies in Spain: An Analysis of Successive Feed - in Tariff Reforms [J]. Energy Policy, 2008, 36 (8): 2917 - 2929.

[266] Reiche D., Bechberger M. Policy Differences in the Promotion of Renewable Energies in the EU Member States [J]. Energy Policy, 2004, 32 (7): 843 - 849.

[267] Komor P., Bazilian M. Renewable Energy Policy Goals, Programs, and Technologies [J]. Energy Policy, 2005, 33 (14): 1873 - 1881.

[268] Jacobsson S., Bergek A., Finon D., et al. EU Renewable Energy Support Policy: Faith or Facts? [J]. Energy Policy, 2009, 37 (6): 2143 - 2146.

[269] Gerlagh R., Van der Zwaan B. Options and Instruments for a Deep Cut in CO_2 Emissions: Carbon Dioxide Capture or Renewables, Taxes or Subsidies? [J]. Energy Journal, 2006, 27 (3): 25 - 48.

[270] Schelly C. Implementing Renewable Energy Portfolio Standards: The Good, the Bad, and the Ugly in a Two State Comparison [J]. Energy Policy, 2014

(67): 543 -551.

[271] Delmas M. A., Montes - Sancho M. J. US State Policies for Renewable Energy: Context and Effectiveness [J]. Energy Policy, 2011, 39 (5): 2273 -2288.

[272] Levin T., Thomas V. M., Lee A. J. State - Scale Evaluation of Renewable Electricity Policy: The Role of Renewable Electricity Credits and Carbon Taxes [J]. Energy Policy, 2011, 39 (2): 950 -960.

[273] Sun P., Nie P. A Comparative Study of Feed-in Tariff and Renewable Portfolio Standard Policy in Renewable Energy Industry [J]. Renewable Energy, 2015 (74): 255 -262.

[274] Anadón L. D. Missions - Oriented RD&D Institutions in Energy between 2000 and 2010: A Comparative Analysis of China, the United Kingdom, and the United States [J]. Research Policy, 2012, 41 (10): 1742 -1756.

[275] Migendt M. Public Policy Influence on Renewable Energy Investments—A panel Data Study across OECD Countries [M] // Accelerating Green Innovation. Springer Fachmedien Wiesbaden, 2017.

[276] Nemet G. F., Kammen D. M. US Energy research and Development: Declining Investment, Increasing Need, and the Feasibility of Expansion [J]. Energy Policy, 2007, 35 (1): 746 -755.

[277] Jacobsson R., Jacobsson S. The Emerging Funding Gap for the European Energy Sector—Will the Financial Sector Deliver? [J]. Environmental Innovation and Societal Transitions, 2012 (5): 49 -59.

[278] Upreti B. R., van der Horst D. National Renewable Energy Policy and Local Opposition in the UK: the Failed Development of a Biomass Electricity Plant [J]. Biomass and Bioenergy, 2004, 26 (1): 61 -69.

[279] Lim X. L., Lam W. H. Public Acceptance of Marine Renewable Energy in Malaysia [J]. Energy Policy, 2014 (65): 16 -26.

[280] Stigka E. K., Paravantis J. A., Mihalakakou G. K. Social Acceptance of Renewable Energy Sources: A Review of Contingent Valuation Applications [J]. Renewable and Sustainable Energy Reviews, 2014 (32): 100 -106.

[281] Meltzer J. After Fukushima: What's Next for Japan's Energy and Climate Change Policy? [M]. Washington: Bookings Institution, 2011.

[282] Wittneben B. B. F. The Impact of the Fukushima Nuclear Accident on European Energy Policy [J]. Environmental Science & Policy, 2012, 15 (1): 1 -3.

[283] Chen W. M., Kim H., Yamaguchi H. Renewable Energy in Eastern Asia:

Renewable Energy Policy Review and Comparative SWOT Analysis for Promoting Renewable Energy in Japan, South Korea, and Taiwan [J]. Energy Policy, 2014 (74): 319-329.

[284] Bain J. S. Relation of Profit Rate to Industry Concentration: American Manufacturing, 1936—1940 [J]. The Quarterly Journal of Economics, 1951, 65 (3): 293-324.

[285] Scherer F. M. Industrial Market Structure and Economic Performance [J]. Social Science Electronic Publishing, 1972, 2 (2): 683-687.

[286] Hamilton A. Report on Manufactures [J]. 1791.

[287] Bain J. S. Price and Production Policies [J]. A Survey of Contemporary Economics, 1948 (1): 129-73.

[288] U. S. EIA. Annual Energy Outlook 2013 Early Release Overview.

[289] U. S. EIA. Annual Energy Outlook 2015 With Projections to 2040.

[290] IRENA. Renewable Energy and Jobs Annual Review 2018 [R]. 2018.

[291] IAEA. IAEA Annual Report 2012 [R]. 2013.

[292] Wind in numbers [EB/OL]. http://gwec.net/global-figures/wind-in-numbers/#. Solar Power Europe. Global Market Outlook for Solar Power 2018-2022.

[293] Domestic Energy Production Is Equal to About 90% of U. S. Energy Consumption in 2017 [EB/OL]. [2018-10-06]. http://www.eia.gov/energyexplained/index.cfm? page=us_energy_home.

[294] U. S. Energy Information Administration. Monthly Energy ReviewSeptember 2018.

[295] U. S. Energy Information Administration. Electricity Power Monthly Energy Review February 2018.

[296] U. S. Energy Information Administration. Annual Energy Outlook 2018With Projections to 2050.

[297] Duffield J. A., Collins K. Evolution of Renewable Energy Policy [J]. Choices, 2006, 21 (1): 9. http://www.choicesmagazine.org/2006-1/biofuels/2006-1-02.pdf.

[298] Friedmann P. A., Mayer D. G. Energy Tax Credits in the Energy Tax Act of 1978 and the Crude Oil Windfall Profits Tax Act of 1980 [J]. Harv. J. on Legis., 1980, 17: 465.

[299] Energy Policy Act of 2005 [EB/OL]. [2013-09-29]. http://www.gpo.gov/fdsys/pkg/PLAW-109publ58/pdf/PLAW-109publ58.pdf.

[300] Fred Sissine. Energy Independence and Security Act of 2007: A Summary of Major Provisions [R]. Congressional Research Service (CRS) Report for Congress, December 21, 2007. http: //assets. opencrs. com/rpts/RL34294_20071221. pdf.

[301] American Recovery and Reinvestment act of 2009 [EB/OL]. [2013 - 09 - 29]. http: //www. gpo. gov/fdsys/pkg/PLAW - 111publ5/content-detail. html.

[302] Kevin Eber. Clean Energy Aspects of the American Recovery and Reinvestment Act [EB/OL]. (2009 - 02 - 18) [2015 - 08 - 14]. http: //www. renewableenergyworld . com/rea/news/article/2009/02/clean-energy-aspects-of-the-american-recovery-and-reinvestment-act.

[303] Renewable energy statistics [EB/OL]. [2015 - 08 - 22]. http: //ec. europa. eu/eurostat/statistics-explained/index. php/Renewable_energy_statistics#Consumption.

[304] European Commission. Communication from the Commission to the European Parliament, the Council, the Economic and Social Committee and the Committee of the Regions on alternative fuels for road transportation and on a set of measures to promote the use of biofuels [M]. Brussels, 7. 11. 2001: 37. Available online: http: //ec. europa. eu/clima/policies/eccp/second/docs/comm2001 - 547 - en_en. pdf.

[305] Council Directive 85/536/EEC of 5 December 1985 on Crude - Oil Savings Through the Use of Substitute Fuel Components in Petrol [EB/OL]. 2014 - 03 - 19// http: //eur-lex. europa. eu/LexUriServ/LexUriServ. do? uri = celex: 31985L0536: en: html.

[306] European Commission. Communication from the Commission Energy for the Future: Renewable Sources of Energy White Paper for a Community Strategy [M]. Brussels, 1997 - 11 - 26.

[307] Green Paper - Towards a European Strategy for the Security of Energy Supply [EB/OL]. [2014 - 03 - 19]. http: //eur-lex. europa. eu/smartapi/cgi/sga_doc? smartapi! celexplus! prod! DocNumber&lg = en&type _ doc = COMfinal&an _ doc = 2000&nu_doc = 769.

[308] Directive 2001/77/EC of the European Parliament and of the Council of 27 September 2001 on the Promotion of Electricity Produced from Renewable Energy Sources in the Internal Electricity Market [EB/OL]. [2014 - 03 - 19]. http: //eur-lex. europa. eu/LexUriServ/LexUriServ. do? uri = celex: 32001L0077: en: not.

[309] Directive 2003/30/EC of the European Parliament and of the Council of 8 May 2003 on the Promotion of the Use of Biofuels or Other Renewable Fuels for Trans-

port [EB/OL]. [2014 - 03 - 19]. http: //ec. europa. eu/energy/res/legislation/doc/biofuels/en_final. pdf.

[310] European Commission. Communication from the Commission to the European Parliament and the Council Renewable Energy: Progressing Towards the 2020 Target [EB/OL]. [2014 - 03 - 19]. http: //eur-lex. europa. eu/LexUriServ/LexUriServ. do? uri = com: 2011: 0031: fin: en: pdf.

[311] Commission of the European Communities. Communication from the Commission to the European Parliament, the Council, the European Economic and Social Committee and the Committee of the Regions: 2020 by 2020: Europe's climate change opportunity COM (2008) 30 final, Brussels, 2008.

[312] Directive 2009/28/EC of the European Parliament and of the Council of 23 April 2009 on the Promotion of the Use of Energy from Renewable Sources and Amending and Subsequently Repealing Directives 2001/77/EC and 2003/30/EC [EB/OL]. [2014 - 03 - 19]. http: //eur-lex. europa. eu/LexUriServ/LexUriServ. do? uri = celex: 32009L0028: en: not.

[313] European Commission. Report from the Commission to the European Parliament, the Council, the European Economic and Social Committee and the Committee Of The Regions Renewable Energy Progress Report [EB/OL]. [2014 - 3 - 19]. http: //eur-lex. europa. eu/LexUriServ/LexUriServ. do? uri = com: 2013: 0175: fin: en: pdf.

[314] European Commission. Communication from the Commission to the European Parliament, the Council, the European Economic and Social Committee and the Committee of the Regions Energy Roadmap 2050 [EB/OL]. [2014 - 03 - 19]. http: //eur-lex. europa. eu/LexUriServ/LexUriServ. do? uri = COM: 2011: 0885: fin: en: pdf.

[315] European Commission. Communication from the Commission to the European Parliament, the Council, the European Economic and Social Committee and the Committee of the Regions Renewable Energy: a Major Player in the European Energy Market [EB/OL]. [2014 - 03 - 19]. http: //eur-lex. europa. eu/LexUriServ/LexUriServ. do? uri = COM: 2012: 0271: FIN: EN: PDF.

[316] European Commission. EU Energy, Transport and GHG Emissions Trends To 2050 Reference Scenario 2013 [EB/OL]. [2015 - 08 - 21]. http: //ec. europa. eu/clima/policies/2030/models/eu_trends_2050_en. pdf.

[317] Department of Energy & Climate Change. DUKES 2015 Chapter 1: Energy

[EB/OL]. [2015 - 08 - 22] //https: //www. gov. uk/government/uploads/system/uploads/attachment_data/file/447628/DUKES_2015_Chapter_1. pdf, p17.

[318] METI Agency for Natural Research and Energy. Feed-in Tariff Scheme in Japan [EB/OL]. [2014 - 03 - 19]. http: //www. meti. go. jp/english/policy/energy_environment/renewable/pdf/summary201207. pdf.

[319] Japan's Energy 2017 [EB/OL]. http: //www. enecho. meti. go. jp/en/category/brochures/pdf/japan_energy_2017pdf.

[320] METI Agency for Natural Resources and Energy. The Strategic Energy Plan of Japan – Meeting Global Challenges and Securing Energy Futures [EB/OL]. [2014 - 03 - 19] //http: //www. meti. go. jp/english/press/data/pdf/20100618_08a. pdf.

[321] METI Agency for Natural Resources and Energy. Feed-in Tariff Scheme in Japan [EB/OL]. [2014 - 03 - 19]. http: //www. meti. go. jp/english/policy/energy_environment/renewable/pdf/summary201207. pdf.

[322] METI Agency for Natural Resources and Energy. The Strategic Energy Plan of Japan – Meeting Global Challenges and Securing Energy Futures [EB/OL]. [2014 - 03 - 19]. http: //www. meti. go. jp/english/press/data/pdf/20100618_08a. pdf.

[323] METI Agency for Natural Resources and Energy. Feed-in Tariff Scheme for Renewable Energy – Launched on July 1, 2012 [EB/OL]. http: //www. meti. go. jp/english/policy/energy_environment/renewable/pdf/summary201209.

[324] METI Agency for Natural Resources and Energy. The Strategic Energy Plan of Japan – Meeting global challenges and securing energy futures [EB/OL]. 2014 - 03 - 19//http: //www. meti. go. jp/english/press/data/pdf/20100618_08a. pdf.

[325] Braun C. E., Oedekoven O. O., Aldridge C. L. Oil and Gas Development in Western North America: Effects on Sagebrush Steppe Avifauna with Particular Emphasis on Sage Grouse [C] //Transactions of the North American Wildlife and Natural Resources Conference. 2002 (67): 337 - 349.

[326] Kahlert, J., Petersen, I. K., Fox, A. D., Desholm, M. & Clausager, I. 2004. Investigations of Birds During Construction and Operation of Nysted Offshore Wind Farm at Rødsand – Annual status report 2003. Report commissioned by Energi E2 A/S. Roskilde, Denmark: National Environmental Research Institute, 2004.

[327] Kahlert J., Desholm M., Clausager I. Investigations of Migratory Birds During Operation of Nysted Offshore Wind Farm at Rødsand: Preliminary Analysis of Data from Spring 2004 [J]. Note from NERI commissioned by Energi E., 2004, 2: 36.

[328] Petersen I. K. , Fox A. D. Changes in Bird Habitat Utilisation Around the Horns Rev 1 Offshore Wind Farm, with Particular Emphasis on Common Scoter [J]. National Environmental Research Institute (NERI), Aarhus (Report Request Commissioned by Vattenfall A/S), 2007.

[329] The Sveriges Riksbank Prize in Economic Sciences in Memory of Alfred Nobel for 2014 [EB/OL]. (2014-10-13) [2018-10-14]. http://www.nobelprize.org/nobel_prizes/economic-sciences/laureates/2014/press.html.

后　记

能源革命是贯穿人类文明演进的一条主线。人类对能源的利用、变革和发展，不仅构筑着人类文明存续的物质基础，体现着人类文明某一时期特定的生产方式和生活方式，还提供着人类文明演进的前进动力，支撑着人类文明的向前发展。从人类文明演进来看，基本上遵循农耕文明→工商文明（抑或商工文明）→生态文明的发展方向，分别对应着能源利用的薪材时代→化石能源时代→可再生能源时代。在历史上，大国崛起与能源革命密切相关。在21世纪，新一轮能源革命是生态文明建设的基石。

在全球掀起新一轮能源革命竞争的大潮下，中国作为世界第一大能源生产国和消费国，必须抢占能源技术革新的国际前沿和制高点，加快能源革命步伐，推进生态文明建设。自2006年中国实施《可再生能源法》以来，面对来自发达国家的竞争优势，中国加大了对新能源领域的扶持培育力度，逐步建立起风电和太阳能产业竞争的产量和价格优势，在技术进步上也取得了巨大成就。但是，与发展新能源历史较长的领先国家相比，在原始创新、市场标准、推广应用等方面，还存在明显的差距。当前，我国新能源产业发展已具规模化和标准化，已经进入产业生命周期的成长期，正在成为新一轮能源革命的领跑者。

关注我国新能源产业发展，需要考虑以下几个问题：①从宏观来看，作为后发国家，如何成为全球新一轮能源革命的领跑者，率先完成能源革命，保障能源安全，实现中华民族伟大复兴的梦想；②从中观来看，作为幼稚产业，如何继续培育成长壮大，使之成为新生的经济增长点；③从现实来看，如何有效应对针对我国以新能源反倾销、反补贴——“双反”为代表的国际保护主义抬头？④新能源是完全清洁的能源吗？如何保障清洁能源的清洁使用，使之可持续发展？笔者的博士论文及本书正是围绕此问题展开。

笔者的博士论文《我国新能源产业发展政策研究》完成于2014年3月，其内容主要探讨了我国新能源产业发展的战略确立、财税政策、融资政策、技术政策、国际竞合策略和其他政策。基于新能源规模化生产和应用带来的环保问题，本书在博士论文的基础上，补增了我国新能源产业发展的环保政策，分析了我国新能源产业链条中的环境污染问题和原因，探讨总结了我国新能源产业环保政策的演变历程，并提出了下一步政策优化的思路和建议。经过四年的不断修补、完善，终于定稿。

回顾本书的完成过程，无论是在博士论文撰写阶段，还是在修改完善阶段，都得到了导师曹新教授的悉心指导。曹老师高屋建瓴的学术视野、严谨求实的治学态度、细致入微的治学精神、睿智的思维和渊博的学识，给我留下了极其深刻的印象，也激励着、督促着我不断修改完善博士论文。七年来，每一次论文的修改，都浸透着导师的心血；每一次面对面的交流，都让我受益匪浅。在学术培养上、在为人处世上，曹老师耿直的品格、坦荡的胸怀，也让我充满崇敬。

本书出版之际，十分感谢我的导师曹新教授，师恩如山，终生铭记。感谢中央党校经济学教研部梁朋教授、孙小兰教授在论文开题时提出的宝贵意见，感谢马利军同学在定量分析方面的帮助，感谢齐鲁工业大学刘永生老师对第十章内容的增补。感谢求学之际中央党校研究生院党委书记侯典明、科研部党支部书记王兆勤、中央党校报刊社《中共中央党校学报》副主编及编辑部主任刘学侠、组织员苏燕和学位办副主任杨鸿江等各位老师的指导。感谢朱崇坤、李旭臣、王来军、江振国、朱丙栋、储连伟等多位大哥的指点，感谢王琛、宫秀川、丁伟、王辉、周跃辉、康珂、魏建国、史为磊、徐田华、周幼曼、田杰英等同学的跨学科交流。

感谢聊城大学商学院各位领导和老师多年的关爱、支持与培养，感谢中共聊城市委党校的各位领导和老师多年来对我工作、学习和生活的帮助，感谢聊城大学人文社科处各位领导在科研业务上的指导。

本书的出版得到了聊城大学出版基金和“区域产业质量升级协同创新中心”学科平台的资助，同时本书是国家社会科学基金项目（项目编号：13BJY076）、山东省社科规划研究项目和山东省委党校创新工程项目（项目编号：18CDCJ26）和聊城大学博士科研基金启动项目（项目编号：321051707）的阶段性成果。

感谢我的妻子陈新颖和姐姐张宪玲对父母的关心和照顾，使我得以顺利完成最后的学业；感谢岳父母长期以来对孩子的照料和培育，使孩子得以快乐成长，也使我专心致志的忙于工作；感谢大姨张爱荣、姨夫张安明多年的扶持和帮助，使生活变得更加幸福。

最后，感谢中国财经出版传媒集团的申先菊编辑，本书的出版凝聚着她的心血、真诚和期盼。

张宪昌

2018年10月10日